乡村家校合作
指导手册

李家成　　王朝晖
———— 主编

上海交通大学出版社
SHANGHAI JIAO TONG UNIVERSITY PRESS

内容提要

在我国加快建立家校社协同育人机制的背景下,本书立足乡村教育改革与发展,以乡村班主任研究成果为基础,选取突破口,形成系统的乡村家校合作的策略、方法与结构,突出乡村学生、家长、教师的多方合作、共同发展。

本书突出理论与实践相结合,突出对乡村家校合作工作开展的直接指导性。读者对象为乡村教师、校长与乡村教育管理干部,乡村家长和社区工作者,高校和科研院所开展乡村教育研究的专业研究者等。

图书在版编目(CIP)数据

乡村家校合作指导手册/李家成,王朝晖主编. —
上海:上海交通大学出版社,2023.2
ISBN 978 - 7 - 313 - 27956 - 9

Ⅰ.①乡…　Ⅱ.①李…②王…　Ⅲ.①乡村教育—学校教育—合作—家庭教育—手册　Ⅳ.①G459 - 62

中国版本图书馆 CIP 数据核字(2022)第 229125 号

乡村家校合作指导手册
XIANGCUN JIAXIAO HEZUO ZHIDAO SHOUCE

主　　编:李家成　王朝晖
出版发行:上海交通大学出版社　　　　地　　址:上海市番禺路 951 号
邮政编码:200030　　　　　　　　　　电　　话:021 - 64071208
印　　制:上海景条印刷有限公司　　　经　　销:全国新华书店
开　　本:787mm×1092mm　1/16　　印　　张:19.5
字　　数:411 千字
版　　次:2023 年 2 月第 1 版　　　　　印　　次:2023 年 2 月第 1 次印刷
书　　号:ISBN 978 - 7 - 313 - 27956 - 9
定　　价:78.00 元

目　录

第四章 学在社区：校社合作，共建乡土

第五章 城乡联动：家校携手，互学共进

第六章 主体发展：生命自觉，终身学习

第七章 未来展望：家校合作，持续创新

导言　共学互学：在乡村学生、家长、教师合作中实现[①]

无论在乡村还是在城市，家校合作、家校共育都并非一件简单之事，而是充满着复杂性。

本人及合作者对家校合作领域的自觉探索，始自 2011 年在国内的初步调研，以及 2011—2012 年在美国范德堡大学(Vanderbilt University)一年的学术访问。那时，既深切体会到国内家校合作的实际状态和发展需要，也体验到美国家校合作的理论与实践研究现状。自 2012 年起，我们启动扎根本土的家校合作综合研究，从基于上海进行家校合作领域的系统调研开始，进而进入实验研究阶段，就进城务工随迁子女学校的家校合作、城市中小学的家校合作开展系统研究，[②]就寒暑假期间城乡的家校合作等开启了持续至今的研究。[③]

家校合作作为一项实践活动，具有超级复杂性。但在具体实践中，又不乏简单化理解家校合作工作的学者与实践工作者。针对对家长的过度批评和指责，我们更多倡导"尊重与合作"；[④]针对对进城务工随迁子女及其家长的误解和偏见，我们呼吁尊重并体验"可怜天下父母心"；[⑤]针对将教师仅仅定位为付出者、指导者的角色，我们通过研究证明，教师也是受益者；[⑥]针对家校合作中学生声音的缺失和参与的缺位，我们在最敏感的作业研究主题上

---

① 作者李家成，上海终身教育研究院执行副院长，教授。

② 李家成，王培颖. 家校合作指导手册[M]. 北京：北京大学出版社，2016.

③ 李家成，郭锦萍. 你好，寒假！——学生寒假生活与学期初生活重建[M]. 北京：北京大学出版社，2018.

④ 李家成. 傲慢与偏见，抑或尊重与合作——走进班主任研究的异域空间·之五[J]. 班主任之友(中学版)，2012(9)：12-15.

⑤ 李家成，王娟，陈忠贤，等. 可怜天下父母心——进城务工随迁子女家长教育理解、教育期待与教育参与的调查报告[J]. 教育科学研究，2015(1)：5-18.

⑥ Li, J., Li, Y., Yao, T. & Guo, Y. Does Parental Involvement Contribute to Teacher Development? Based on the Experiment of Parents-Teacher Synergic Lesson Study at a Migrant School in Shanghai [R]//Gonçalves, E. & Batista, S. (Eds.) Conference Proceedings of First ESCXEL Project International Conference-Networks, Communities and Partnerships in Education：actors, goals and results. Lisbon：ESCXEL Project-School Network for Excellence，2016.

投入,形成具有国际对话力的研究成果。[①]

用这样的研究方式透视当前的乡村家校合作实践与研究,就需要关注如下问题:乡村的家长都是不支持、不配合、缺位的吗? 乡村的隔代教育都是祖辈的能力不足、意识不强吗? 乡村教师面对家长都束手无策吗? 在乡村背景下,家校合作的发展状态也是多样的。和城市一样,有发展状态很糟糕的学生和家长,但也会有发展状态很好的学生与家长。而教师又何尝不是如此?

与此同时,在家校合作中,教师、家长、学生是核心主体,每个主体都蕴藏着巨大的能量。从复杂性理论视角看,"重要的是不要做一个平常意义上的现实主义者(使自己适应直接的现实),也不要做一个平常意义上的非现实主义者(使自己逃避现实的约束),重要的是做一个复杂意义上的现实主义者:认识到现实的不确定性,知道在现实中存在着看不见的可能性"。[②]

在乡村背景下,建立良好的家校共育体系的可能性来自哪里?

一是来自乡村家长的参与。

"可怜天下父母心!"即便是远在外地打工的乡村家长,也都期待自己的孩子健康成长,愿意真正参与到与教师的合作之中。我们的一项实验研究表明,不仅是留在家乡的家长,即便是在外地的家长,通过互联网的作用,也是可以并愿意参与到相关活动中的;[③]而且,家长也是能够学习的![④]

有实践研究者如此写道:"越是让家长参与,他们就越喜欢参与,这个道理是真的。"该研究者举例说:"农村孩子早上特别早来学校,学生管理又成了问题。我们就组织家长担任晨读管理员,让家长轮流到班级里组织晨读。家长的管理方法真的让我们很感动,与孩子们相约做布丁,教孩子们玩传统游戏……每位家长都有自己的方法。就是这样一点一滴地做,我们的家校关系才越来越好,才会有前面校长研习营的画面。时下,又一届学生毕业了。一位家长写来一封信,表达她对学校的感激之情。最后她说,只要学校需要,她很乐意来帮忙。"[⑤]

与之类似,也有学校研究表明,"经过近六年的坚持,学校工作在'全面开花'的基础上,也赢得了全体家长的信赖。家长成了学校最好的宣传员,成了学校教育的一分子,成了我们最好的教育同伴。家长的信赖,给了学校从未有过的殊荣。2014—2015学年,学校第一次荣获密云区家长满意度第一名,从那之后就从未旁落。如今,我们已经连续五年荣获家长满意度全区第一。我们深知:这是家长对学校的无限信赖与认可,是对我们至高无上的

① Gu, H., Yin, L. & Li, J. Making Homework a Catalyst of Teacher-Parents-Children's Collaboration: A Teacher Research Study from an Elementary School in China[J]. International Journal about Parents in Education, 2015,1 (9):47 - 65.

② 埃德加·莫兰. 复杂性理论与教育问题[M].陈一壮,译. 北京:北京大学出版社,2004:67 - 68.

③ 许滢,吴静超."互联网+"亲子共谈会——一次乡村家长会的变革实践[J].教育视界,2019(1):41 - 44.

④ 李家成.关注终身学习视角下的家长学习[J].教育视界,2019(1):33 - 34.

⑤ 周国平.让家长离学校再近一些[J].中国民族教育,2020(10):45 - 46.

鼓励与奖赏。这份沉甸甸的心意,是我和老师们不竭的动力之源"。①

诚然,乡村家长有着各种困难和问题,但作为教育工作者和研究者,千万不要怀疑他们参与的意愿,而要为他们创造更多的合作机会。我们的研究已经证明,通过线上线下结合的方式,通过乡村教师的主动投入,都可能极大激发乡村家长参与的动力与热情。②

二是来自乡村学生的参与。

学生可以成为家校合作重要的推动力量! 乡村学生也需要,并能够表达自己的需求,能够通过自己的努力促成家校合作,更能够通过参与相关活动,促进家长和教师的改变。有学校就意识到,"在留守儿童当中,有不少家庭教育是严重缺失的,家校对话实际上就是教师和学生自己的对话。要从根本上解决这一问题,就必须唤醒和发挥学生自身的力量"。为此,该校通过"农村小学优秀留守儿童的个案研究"课题引领等方式,多措并举培养儿童的自我抗挫能力、自我调节能力和自我发展能力,并让他们中的优秀代表积极引路,激发起更多留守儿童的内在驱动力,以点带面促进整个群体的健康快乐成长,通过榜样引领促进不同家庭、不同学生的和谐共生。③

乡村的孩子往往给人以质朴、善良的印象,乡村孩子的领导力也同样是能够发展起来的。因此,家长和教师要学会倾听孩子的声音,更需要尊重孩子的成长需要,接纳学生对家校合作实践的真正参与。

参与本书撰写的浙江省武义县巩淑青老师就曾集中研究过乡村学生领导力的发展问题;④黑龙江的焦忠宇老师也曾有过如下思考:"孩子的童真童趣,对活动的积极响应,对新生事物的快速回应,对学习与读书的热爱,这些常常是家长忽视的地方,也是教师注重培养的方向。"⑤

三是来自乡村教师的领导。

教师作为专业人员,一定要承担起家校合作领导者的责任,成为推动、建设、发展、修复家校合作关系的关键人。我们在城乡分别开展的各类研究在不断验证这一观点。尤其是乡村教师的角色自觉与专业发展,完全可以在实践中实现。一位乡村班主任就有过如此深切的体悟:⑥

我是个土生土长的农村孩子,父母都是很淳朴的农民,他们对老师都充满着崇敬之意。记得读小学的时候,家里种的瓜果蔬菜,他们经常让我带给老师,节假日家里做了糕点粽子什么的也让我捎点过去。我就这样在他们的默默支持下完成了学业。

---

① 王春艳.北京市密云区北庄镇中心小学:植根乡村巧引领,家校互信共育人[J].中国德育,2020(15):65-68.
② 刘海霞.以微信群为载体,促进乡村家长的教育参与[J].教育视界,2019(5):31-33.
③ 黄彪."融"教育,带着泥土的芬芳——家校合作乡村路径的探索与实践[J].教育家,2019(6):20-21.
④ 巩淑青,蓝美琴.暑期活动:学生领导力培养的新途径[J].江苏教育,2018(23):52-53.
⑤ 李家成.实现乡村学生、家长、教师间的互联互通、互学互鉴——基于对乡村家校合作复杂性的理解[J].教育视界,2019(19):4-7.
⑥ 施建珍.山不过来,我就过去——乡村教师在学生发展与家长合作中的角色[J].新课程评论,2017(3):53-58.

师范毕业后，我被分配到比较偏远的乡村小学当老师。当看到孩子们那一双双纯真而又带着渴望的眼睛时，不由得勾起了我童年的回忆，他们当中也有我当年的影子。于是，我悄悄地为这些山里的孩子在心里埋下一颗希望的种子，期待他们能在老师的陪伴下拥有一个快乐的童年，健康、茁壮地成长。

不记得什么时候，我在文章中读到"山不过来，我就过去"这样一句话，这句话给了我很大的启发。后来，它一直陪伴着我行走于村野的小路，探寻着乡村教育的出路。千般跋涉，万种找寻，我细细体会，渐渐明白，前路漫漫，唯有坚定不移地走自己的路，不忘初心，方能改变想要改变的一切。

又如，参与本书写作的浙江省武义县的叶斐妃老师曾如此写道：

从教师角度看，这一年来自己对家长的认识和理解有很大的改变。第一，更能理解乡村家长了。主要包括对家长工作忙碌程度的理解，对家长教育重视程度与投入的理解，这是会受很多因素影响的，对家长不能坚持每天在家校本上签字的理解，因为很多家长都要加班到很晚，真的很不容易。第二，是认识到乡村家长也是可以重新学习、成长起来的，我们班的亲子共读活动就可以很好地说明这一点。第三，要想改变乡村孩子，最好是改变乡村家长，但是要想改变乡村家长，需要从改变乡村班主任开始。没有乡村班主任的主动改变意识和教育投入，乡村家长是很难自己醒悟的，他们需要学校、需要老师或者其他社会力量去唤醒。第四，认识到不能布置较多需要家长完成的活动或任务。比如协助孩子组织活动，这一点很多家长真的做不到，最大的困难就是时间，乡村家长如果要和孩子一起组织活动、参加活动就需要请假。如果不需要家长陪同的活动，乡村家长是很乐意让孩子参加的。

当然，发现和实现乡村家校合作的可能性，更需要保持生态意识，重视来自生态系统的力量。当前无论是国家还是地区，无论是教育系统还是文化系统，都在大力倡导家校协同育人，加速构建家校社协同育人机制，强调学习型社会建设。在当前深化教育体制机制改革，促进教育高质量发展的背景下，乡村家校合作工作有着突破发展的生态条件。而本书的写作，就是呼应这一时代精神，就是基于理论与实践相结合的研究，就是扎根在乡村大地上的教育探索与创新。

家校合作的本质是"合作"，是主体为了共同利益而实现的行为、思维和价值取向等方面的相互协调。就当前实践而言，需要真实地建立主体间的联系，相互间倾听、对话、协商、共事，在共同的情境中共同学习、相互学习。其中，处于弱势地位的部分家长，和往往被忽视的学生，非常需要重新获得主体地位。这在乡村教育的背景下显得尤其迫切。

家校合作不仅仅是为了孩子，同样也是为了家长和教师。"互鉴互学"思维就倡导每个主体都是学习者，都需要在交互作用和具体实践中不断实现自我更新。乡村家长、乡村教师迫切需要不断自觉提升学习品质。

乡村家校合作的质量提升,事关人的发展,更通过对乡村教育、乡村社区发展的影响,融入乡村教育振兴、教育振兴乡村的战略中,融入城乡一体化发展战略之中,融入新时代全民终身学习的事业中。

第一章 学在学校：家长参与，合力共育

乡村家校合作的空间可以和乡村学生、家长、教师的工作、生活空间发生交集。

　　发生在学校空间中的家校合作,具有专业基础,富有教育价值,是能够率先取得突破的。在其中,可以有非常丰富的家校合作形式与内容,需要乡村教师和家长共同探索和完善。例如,作为目前家校合作最普遍的家长委员会,在乡村家校合作中能否真正发挥其联结的作用? 乡村家长如何参与学校、班级重大事务的决策? 乡村家校活动还可以实现怎样的丰富与发展?

第一节　家校合作组织的建设[①]

案例导入

2020年9月10日,武义县M小学一年级新生的凳子需要安装。在一(4)班班主任朱老师的号召下,15位热心家长主动报名参加此次家长志愿活动。至于要做些什么、怎么做,却无人提及。小泽妈妈的一句"需要带些什么工具",引发了家长们的讨论,但讨论的内容比较零散。发现问题后,朱老师对活动进行了整体规划,将活动时间、需要用到的工具、活动任务及分工告知家长。家长们很快开始讨论要带的工具型号及数量,认领各自任务,这极大提高了工作效率。活动当日,在朱老师的组织下,家长们很快就进入"卸货—组装—调整—搬运—整理"的流水线工作状态。小睿妈妈和小阳妈妈带了6个电钻及不同的钻头用于安装新凳子,小泽妈妈骑了电动三轮车用于运送旧凳子,这些准备极大地提高了工作效率。仅仅两个小时,大家就圆满完成了工作,将48张学生凳子整整齐齐地摆放在教室中。

此次活动让朱老师意识到,要想有效获得家长的支持和帮助,需要有计划、有方向的组织者和引领者。得力的家长委员会(简称"家委会")不仅能起到家校联系的纽带作用,也是其他志愿者家长的"领头羊"。一(4)班通过民主选举,最终确定由五位家长组成家委会,其中小泽妈妈任家委会会长。

班主任适时引导会长组织策划活动,推动班级日常管理,拓展校内外各项活动。2021年3月2日,朱老师在家委会微信群中提议开展"家长进课堂"活动,家委会成员纷纷表示这是一个促进家校合作的良好契机。在家委会会长的带领下,家委们完成了班级家长资源的初步摸底工作。小静妈妈对家长资源进行了整理,列出家长可以开展的课程内容。多才多艺的小轩妈妈担任第一期"家长课堂"的老师。

活动当日,在家委会的协助下,小轩妈妈将3D绘画笔带进课堂,开展"科技时代,少年

[①] 本节作者为朱君卓、邹颂。朱君卓,浙江省武义县明招小学一级教师,班主任;邹颂,浙江省武义县明招小学一级教师。

当先"系列课程(见图1-1),让来自乡村的一年级孩子们初识了3D打印技术、原理及应用等知识。经过一个学期的课程与实践,孩子们对3D绘画笔的使用乐此不疲,尽情绽放出创意和想象力,绘制出精美的作品(见图1-2、图1-3)。家长们对这次系列课程也赞不绝口,小晨妈妈说:"感谢小轩妈妈为我们的孩子带来不一样的课堂,为孩子们的学习生活打开了另一扇窗。透过这扇窗,孩子们看到了一个多彩的世界,学到了平时课堂上学不到的知识。"佳佳妈妈也表示自己的孩子因为这节课而喜欢上了3D绘画。

图1-1 小轩妈妈在上3D绘画课

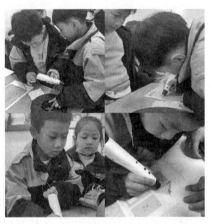

图1-2 孩子们在用3D绘画笔绘画作品

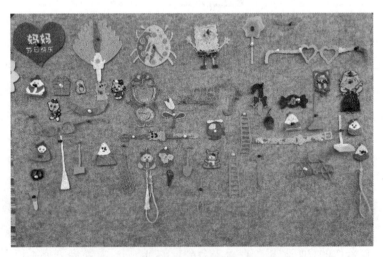

图1-3 孩子们制作的部分3D绘画作品

像这样在家委会组织或协助下开展的班级活动还有很多。他们能积极响应乡村学校、乡村教师的号召,及时开展讨论会,确定活动方案,动员更多的家长积极参与。在他们的带动和协助下,激发了越来越多乡村家长参与学校活动及学校管理的热情,有效促成了乡村家校合作,让乡村教师、乡村家长、乡村学生三方形成教育共同体。

原理解析

一、发挥调节作用，为家校合作构建和谐的沟通关系

乡村学校与家庭偶发的冲突事件，一个重要原因在于家校之间沟通不畅、理解不够，双方意见难以达成一致。这类冲突事件一旦经过互联网的快速传播，加上不良媒体的恶意编造，容易造成家校矛盾的激化，甚至产生严重的信任危机。《教育部关于建立中小学幼儿园家长委员会的指导意见》（简称《指导意见》）指出："家委会应及时向学校反映家长对学校工作的疑问，帮助学校了解情况改进工作。多做化解矛盾的工作，把可能出现的问题，解决在萌芽状态。"[①]

但有研究者在华东某县20所农村中小学的调查显示，仅有10所中小学建立了家委会。即便如此，这10所学校的家长中，仅有17.6%的家长明确表示知道本校有家委会；39.4%的家长认为本校没有家委会，其他42.6%的家长表示不清楚；而在没有家委会的学校，12%的家长却认为学校有家委会。有意思的是，该研究者的研究也发现，建立家委会的学校，家长对学校管理和教育质量的满意度会高于没有设立家委会的学校。[②]

家委会是家长参与学校的组织，其成员应当具有代表性，即不同阶层或者类型的家庭、不同社区的家庭都要有自己的代表。[③] 因此，作为班级家庭共同选出的代表，乡村家委会代表的是班级家长的共同利益，其最终旨归就是促进班级的良性运转。当个别乡村家长出现与学校意见不合时，家委会可以充分了解这些家长的诉求，加强与家长、班主任的沟通，从而减少家校冲突的发生。当有些乡村家长不理解学校教育、不想参与或不知道如何参与学校事务管理时，家委会要发挥自己的协调作用，积极主动地关心、帮助他们，引导他们一同参与学校事务。因此，乡村家委会的建设有利于加强学校与家庭之间的沟通，进而营造和谐的家校关系。

二、发挥纽带作用，为优化乡村教育环境提供支持

《指导意见》指出："参与教育工作。发挥家长的专业优势，为学校教育教学活动提供支

---

① 教育部关于建立中小学幼儿园家长委员会的指导意见[EB/OL]. (2012 - 02 - 17) [2021 - 10 - 12]. http://www.gov.cn/gzdt/2012-03/13/content_2090827.htm.
② 魏峰. 百年中国农村家校关系变迁的历史考察[J]. 华中师范大学学报(人文社会科学版),2022(2):173 - 180.
③ 王梅雾. 班级家长委员会的运行与优化[J]. 江西教育,2020(8):9 - 10.

持。发挥家长的资源优势,为学生开展校外活动提供教育资源和志愿服务。"① 相较于城市而言,自然淳朴的乡村蕴藏着丰富的资源,乡音、乡土、乡情以及古朴的生活、恒久的价值和传统都是值得挖掘的教育资源。因此,乡村家委会可以发挥家长作为乡村主人翁的优势,协助班主任合理开发乡土资源。如湖北省某中学的家委会成员参与策划了一系列活动:七年级学生到宜昌市秭归县屈原祠进行爱国主义教育;八年级学生到宜昌市鸣翠谷参加野炊活动;九年级学生到宜昌市夷陵区"最美山村"官庄远足。② 湖北省某小学整合家长资源,使校外实践活动延展到职业体验系列、生态人文系列、健康自护系列、劳动体验系列、社会民生系列等实践活动。③ 这些宝贵的经验启发我们乡村家委会可以动员家长们为乡村学生提供丰富的校外实践及研学活动场所,优化素质教育。

乡村家长不同的工作经历、专业知识、生活方式、爱好特长,也可以成为乡村学生学会生活、关爱生命、全面发展、健康成长的乡村教育人文资源。乡村家委会可以发挥纽带作用,了解其他家长的职业、特长等情况,邀请更多的家长参与开发具有乡村家长特色的教学课程。因此,乡村家委会的建设有利于开拓学校更全面的教育环境,真正提高乡村教育的质量。

三、发挥组织协调作用,为实现乡村学校的多元治理建言献策

《指导意见》指出:"参与学校管理。对学校工作计划和重要决策,特别是事关学生和家长切身利益的事项提出意见和建议。对学校教育教学和管理工作予以支持,积极配合。对学校开展的教育教学活动进行监督,帮助学校改进工作。"④

许多乡村学校在家长参与学校治理方面已经有了一些探索与实践。通常校方会召集家委会代表参加家委会例会、家长会、专题研讨会、家长座谈会等会议,通过家委会向其他家长宣传学校的近期工作,邀请家长参与学校重大决策及协助校园民主管理。在这方面,城乡具有相通性。如上海某小学组织的家委会期末工作总结会,参与"课程督学部"工作的家长代表进行了总结回顾。一年级家长代表以学生"绿源积点站"活动为切入点,建议以后多举办这样的活动;二年级家长代表则希望多举办专题讲座。⑤ 这些类型的家委会运行模式在乡村同样可行。

乡村家委会还可以在学生健康饮食、校园安全、心理健康等学校活动中,发挥组织、协调、参与等积极作用。乡村家长委员会的建设有利于增强决策团队的整体力量,丰富学校

① 教育部关于建立中小学幼儿园家长委员会的指导意见[EB/OL].(2012-02-17)[2021-10-12].http://www.gov.cn/gzdt/2012-03/13/content_2090827.htm.
② 谭复杰,王晓.家长广泛参与,促进精细管理——湖北省宜昌市第六中学创新家委会建设之路[J].基础教育参考,2017(22):33-34.
③ 谭新艳,胡书琴."班级家委会"建设的思考与实践[J].基础教育参考,2017(14):35-36.
④ 教育部关于建立中小学幼儿园家长委员会的指导意见[EB/OL].(2012-02-17)[2022-04-02].http://www.gov.cn/gzdt/2012-03/13/content_2090827.htm.
⑤ 李家成,王培颖.家校合作指导手册[M].北京:北京大学出版社,2016.

管理的参与主体,整合多元化的治理力量,提高乡村学校的治理水平。

方法指导

组建家长委员会的目的是促进整合家长资源,保障学生与家庭的最大利益,促进家校双方的理解与互动。目前乡村学校家长委员会的建设还相对较弱,如何组建一个和谐、专业的家委会,乡村学校可以从选拔得力的家长委员入手,发挥乡村家长优势,层层突破难点,打造家校共育的新局面。

一、多方了解和动员,组织有力的家委会

家委会是班级家长群体的核心组织,成员必须热心参与班级活动,有一定的号召力和组织力,能带动其他家长一起参与班级活动。[①] 班主任在推选家委会成员时,要进行多方面的了解和动员,为组建优秀的家委会做好充分的准备。

(一) 更新观念,鼓励乡村家长参与家委会

有些乡村家长对家委会的认识比较片面,甚至还有些家长并不知道家委会的存在。基于此,班主任可以在第一次家长会上进行相应的介绍及动员,让乡村家长对家委会有更全面的了解。如有教师在开学初的首次家长会上介绍班级家委会的定位、功能和职责,帮助家长了解家委会组织;介绍以往家校合作的成功案例,强调家委会的重要地位,激发家长的参与热情;发布家委会招聘启事,明确岗位职责,鼓励家长根据自身情况积极申报。[②] 这种集中宣讲的方式比较高效。除此以外,还可以通过个别接触、唤醒家长前期经验等方式进行。

(二) 全面了解,寻找合适的家委会成员

推选家委会成员要有明确的目标。家长要有爱心、乐服务;要明事理、善沟通;要有时间、较灵活;在职业方面尽量体现多样化。班主任要多途径、多角度了解家长,通过家庭情况调查问卷、与家长的日常交谈、班级群的反馈、班级事务的参与、家长的职业及孩子言行举止等方面进行观察。本节案例的作者在开学前两周,除了与家长交谈、与孩子交谈、察看班级群反馈、了解家长职业等,还进行了一次家长问卷调查,从而了解家长的教育理念和合作思想,为寻找合适的家委会成员奠定了良好基础。

---

① 李敏.让家委会成为班级管理的坚强后盾[J].江苏教育,2018(47):61-62.
② 张兴立.三级六步:班级家委会建设路径探析[J].江苏教育,2018(79):52-54.

(三) 真诚邀请,达成家校合作共识

班主任可以进行亲笔写邀请函、颁发聘书等仪式,让家长感受到教师合作的诚意。如武义县 M 小学一(4)班朱老师就在家委会选举前给各位家长写了一封邀请函(见图 1-4)。

亲爱的家长:

您好!

非常感谢在过去的两周时间里积极配合学校工作!孩子的成长需要家长、学校、孩子三方的共同努力,而家委会则是连接学校和家长关系的重要纽带。作为班主任,我在此真诚地邀请您加入我们班级家委会!为孩子的成长、为班级的建设,贡献一份力量!

有您的参与,孩子们的童年会更加五彩斑斓!我们这个班集体也会更有家的味道!

班主任:朱老师

2020 年 9 月

图 1-4　家委会邀请函

这类型的邀请函明确了家委会的定位,体现了家校合作的理念,能较好唤醒乡村家长主动参与的意识。

(四) 民主选举,成立家委会

通过民主选举的方式组建而成的家委会,能更有效地发挥其纽带作用。如可以采用自荐和他荐的方式产生家委会委员人选,家长们录制微视频进行竞选发言,班主任在班级群中组织民主投票,最终产生家委会成员,并在其中确定一位大家信任、能力强的家长为家委会会长。民主选举的方式一定程度上考虑到了不同家长的不同心理需求,整合不同家长的资源,极大程度调动了乡村家长们的积极性。

二、依托家校合作,建立乡村家委会联盟

(一) 健全家委会制度,明确分工及职能

规章制度的建立与落实能在一定程度上弥补家委会建设流于形式、职能缺失等不足,

使家委会逐渐成为班集体管理的重要组成部分[①]。在班级家委会成立后,教师可以促进召开第一次家委会会议,讨论制订家委会规章制度、职责及分工等,规范家委会的日常运作。例如武义县 M 小学一(4)班家委会就设置了主任、副主任各 1 名,后勤部、宣传部、策划部主任各 1 名,分工如图 1-5 所示。

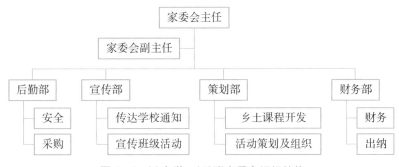

图 1-5　M 小学一(4)班家委会组织结构

而校级家长委员会的组建可以视学校规模而定,每班推选 1～2 名代表,组成校级家长代表大会,再由家长代表大会推选出家委会委员,进而推选出主任委员等人选。只有职责明确,家委会成员才能更好地开展工作。

乡村教师要注意家委会工作是否会出现权利危机。权利危机即家长代表寻求特权,或者长期固定的少数人参与,导致不公。因此,家委会一定要增强代表性,及时改选、补选,吸引更多家长参与。[②] 乡村教师要将家委会换届改选工作落实到位,并不断完善家委会规章制度及运行机制,让家委会时刻保持不变的"家校合作"初心及无私奉献精神,继续激活创新动力,保持热情与活力。

(二) 发挥教师引领作用,激发家委会能量

1. 乡村教师要对家委会成员的工作予以及时的肯定

用一双慧眼发现他人的闪光才能与奉献精神,真诚地称赞,这才是鼓舞人心的最好方式。乡村教师可以在学期结束家长会上,与孩子们一起给家委会成员颁发"美丽家长"的奖状,以表达对家委会工作的认可及鼓励。例如,M 小学每学年开展十佳"红鹰家庭"表彰会,每学期举办"优秀紫马甲大员"评选活动等。[③] 这些活动肯定了家委会成员的工作,成功激发了家委会成员的积极性。乡村家长同样需要这样的鼓励,因此乡村教师应当转变观念,变为这样的欣赏者、鼓励者。

---

① 许成辰. 从旁观者到协同者——班主任指导家委会参与班集体管理的实践研究[J]. 教育视界,2018(3):23-25.

② 王梅雾. 班级家长委员会的运行与优化[J]. 江西教育,2020(8):9-10.

③ 李家成,王培颖. 家校合作指导手册[M]. 北京:北京大学出版社,2016.

2. 乡村教师要对家委会工作提供及时的指导

家长爱孩子、爱参与,却因专业能力不足,导致参与变成干预。因此,家委会在尽力吸收教育专业人士参加的同时,还要努力了解和学习教育方面的知识,重新理解孩子、教师和学校教育。[①]

一要主动、及时告知工作目的及要求。在家委管理班级事务或组织活动中总会遇到一些困惑。乡村教师要将工作目的及要求详细地告知,为家委会梳理工作方向,并适时给予有效指导。这样,家委会成员会更加有针对性地投入工作,从而提升活动的成功率,树立家委会的权威性。

二要引导乡村家长学习相关知识。为了降低乡村家委及热心家长的专业危机,乡村教师应该多渠道向家长开展宣传教育活动。如武义县 M 小学创办了家长学校,组织开展了"明招讲堂""牵着孩子,走进阅读世界""做一名有远见的家长"等一系列学校文化、家庭教育及法律知识讲座,以此更新家长的育儿思想,传递育儿经验,促成教育实践的改变。

(三)激发家委会成员主体意识,凝聚形成家校共同体

乡村家长可以深度参与教育工作。乡村教师要充分肯定乡村家长们的创造性参与,同时组织家委会参与后续的班级建设。如在确定中队名时,武义县 M 小学一(4)班充分发挥家委会的作用,由家委会发起中队名征集活动,经过投票确定中队名为"大雁中队",并以培养学生"团结合作""有效沟通""相互协调"的团队精神作为目标。家长、学生共同参与确定的中队名让家长、学生更有自豪感和归属感,对中队名的美好期待成了大家共同的团队愿景,大家也就更容易心往一处使。又如家委会例会上,班主任朱老师向家长们汇报班级现阶段的工作计划,并针对家委会收集的现阶段家长们教育中的困惑,制订家庭教育指导计划,如策划"言传身教,做好孩子的榜样"等活动项目,鼓励家长们更有针对性地开展家庭教育。

(四)鼓励家委会了解家长综合诉求,有效促进家校合作

像武义县 M 小学这样的乡村学校,家长们大多是来自不同省市的务工人员,文化差异较大,常有意见不一致或需求不同的情况。因此家委会要尽量从不同职业、不同阶层中吸纳人员才能更具有代表性,从而更有针对性地服务全体家长。

1. 鼓励家委深入班级家长群体

家委会可以积极引导家长自由组队,同时家委成员要多与其他家长交流沟通,从而更全面地了解家长的诉求,同时破解大班额校外活动组织难等困境。一个班一般可分为6~8组,家委会成员可深入各组兼任小组长。这种横向展开的组织方式,可以让家委会更深入地了解家长群体,更有效地组织动员,以开展更高品质的活动(见表1-1)。

---

① 王梅雾. 班级家长委员会的运行与优化[J]. 江西教育,2020(8):9-10.

表1-1　武义县M小学一(4)班第一小组分组

第一小组				
学生姓名	家长姓名	家长工作	联系电话	备注
×××	×××	电瓶车修理店	×××××××××××	组长
×××	×××	汽车轮胎店	×××××××××××	副组长
×××	×××	工厂务工	×××××××××××	
×××	×××	工厂务工	×××××××××××	
×××	×××	待业	×××××××××××	

说明:分组方便家委会组织活动,也有利于成员互相了解,希望大家支持组长的工作!

2. 助力家长提升调查研究能力

乡村教师可以引导家委会成员开展简单的调查研究,并对问题进行科学判断,避免以偏概全。基于调查研究,有针对性地开展各项活动,如利用线上、线下平台,组织家长对当下家庭教育工作中的热点、难点问题展开商讨。武义县M小学一(4)班家委曾就"您希望家长委员会开展哪些活动?"这一问题对家长开展问卷调查。调查结果显示,24位家长希望家委会组织开展家长之间教育心得的交流会,19位家长希望家委会能经常组织一些亲子活动,18位家长希望家委会能考虑定期开展各类安全知识讲座,占诉求的前三位(见图1-6)。

8.您希望家长委员会开展哪些活动?

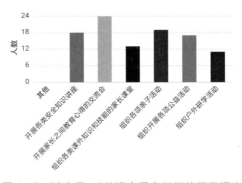

图1-6　M小学一(4)班家委会组织的问卷调查

针对以上家长诉求,家委会借助班级群先后组织了"专家指导的教育类文章的学习会""家长开放日心得讨论会""班级优秀家长教育经验学习会""协助孩子读拼音的教育方法讨论会"等活动,挖掘家长资源开展了家长课堂、校外研学、亲子"护蛋行动"等系列活动。

三、发挥家委领导力,带动家长参与班级各类活动

班级家委会最重要的工作是组织班级家校合作活动。班主任要充分发挥家委领导力,通过家委会邀请更多家长参与学校、班级活动,以此了解和支持学校教育,同时缩短与孩子们的距离,加深彼此之间的理解。

(一) 树立形象,激发全体家长的积极参与

为了加强家庭与学校的沟通,给孩子营造一个良好的学习环境,家委会成员之间要各尽所能地友好相处,认识到教育公平性,为孩子树立一个良好的优秀家长的形象。同时乡村教师要协助家委会成员在班级家长中明确家长代表、活动组织者、爱心服务者、计划执行者的角色定位,给予家委会肯定,以便于他们积极参与班级日常事务的管理,如文明监督岗轮流安排、班级财务管理、运动会等学校活动的志愿者招募工作。家委会公平公正、无私奉献的形象能激发全体家长的积极性,提高家长参与教育的质量和效益。

(二) 勇敢让权,助力家长组织开展各种校内外活动

乡村教师应改变家委会的出现会让自己的教育教学工作受限的固有认知,充分发挥家委会的作用,同时运用自身丰富的育人方法和教学经验,在策划和组织过程中给予及时的指导,实现协同育人。有学校在"综合实践、研学旅行"等教育政策的导向下,以班为单位,充分挖掘、整合家长资源和社会资源,以班级家委会为主导,组织学生走进生活课堂、社会课堂。[1] 这类研究成果启发我们,乡村家长拥有比教师更多的社会资源,乡村教师要引导家委会充分挖掘家长资源并开展各种校内外活动,多措并举发挥家委会在活动中的引领作用。

例如,武义县 M 小学一(4)班在家委会的组织下开展了一日"护蛋行动"。另外还开设了一系列家长课堂,例如小李妈妈开展了系列"中草药课堂";小天、小钱家长一起策划组织了红色研学活动(见图 1-7)。这类活动的开展,进一步增强了乡村家长的自信心,发展了其领导能力,也持续优化了乡村家校合作活动与工作机制。

(三) 岗前培训,链接家长参与各类综合评价

家长参与各类综合评价也相当重要。家长看待问题的角度与教师不同,以家委会为代表的家长群体应当在班级建设、学生活动的评价中起到积极作用,特别是在注重学生综合素质评价的背景下,家长的参与更能客观全面地考察学生的发展。[2] 如武义县 M 小学在一年级乐考、少先队知识考评、眼保健操比赛等活动时都会邀请家长来当评委。家委会需要

---

[1] 谭新艳,胡书琴."班级家委会"建设的思考与实践[J].基础教育参考,2017(14):35-36.
[2] 许成辰.从旁观者到协同者:班主任指导家委会参与班集体管理的实践研究[J].教育视界,2018(3):23-25.

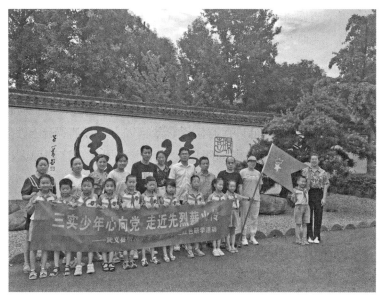

图 1-7　乡村家长组织的红色研学活动

提前进行岗前培训，组织班级家长志愿者了解比赛规则，将评分标准传达到位。

同时，家长对教师的评价能促使教师不断完善教育教学的理念与方法，家长对学校课程建设的建议乃至于积极参与，也能促使学校完善课程体系。如武义县 M 小学通过组织家长开放日，邀请家委会推荐的家长代表参观校园，了解校园文化（见图 1-8）；进班级听课，并对学校教育及教师课堂的满意度进行问卷调查（见图 1-9）。

图 1-8　家长开放日校园文化宣讲现场

明招小学教学开放日家长意见反馈表

尊敬的家长：感谢您的积极参加我校的"家长开放日活动"！为提升学校办学品质，更好的为您和孩子服务，请您认真填写好该表。

*1. 您对本次"家长开放日"活动的满意度：

- 很满意
- 较满意
- 一般
- 不满意
- 很不满意

*2. 通过听课，您对孩子的表现：

- 很满意
- 较满意

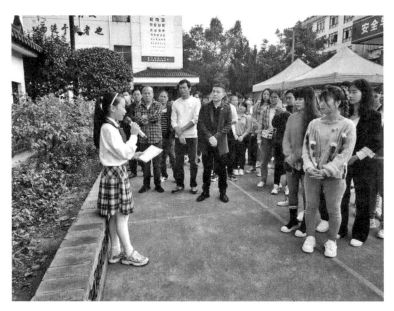

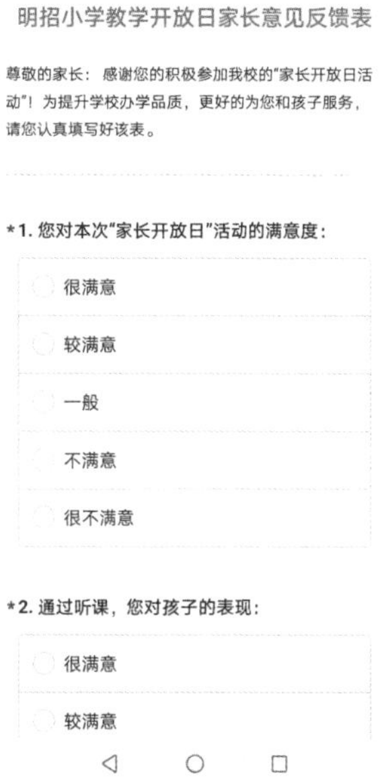

图 1-9　家长开放日家长意见反馈调查

M小学不仅在学生比赛中加入了家长角度,让学生的评价变得更加多元化,也让家长了解了不同孩子的水平状态。同时,还在学校教育及教师课堂满意度方面征求了家长意见,增加了家校双向沟通与交流,增进了彼此的了解。

需要特别注意的是,教师要与班级家委会合作而非把工作完全转嫁给学生家长,这需要循序渐进,形成与乡村家长的良好合作关系。

总之,在乡村学校、班级组建家委会的最终目的是整合家长资源,保障学生、学校与家庭的最大利益。乡村教师在家委会建设过程中要不断调动家长参与教育的积极性和创造性,使乡村家长从传统的学校教育旁观者转变为乡村教育的协同者,以此形成乡村家校协同育人的新格局,让乡村教育更有品质。

问题思考

一、班级如何完善并保障家委会的规范运行?

一些乡村家委会在学校及班级决策参与中仍存在一元化、形式化、功利化的问题。在教育现代化和学校治理迅速发展的背景下,如何立足乡村特点,完善并保障乡村家委会的规范运行,建立支持平台,发挥其决策、监督、参与的作用,是值得深入思考的问题。

二、校方如何为乡村家委会提供系统的指导?

在项目研究中我们发现,乡村教师可以给予乡村家长专业的指导,促成其发展。但教师个人的力量是有限的,目前的指导零散且缺乏系统性。在学习型社会建设背景下,开展有针对性、系统性的培训,可以促成乡村家委会成员教育观、学习观的变革,从而促成成员组织、协调、沟通、管理等能力的提升,形成具有文化力量的乡村家委会团队。因此就需要乡村学校研究如何整体设计相关工作,综合性地支持各年级、班级的家委会建设工作。

三、社区如何参与乡村家庭教育指导?

国家提倡学校、家庭、社区三方形成教育合力,构建家校社协同育人机制,共同承担学生教育的责任。然而乡村家委会对三方合力的教育理念认识不足,缺乏对社区教育资源的了解。同时在与社区合作的活动中,也会出现协商不到位、组织不力的情况。家委会如何处理和社区的关系,特别是如何获得社区的支持还有待系统研究。在《中华人民共和国家庭教育促进法》于2022年1月1日起正式施行的背景下,如何设立社区家长学校,如何发挥社区对乡村家庭教育的科学指导作用,也就变得更为迫切。

未来发展

一、提升乡村家委会成员的专业素质,扩大影响力

为保证家委会的影响力,乡村学校可以组织家委会参加各类教育知识讲座。乡村教师可以通过家委交流会等形式,主动为家委会成员解读教育目标,使其更好地了解学校现阶段的教育要求及学生的心理发展特点,帮助各成员深入思考培养什么样的人、如何培养人以及为谁培养人等重大问题。乡村家委会也要主动学习相关教育知识,提高家委会的文化力量,通过家委会向更多家长解读科学合理的教育观念,影响更多的家长参与学校活动,提升班级家长的凝聚力。

二、健全乡村家委会工作机制,提高参与度

教育主管部门要为乡村学校家委会建设搭建平台,将家委会各项职能正规化,完善相关制度,补充相关家委会工作细则,明确经费管理办法。除此之外,也需要制定家委会评价奖励机制,通过现场考察、家长问卷等方式,对家委会工作进行考评,以此提升工作效力。

乡村学校也可以创造条件设立专门的"家委会办公室",建立平等的对话机制,转变乡村教师对家长的态度,保障家委会热情投入的长程性,并提高家委会成员的思想认识,提高其参与度。

三、推进乡村家委会组织建设,促进多元化

目前家校合作和家委会组织建设在我国仍处于初级阶段,家长在学校教育中的参与程度还比较低,在我国推进国家治理体系与治理能力现代化的进程中,需要进一步加强多元治理主体的参与及其在治理过程中的合作与协商。以德国为例,其学校家长会是父母参与学校教育的主要方式,会员费和社会捐赠是其主要的经费来源;其组织层级总体可以划分为五层,即班级、学校、区级、州级和联邦。[1] 我们是否可以根据校情借鉴这样的模式,形成家校共育新格局,进而完善家委会的组织结构,推动家长参与学校教育并发挥重要作用呢?

---

[1] 袁利平. 国外家委会如何参与学校教育? [J]. 人民教育,2019(11):75-78.

第二节　学校重大事务的参与[①]

案例导入

2020 年 1 月 20 日,冬日的暖阳尽情宣泄着自己的光和热,洒下一道道金光,浙江省武义县 L 小学新校园建设工程在北岭新区正式动工。

时间飞轮倒转至 2017 年 6 月 25 日,浙江省武义县遭遇特大暴雨袭击,致使河水暴涨。L 小学因地势低洼,洪水倒灌进校园,水深处达 1.5 米。教室和食堂的桌椅统统被洪水冲散,地面也满是淤泥。而此时距离期末考试只剩下 2 天时间。这场突如其来的洪涝灾害无疑给全校师生打了一个措手不及。灾害发生后,学校立即将灾情向上级汇报,并启动突发灾害应急预案,全力做好抢险救灾工作。在校长的带领下,学校教师对整个校园进行杂物清理,对淹没的教室、食堂、教师宿舍、厕所等进行彻底消毒。一些家长自发来到学校,为学校出上一分力。经过大半天时间,学校十多个教室的淤泥全部清理完毕,部分可用财产和物品得到安全转移,初步为学校复课做好了准备。

洪水退去后,L 镇政府高度重视学校安全工作。为确保学校正常的教育教学秩序,镇政府第一时间向武义县委、县政府提交了关于改善学校办学环境的申请书。此项申请得到了武义县委、县政府的高度重视。

2018 年 5 月 24 日晚 6 时 30 分,L 小学新校园设计方案听证会在 L 镇政府三楼会议室召开,各年级家长代表、地方群众代表共 279 名人员参加。L 小学曾伟文副校长首先向与会人员解读了新校园的初步设计方案。接着部分代表以提问方式进一步了解方案的细节之处。有的家长就停车问题发表了看法:"我认为新校园正门口应增设更多的临时停车位,迁入城区后由于接送路程变远,大部分家长会开车接送孩子上下学,只有充足的停车位才能保证上下学高峰时校门口的交通秩序。"还有的代表就校门口绿化带设计提出了意见:"新

---

① 本节作者为韩小红。韩小红,浙江省武义县实验小学一级教师、班主任。

校园所在的北岭新区地处莹乡路与湖滨路交叉路口，来往车辆较多，学校正门口应增设面积较大的绿化带，以确保孩子们上下学的安全。"还有的代表对新校园各栋楼以及主大门的设计发表了自己的看法。

图 1-10 各年级家长代表、地方群众代表参加听证会

2018年11月15日上午9时，L小学新校园设计方案达成会议在L镇政府三楼会议室召开。镇里分管教育的党委委员、L小学校长、中层领导以及各班级家长委员会成员参加了会议。

从2017年到2019年，经过学校、家长、社区以及县委县政府的共同努力，L小学新校园迁建工程终于顺利动工。新校园不但布局合理、环境美观，而且兼具实用性与现代感，得到了家长、学校、社区代表和政府官员的一致认可。L小学迁校这一重大事务，因为有了家长的参与，不再只是冷冰冰的校址搬迁，也绝不只是老师换了个地方上课、学生换了个地方学习，它承载了学校、家庭、社区、政府对每个学生的无限关注，承载了每个乡村家庭对孩子的美好期望，家长、学校、社区共同期待着新校园的落成，共同展望新学校的美好未来。

原理解析

教育部早在《2003—2007年教育振兴行动计划》中就曾明确提出："积极推动社区、学生及家长对学校管理的参与和监督。遵循'从严治教，规范管理'的原则，加强学校制度建设，逐步形成'自主管理、自主发展、自我约束、社会监督'的机制。"[1]乡村学校的重大事务决策

① 2003—2007年教育振兴行动计划[EB/OL]. (2004-02-10)[2021-10-12]. http://www.moe.gov.cn/jyb_sjzl/moe_177/201003/t20100304_2488.html.

和管理,离不开家长的积极参与和大力支持。其意义就在于以下几方面。

一、有利于激发乡村家长参与学校事务的自主意识

提高乡村家庭教育的质量首先必须提高乡村家长的综合素质,促进乡村家校合作也需要乡村家长熟悉学校、主动参与。而引导乡村家长参与学校重大事务的决策,正是更新其教育观念,激发其主动性的有效途径。

案例中的 L 小学在迁校过程中,从同意搬迁、新校址的选择,到新校园每个角落的布置,都让家长参与其中,尊重家长的想法,鼓励家长献计献策。这样的做法有效激发了家长主动了解县城或城市学校的情况,并积极提出个性化建议。每个家长的建议代表着每一个学生个性化的需求,也充分体现出每个乡村家庭对孩子教育的关注,对孩子的成长所付出的心血。乡村家长对学校重大事务的参与越多,越能加速他们体会到家长在孩子成长过程中的重要性,教师和家长的互相配合所形成的家校合力,能更好地促成孩子全面发展。

二、有利于形成乡村家长对学校的认同感

2010 年,《国家中长期教育改革和发展规划纲要(2010—2020 年)》就曾提出,要"充分发挥家庭教育在儿童少年成长过程中的重要作用""家长要加强与学校的沟通配合"。[①] 2017 年,《义务教育学校管理标准》提出,"构建和谐的学校、家庭、社区合作关系","提高家长在学校治理中的参与度,形成育人合力"。[②] 已有研究表明,良好的亲师关系会产生交互作用,为学生提供更多支持,促进其学业成就表现。[③] 乡村家长参与重大事务,有助于提高乡村家长对学校和教师的认同感。

乡村家长和教师平时忙于各自的工作,少有机会真正深入交流孩子的教育问题。例如,L 小学曾针对教师与家长沟通是否足够进行过一项调查,结果发现,60%以上的家长表示"基本满足",只有 28%的家长认为已经足够(见图 1-11)。教师和家长虽然肩负不同的职责,但是出发点是一致的,都是让每一个学生健康成长。乡村教师关注如何让家长理解自己的带班理念、认同自己的班级管理模式;家长关注如何让教师了解自己对孩子的培养目标,并希望教师为孩子的教育提供个性化的指导和服务。乡村家长对于学校重大事务的参与也是增进亲师关系的良好契机。

---

① 国家中长期教育改革和发展规划纲要(2010—2020 年)[EB/OL].(2010-07-29)[2021-08-10].http://www.moe.gov.cn/srcsite/A01/s7048/201007/t20100729_171904.html.
② 教育部关于印发《义务教育学校管理标准》的通知[EB/OL].(2017-12-05)[2021-08-10].http://www.moe.gov.cn/srcsite/A06/s3321/201712/t20171211_321026.html.
③ 元英,陈冠宇,刘文利.亲师关系对初中生学业成就表现的影响:基于中国教育追踪调查的实证研究[J].教育研究与实验,2019(03):61-67.

第20题 您觉得孩子的班主任、任课教师与您的沟通足够了吗？ [单选题]

选项	小计		比例
沟通不足	76		10.03%
基本满足	468		61.74%
足够了	214		28.23%
本题有效填写人次	758		

图 1-11 L 小学教师与家长沟通情况统计

在乡村学校重大事务的推进过程中,需要充分发挥班主任在学校和家长之间的桥梁纽带作用。学校的方案设想主要通过乡村班主任向家长解释、传达,乡村家长的意见、想法又通过班主任收集、反馈。通过一次又一次的乡村家校沟通,家长与班主任能够真诚交流彼此的想法,增进相互间的理解与配合。

三、有利于提升乡村家长参与教育的水平

城乡教育差距一直以来都是突出的教育问题。想要缩小两者之间的差距,重要的一环就是提高乡村父母对教育的认知水平。但目前部分乡村家长对教育的观念依旧停留在老一辈的思想,认为上学只需要认识字、学学算术就足够了。这种思维不改变,乡村家长的教育水平就难以提高。而引导乡村家长参与重大事务,正是提升乡村家长教育认知的有效手段。这个过程需要乡村学校、家庭、社区以及全社会的共同努力。

方法指导

乡村学校组织家长参与学校重大事务,是探索建立现代学校制度的有效途径。依照循序渐进的原则,乡村学校组织、邀请家长参与学校重大事务,可以从以下四个方面入手。

一、建立组织,发挥乡村家长"参政"职能

《教育部关于建立中小学幼儿园家长委员会的指导意见》明确指出:"建立家长委员会,对于发挥家长作用,促进家校合作,优化育人环境,建设现代学校制度,具有重要意义。"[1]要

---

[1] 教育部关于建立中小学幼儿园家长委员会的指导意见[EB/OL]. (2012-02-17)[2021-10-12]. http://www.moe.gov.cn/srcsite/A06/s7053/201202/t20120217_170639.html.

进一步加强乡村家校共建,实现乡村家校合作,助力乡村学生健康成长,首先要建立乡村学校家长委员会。

如案例中的 L 小学自 2017 年 9 月始,根据"四有""三不集中"(即有能力、有时间、有热情、有威信,不集中在一个年级、不集中在一个村、不集中在优秀学生家长)的原则,按照班主任推荐,学校审核,家长同意的方式,确定了 54 名家长作为 L 小学第一届家长委员会成员。其中设主任 1 名、副主任 2 名,其余为委员。

然而,在现实的家校沟通过程中,由于家长来自不同的村,相互之间不熟悉,班级家长委员会与家长之间、家委会内部成员之间都存在着不同程度的沟通障碍。因此,以乡村为背景的家校沟通,除了校级家长委员会和班级家长委员会这两个主要渠道外,还可尝试进一步扩"班"到"村",成立村级家长委员会。

关于乡村家长委员会的建设,已有不少学校做出了积极的实践探索。如有乡村学校在教师的组织下,将来自 14 个村的 528 名家长,以村为单位召开全体家长会议,本着"四有两方便"(有能力、有时间、有热情、有威信,方便召集家长开会、方便了解家长意见)的原则,选举产生了本村家长委员会主任及副主任,并讨论通过了本村家长委员会章程。为方便交流学习,14 个村的家长委员会主任还成立了村级家长委员会理事会,选举出一名会长、两名副会长,并制订了理事会章程。村级家长委员会成立后,各村的家长委员会主任、副主任在街头巷尾、田间地头闲谈聊天时就了解到家长的心声,家长的意见建议也能够比较及时地反映到学校,促进了学校工作水平的提升。此外,每个村都安排了一名教师作为联络员,定时向主任、副主任了解情况,按时参加家长会议。自村级家长委员会成立以来,学校已接收到家长意见建议 30 余件,并且很多都具有很强的时效性,采纳后收到了非常好的效果。①

综上所述,乡村学校成立家长委员会要充分考虑到乡村地域以及乡村家长的特殊性,避免这一组织空有虚名。乡村学校可根据具体实际成立班级家长委员会、村级家长委员会,立足于成员都在一个村庄的优势,着重发挥乡村家长的重要作用。

二、参与决策,共谋乡村学校发展蓝图

有研究表明,学校组织的理性是一种"有限理性",为此,达成科学决策,需要从校长个人决策转向教师团队、家长团队和学生团队的合谋共断,大家尊重决策的科学性,倡导决策的民主化,并期待决策随着事物的变化合理地生成。家长参与学校决策,可以帮助学校实现决策及管理的民主化、科学化,是学校民主化与办学机制完善化的集中体现。② 乡村学校的重大工作,如重大项目建设、发展规划调整、大型活动(如校庆)开展等,要提前征求家长委员会的意见,并邀请他们参与决策的整个过程。

---

① 借助家长力量,提升学校管理水平[EB/OL].(2015 - 08 - 31)[2021 - 08 - 10].https://www.lw885.com/show-38-5012-1.html.

② 李家成,王培颖.家校合作指导手册[M].北京:北京大学出版社,2016:101.

如 2017 年 10 月 10 日下午,关于 L 小学新校园选址的民意测评会在学校二楼会议室召开。全校 18 个班级的 90 名家长代表悉数到场。会议主要议题是:新校园的校址是迁入城区,还是在本地原拆原建? 会上,L 小学时任校长首先介绍了县政府对 L 校重建的初步方案。接着,家长代表分小组讨论他们对学校重建工作的想法,学校中层领导每人负责一个小组,收集、反馈家长意见。民意测评结果显示:在场的 90 名家长代表中,35 名家长同意迁入武义城区,占 38.9%;3 名家长不赞成迁到城区,占 3.3%。不赞成的家长主要来自学校目前所在地,他们认为学校一旦迁入城区,将会大大影响这个村庄的持续繁荣;还有 52 名家长对新校址的选择持无所谓的态度,占 57.8%(见表 1-2)。

表 1-2 L 小学新校园选址的民意测评结果

	人数	百分比
同意迁入城区	35 人	38.9%
不赞成迁到城区	3 人	3.3%
无所谓	52 人	57.8%
合计	90 人	100%

又如 2019 年 6 月 4 日,L 小学召开了有关学校未来发展前景与规划座谈会。该镇各主要行政村的村书记、村主任、L 小学领导班子参与了此次座谈。大家在会上各抒己见。有的说:"L 小学几年后将会迁入城区,从镇中心校升级为县城学校,这会大大提升学校的办学水平,对于本镇的孩子来说是一件幸事,他们将享受到和城区孩子同样的教育资源。"也有的说:"L 小学搬入新校园后,上下学的接送路程变远,一部分家长无法接送孩子,只能由祖辈负责,祖辈不会开车,只能骑电瓶车、三轮车,如何确保这部分人群的路途安全? 是否可以增设上下学时段的公交车班次? 这些需要各部门之间协商解决。"还有的提出:"L 小学位于金武快速路口,未来将会成为我县的窗口学校,如何扬长避短,提升办学品质,充分发挥窗口学校的优势? 这是机遇也是挑战。"

乡村学校要鼓励家长参与学校管理,调动一切积极因素,充分挖掘家长潜在的教育资源,形成推动学校发展和学生成长的强大合力。

三、参与活动,重塑乡村家校协同格局

(一) 设立家长参与学校开放日

《中小学德育工作指南》明确指出:"要建立健全家庭教育工作机制,统筹家长委员会、家长学校、家长会、家访、家长开放日、家长接待日等各种家校沟通渠道,丰富学校指导服务

内容,及时了解、沟通和反馈学生思想状况和行为表现,认真听取家长对学校的意见和建议,促进家长了解学校办学理念、教育教学改进措施,帮助家长提高家教水平。"[1]要求家长每学年到校听课1～2次,配合学校进行教育教学管理,并提出建设性意见。

自2019年10月始,L小学每学期都会邀请家长到教室与学生一起听课,一起用餐,零距离体验校园环境。学校分别从看、听、吃、说四个方面为学生家长搭建起一座了解学校的桥梁。

1. 看:走进校园,携手共育

校领导陪同家长们参观学校各功能教室,包括录播教室、图书室、实验室、电脑室、心理咨询室等。家长代表参观食堂的各个操作间,食堂负责人详细地介绍食安工程、科学营养饮食、食品加工操作流程以及储物间等。当看到食堂餐具消毒、食品留样、专间设置一应俱全,油、盐、米、酱、醋等进货渠道、有效日期清楚标识并整齐摆放,家长代表纷纷表示学校的食堂干净卫生,让人踏实放心。

2. 听:随班听课,情系课堂

各班家长代表走进教室,与学生一同听课,了解学生在校的学习情况和在校表现。老师们借助多媒体设备展示了常规教学,课堂内穿插着"小组合作""分组展示"等趣味互动,极大地提高了学生的学习积极性和课堂学习效率。学生学习方式灵活多变,课堂气氛十分活跃,教室后排的家长们也听得津津有味。此时的家长们,放下了工作,和孩子们一起好好感受着美好的校园学习时光。

3. 吃:用心陪餐,用爱陪伴

中午,家长分别到各班陪学生一起就餐。陪餐过程中,家长对学校的菜肴给予了高度评价,对学生午餐期间的有序就餐给予了充分肯定。六(1)班程同学家长说:

"菜肴咸淡适中,荤素搭配,很可口,安全又卫生,我们很放心!"

二(1)班陈同学家长说:"孩子在学校就餐期间养成了良好的习惯,不挑食了,吃饭速度也加快了。"

4. 说:回眸展望,共促成长

最后,家长们齐聚会议室,与校长畅谈开放日活动感受。家长们对开放日活动给予了较高的评价。他们表示,感谢学校提供了一个"请家长走进校园"的机会,今后他们将更加主动积极配合学校和老师,更加科学有效地教育孩子。

(二) 建立家长志愿者专业队伍

乡村家校合作需要学校、教师转变观念,相信家长拥有巨大的教育潜力,并通过全方位的培训,循序渐进地引导家长关心孩子的成长,关注学校的发展,使家长们具备一定的策

---

[1] 教育部关于印发《中小学德育工作指南》的通知[EB/OL]. (2017－08－22)[2021－08－20]. http://www. moe. gov. cn/srcsite/A06/s3325/201709/t20170904_313128. html.

划、沟通、组织能力以及合作意识,促进家校合作活动顺利开展。在大型活动中,乡村教师也要认识到乡村家长的合作能力是多么了不起。这样的活动,不仅锻炼了孩子的能力,也大大提升了家长的家校合作意识和策划沟通协调能力,可谓一举多得。

L小学作为"金华市空竹特色学校",于2021年5月14日承办了金华市第六届青少年空竹大赛。本次比赛共吸引了金华市内20所学校、500余名选手前来参加。

L小学目前只有40名在职教师,为了解决大赛工作人员短缺的问题,德育处在比赛前两个月从各班招募了40余名家长志愿者担任裁判工作。招募工作完成后,德育处又对每位家长志愿者负责的比赛项目做了细致分工,接着由空竹教练负责培训家长如何给每个项目评分,其工作流程如图1-12所示。

图1-12 招募家长志愿者并培训

40多名家长志愿者经过两周的培训,对各个比赛项目的评分规则已非常熟悉。赛场上他们辛苦忙碌的身影成为比赛当天最美的风景。他们的辛勤付出不仅为所有参赛学生创造了一个展示自我的舞台,也很好地诠释了只有家校共同努力才能让教育变得更动人。家长的参与使得L小学克服了场地、人员严重不足的困难,不仅成功举办了比赛,还以绝对的实力蝉联此次大赛冠军。

四、参与评议,在协同中形成乡村家校育人合力

要实现乡村家长的持续、高质量参与,需要把重点放在创造吸引乡村家长关注学校发展的途径上,建立多元评价机制。[①]

如为鼓励家长积极参与学校的各项工作评议,江西省上饶市弋阳县不少中小学都为家长提供了志愿服务岗位:卫生监督员、食堂管理员、考风监督员、运动会裁判员……不仅如此,家长还能参与讨论学校制度、制订学校考评方案,对学校领导班子和教师进行考核评价。手握"实权"后,家长的参与热情更高了。"当学校把每项工作的进与退都变成家长的进与退时,乡村学校的发展就会走在前进路上。"[②]

又如河南省巩义市涉村镇桃园小学是一所农村寄宿制学校,为了促进学校管理,特邀请家长委员走进校园,参观、评议孩子们的食宿环境,让家长参与学校管理,共同促进学

① 李家成,王培颖. 家校合作指导手册[M].北京:北京大学出版社,2016:75.
② 中华人民共和国教育部. 江西行:校风影响家风 教育改变民风——江西弋阳家校社会协同育人模式探访[EB/OL]. (2017-07-08)[2021-07-09]. http://www.moe.gov.cn/jyb_xwfb/xw_zt/moe_357/jyzt_2017nztzl/2017_zt03/2017_zt03_jx/17zt03_mtbd/201707/t20170710_308982.html.

及班级教育工作不断完善。家长委员通过深入学生宿舍和餐厅、与校长"面对面"交流提出了以下建议：餐厅可以增添消毒柜，进一步保障学生安全饮食；要求餐厅工作人员佩戴口罩；男生宿舍可以定期进行内务整理大赛，帮助孩子们养成干净整洁，勤于打扫的习惯；住宿的孩子每天注意个人卫生，定期换洗床单被罩；学生宿舍白天定时开窗通风，下午五点左右寒气上升，按时关窗。①

乡村学校除了可以邀请家长参与评议学校的日常管理，有条件的学校还可以邀请家长参与学生的学业水平监测。

问题思考

一、如何让乡村留守儿童家庭也参与到学校重大事务的决策中？

在我国农村，大多数监护人的监管能力有限，导致乡村留守儿童缺失正常的家庭教育。部分家长由于长时间与孩子分离，缺乏对孩子的关心和教育，造成父母教育的缺位。当乡村学校组织家长参与学校重大事务时，祖辈们会显得手足无措。留守儿童家庭缺乏与学校的沟通，让乡村教师不能及时、全面掌握学生在家的心理和行为，阻碍了乡村家校合作的进一步实施。

二、如何提升乡村家长参与学校事务的主动性？

良好的乡村家校合作关系应该是教师和家长的双向互动，任何一方存在被动心理，都会使合作大打折扣。目前的乡村家校合作忽视家长的反馈与乡村家长资源的开发，大多以学校为主导，家长被动参与。此外，在沟通过程中，乡村家长与教师缺少尊重，互相挑剔。那么，如何使乡村教师与家长实现平等意义基础上的互动交流，使乡村家长真正以主人翁的姿态参与学校重大事务中，这是我们需要思考的问题。

三、怎样实现乡村家长参与学校重大事务的制度化？

每个乡村家长都希望子女健康成长、学有所成，这一点毋庸置疑。几乎每一个乡村家长都愿意尽己所能配合学校老师做好子女的教育工作。然而由于一些乡村学校在教育活动上与家长们尚未建立良好的信息沟通渠道，使得家长对学校事务存在不理解，甚至是误

---

① 桃园小学开放式管理之家长委员参观评议学校食宿促桃小更完善［EB/OL］.（2017－11－30）［2021－07－09］. https://mp.weixin.qq.com/s/PXhwJOnaU6Bx13v7zhH_5Q.

解,而恰恰因为没有拧成一股绳,造成受教育者茫然不知所措,影响学生的健康发展。由于长期的不理解,家长逐渐失去了参与学校事务的积极性。因此,只有学校和家庭建立起一种和谐的伙伴关系,共同携手,形成教育合力,才能真正创设少年儿童健康成长的优良环境和氛围。那么,如何充分调动乡村家长的积极性,使乡村家庭教育与学校教育有效地结合起来呢? 这是需要继续研究的问题。

未来发展

一、运用网络平台,助力乡村家长改进教育行为

随着大数据时代的来临,网络给人们的生活带来了前所未有的便利,同样,网络时代的乡村家校合作也可以突破时空的限制。特别是在后疫情时代,针对当前防疫的特殊要求,乡村学校应进一步探索网络环境下的家校新模式,与家长"云端"携手。除了继续利用微信、QQ、钉钉等软件平台进行沟通、交流外,还可以尝试网络开办家长学校、家校云课堂等方式,指导家长反思自身教育行为,提升家庭教育能力。

二、依托特色项目,助推乡村家长更新教育观念

近年来,在教育改革深化、教育竞争日趋激烈的大背景下,乡村学校要敢于求实求变,以创新求生存、谋发展。乡村学校可以发展自己的优势特色办学项目,提高学校的总体办学满意度和社会美誉度。如武义县 L 小学空竹特色已成为武义县乃至浙江省内颇具知名度的特色教育品牌。这一举措,极大地丰富了学生课余文化生活,有效推动了学生多方面素养的发展,大大提高了学生的幸福感和获得感,因而获得家长的一致认可。

总之,乡村家长参与重大事务需要学校的正确引导,更需要家长的主动参与。高质量的乡村家校合作不可能一蹴而就,唯有循序渐进,给予乡村家长充分的学习和提升自我的时间与空间,方能有所成就。

第三节　家校合作活动的变革①

案例导入

2019年寒假前夕，某乡村班主任通过问卷调查了解到班级里超过半数的同学一年中只有寒暑假才能和父母相聚，便决定在班级召开寒假活动讨论会。

2019年1月10日，在华东师范大学研究生团队的帮助下，L小学六（5）班在学校录播室召开了一次"互联网＋"亲子共谈会（见图1-13）。在活动开始前，为方便大家实时互动，观看大屏幕，他们将桌椅的排列由原来的前后式变成马蹄式。在位置安排上，学生坐在前排，家长坐在孩子后面，方便亲子随时交流讨论。据现场签到表统计，线下共有21位家长来到现场，线上有9位家长参与微信视频会议。因为微信群聊人数的限制，还有几位家长未能加入视频会议，但是他们也一直坚持在群里等到最后，想要及时了解活动进程。

图1-13　"互联网＋"亲子共谈会现场

---

① 本节作者吴静超。吴静超，浙江省武义县实验小学一级教师。

本次"互联网＋"亲子共谈会活动分为五个部分：前期调查情况反馈、亲子建言献策、教师寒假寄语、亲子视频对话和现场对话答疑。与以往的家长会上只有教师发言不同，班主任介绍完基本的调查情况之后，主动将话筒交给在场的家长和学生，让他们真正成为这次共谈会的主持人。一接过话筒，家长和孩子们的参与热情瞬间被点燃，一向沉默寡言的郑爷爷竟然带头发言，率先提议要在寒假组织一次班级集体野炊活动，这个想法得到了在场家长们的一致赞同。当孩子们通过微信群的同步视频看到家长出现在屏幕上时，激动地大呼："啊，××的爸爸！""啊！××的妈妈"。在亲子对话过程中，某爸爸语重心长地说："儿子，要好好学习！"在场的同学们不禁一起答道："好的，好好学习！"活动结束后，祝同学悄悄跟我说："老师，我那时很想哭，但是不好意思。"而他的爸爸也给我发来微信："吴老师，您好！我能感觉孩子长大了，有自己的想法了，谢谢老师有这么好的想法（现场视频通话）。希望孩子能够健健康康、快快乐乐。真的谢谢，老师，辛苦了！"尽管共谈会活动已结束，但家长和孩子们仍然意犹未尽，围着华师大研究生们继续讨论寒假活动的实施方案。

这次乡村家长会的变革以互联网为媒介，突破了地域的限制；同时实现了家长和学生的主体参与，真正回归儿童立场，以教师、学生和家长的三力驱动有效提升了家校合作层次。

原理解析

传统单一的家访、家长会等家校合作方式往往停留在家校合作的初级水平，很可能缺乏高质量的互动与生成。家校合作活动的变革，可以实现学校与家长协同育人的目的，在不断探索中形成新形式，充实、发展新内涵。

一、有利于提升家校合作的层次

在传统的家长会上，老师习惯于简单地传达学校通知或单纯地向家长汇报学生成绩，之后便宣布散会。家长和教师如何能在这样的家长会上实现真正的对话与交流呢？L 小学举办的"互联网＋"亲子共谈会无论从教室环境布置，还是亲子讨论发言，或者网上实时互动等都尝试变革传统的家长会形式，教师、家长和学生可以围绕寒假活动策划这个主题自由发言，在互动中实现生成与发展，三力驱动推动家校合作（见图 1－14）。这种合作促进了寒假活动策划方案的初步形成，增进了家长对教师工作的理解与认可，促进教师与家长之间的相互尊重、相互信任与相互支持。

图 1－14　三力驱动家校合作

二、有利于践行学生为本的立场

"学生是家庭、学校、社区合作的主体,学生需求与智慧发展是寒假生活重建的核心,实现学生积极参与和利益最大化是活动开展的初衷及教育目的"。[①] 借由亲子共谈会的平台,我们鼓励孩子说出自己的想法,与家长共同策划自己的寒假生活,而不是像以往寒假一样等待"被安排""被上课""被过节"。只有愿意,才会喜欢;只有喜欢,才会行动;只有行动,才有变化,而开始变化才意味着成长的开始。

三、有利于扩大家校合作的群体

在乡村,许多留守儿童长期生活在特殊的家庭环境中,家庭教育严重缺位。孩子们因为和爷爷奶奶年纪相差太大,且思想观念存在代沟,在家很少交流,甚至有时还会对爷爷奶奶乱发脾气。但是通过变革家校合作活动的参与主体,邀请孩子的父母、祖辈或其他亲戚参与进来,有效地提高了家长的参与热情。在武义县 L 小学,祖辈也能为寒暑假生活献计献策,孙子孙女们一听到他们的方案,纷纷很感兴趣地转过头与爷爷奶奶展开讨论,拉近了彼此的距离。此外,教师引导变革家校沟通的媒介,父母可以利用微信这个平台,突破空间的限制,传递祝福与思念,让孩子感受到父母的鼓励和关爱。在活动中,家长体会到了教师的用心,尊重教师的劳动,家长参与学校工作的兴趣和热情也随之提高。

方法指导

每位家长都会带着自己对教育的独特理解和期待,要想让家长和教师、家庭和学校之间增进理解、价值观趋同,离不开多渠道的互动交流,让家长更多地了解教育的本真面貌,自觉实现教育理解和期待的更新。下面以 L 小学实践为例,阐述如何变革家校合作活动。

一、科学调查,了解真实需求

家校合作活动变革应该建立在家长、学生、教师三方有着共同意愿的前提之上。因此,科学的问卷与深入的访谈是实现合作变革的首要条件。

L 小学六(5)班在开展"互联网+"亲子共谈会活动前期,与华东师范大学研究生团队共同合作在班级中开展了问卷调查和深入访谈工作。华师大研究生团队主要负责学生寒假

---

① 李家成,郭锦萍.你好,寒假!——学生寒假生活与学期初生活重建[M].北京:北京大学出版社,2018:79.

生活状态的调查,基于调查结果,班主任再进行活动策划的亲子调查。

通过问卷调查,了解了学生和家长的认识、意见、意愿以及期待。同时,教师在访谈中发现,学生普遍希望书面作业少一些。不少教师认为寒假的意义应在于培养孩子的兴趣爱好和开展课外活动。8位家长提出了希望孩子"乱花钱、不爱劳动"等不良行为能得到改善,大家分析问题的根源,认为很大程度上是由于孩子们不能体会父母工作的艰辛。

通过多维度问卷调查和细致的问卷分析,教师可以得到真实的数据,听到家长与孩子们的真实声音,为后期家校合作活动变革实现了问题的聚焦,为活动变革打下坚实基础。这样的方法使用,能帮助乡村教师快速而准确地判断当前家校合作的状态、问题与发展契机,也能在开展乡村家校合作的过程中随时调整,加强动态生成。

二、依托网络,开展家校互动

传统的家校合作方式在时间和空间上存在着很大的局限性,尤其是留守儿童家庭,家长几乎全年在外务工,家长会到不了,家访不在家……互联网时代的到来,微信、QQ的普及,带给我们全新的家校合作思考,促进我们用全新的思维方式去突围家校合作的困境。从时间维度上,互联网沟通没有固定时间约束;从空间上看,不存在距离与地域的间隔;从人际交往维度而言,可以促进家长间的感情交流,实现相互促进与共同发展。

L小学六(5)班基于乡村小学留守儿童长期与父母分离的现实背景,结合暑期活动的经验总结,在"你好,寒假"活动前期策划中,首次尝试变革传统的家长会形式,开展了"互联网＋"亲子共谈会活动(见图1－15)。

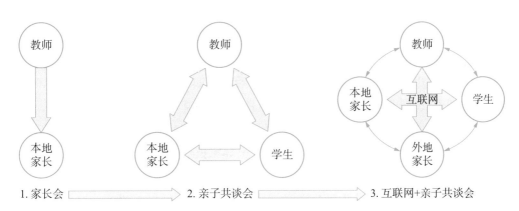

图1－15　乡村家长会的三次变革探索

以互联网为媒介,让远在他乡的家长参与到家校合作中来,既突破了地域空间的限制,也打破了传统家长会的单一形式。也有教师在疫情期间,巧妙运用"互联网"建立起了疫情防控亲子生命课程研发微信群,共同商议活动,招募课堂主播,展开精密策划,开展生命教育。充分利用互联网优势,为家校沟通及合作的变革起到了牵线搭桥的作用,也是乡村学校面对外出务工家长可以采用的重要沟通方式和有力措施。

三、深度调研,开发家庭资源

家长资源是一片肥沃的待开发土壤,需要教师机智地去开垦。家长们有着不同的职业,一定有着不同的经验和技能,教师应主动挖掘这份丰富的家长资源,为学生的教育服务。[①] 此外在面对不同类型的家长时,教师必须了解家长的特征,才能在沟通中赢得家长的信任。对家长有明确的定位之后,班主任就可以开始着手家长资源的挖掘,主要从以下方面入手。

首先,完善更新家长基本信息登记表,形成班级家长资源库(见表1-3)。

表1-3 新生入学登记表

一年级新生资料收集表									
姓名		曾用名		性别		出生日期		民族	
身份证号码		毕业幼儿园			户籍		户口类别		
是否农村留守儿童			是否烈士或优抚子女			是否独生子女			
父亲姓名		工作		电话		特长			
母亲姓名		工作		电话		特长			
监护人姓名		学生与监护人关系		工作		电话		特长	

其次,加强家校互动频次。日常教学之余,多发温馨提醒类的家校通短信;重大节日来临之际,向家长发出倡议书,鼓励家长积极参与活动。如在"植树节"期间,向家长发出了"爱绿护绿"的倡议,带着孩子一起养护植物,定期浇水、除草、捉虫。

再次,灵活运用家长资源。在已有的对家长信息掌握的基础之上,利用家长的特长,在班级活动中与有相应特长的家长做好沟通交流,引导家长参与进来。

最后,加强评价反馈。班主任在与家长沟通交流时一定不能吝啬自己的鼓励。家长配合班级工作时班主任要及时给出赞美之词;家长胆怯于班级活动时,班主任要多多鼓励,激发家长的参与热情。

L小学六(5)班的潘妈妈在活动前后发生了明显变化。她平时在班级群中极少发言,2019年班级寒假活动前期,潘妈妈只是在群里分享孩子的劳动记录,很少说话或打字。

但转变就在集体野炊活动策划时。

---

① 李家成,王培颖.家校合作指导手册[M].北京:北京大学出版社,2016.

按照以往的野炊惯例，地点应该选择在大自然中露天举行。但江南的正月，天空阴雨绵绵，很少有放晴的日子，"蜜蜂"班野炊活动在露天举行是不可能的。于是曹妈妈主动联系了地理条件等都具备的旅游村寨"梁家山"，并且没有多加思考便在群里宣布了活动地点和时间。当群消息一公布，群里顿时炸开了锅，有的说初六没时间，有的说这么突然……紧接着联系"梁家山"经理，又得知所需的费用昂贵。

当看到老师发出"希望班级家长一起参与想办法"这段话后，潘妈妈第一次打出了一段话："每个人都各执己见，这样不但降低了工作效率，还会影响班级团结。"随后她又提出了个人思考："我们可不可以采用接龙的方式，确定最佳方案呢？"潘妈妈的话感染了群里的其他家长，于是班级群里陆陆续续有家长参与讨论和解决问题，还有家长私聊建议活动地点和时间的安排。很快，活动地点就得到了落实——生态古村落"东垄村"，并获得村书记的大力支持。这里不但场地空旷淋不到雨，而且灶台碗筷一应俱全。活动时间则采用了潘妈妈的建议，大家在群里完成时间接龙，很快活动时间也确定了下来。

这一次发言之后，潘妈妈在群里活跃了许多，带头劳动打卡、组织家长购买食材、指导孩子制作活动美篇。更欣慰的是，亟须拟定的开学初寒假活动评价方式，潘妈妈也给出了"家长给孩子劳动提名"的评价意见。

潘妈妈从"影子家长"到"种子家长"的转变，是家长教育观念的转变，是教育行为的改善，更是对于班级工作的理解与支持。在潘妈妈的引领下，带动了一批家长积极主动参与班级活动与管理，有力助推了班级活动的开展。

在此背景下，家长个体的改变，将带动家长群体的意见表达与行动，也将促成不同层面家校合作活动的变革。这些促进了家长间的交流、学习、改变、自我提高，加速了家校合作向纵深发展。

问题思考

一、如何丰富家校合作活动形式？

提到家校合作，我们往往会想到举办家长课堂、定期召开家长会、组建家委会、家访等方式。但单单依靠这些传统模式，对于乡村家长，尤其是在外务工的乡村家长，很难实现与学校的有效沟通，因此需要借助新媒介互联网。互联网的运用确实打开了家校合作中存在的时空局限，但是也留给我们更多思考，如何运用好新媒介，开展更多形式的家校合作活动呢？

以 L 小学六(5)班的亲子共谈会为例：在讨论环节以及亲子建言献策方面基本以线上线下口头表达为主，活动形式较单一。因此在讨论方案呈现时，也可以利用思维导图、图画等形式展示成果。

二、如何提升乡村家长网络技术运用水平?

目前大多数地区已实现了网络全覆盖,村镇等也初具规模,但由于乡村隔代抚养现象严重,乡村家长文化水平相对较低,缺乏信息技术使用的机会与能力;许多乡村老人没有智能手机,更不会使用微信、美篇等信息产品。年轻家长虽然了解智能手机的使用,但能制作美篇的也很少,再加上常年在外务工,也影响了家校合作活动形式的丰富。

L小学六(5)班的"互联网+"亲子共谈,因为大部分父母没有微博,因此网上直播互动难以实现,目前使用的微信群聊又有人数限制,导致后续有很多家长不能参与线上讨论。

三、如何发挥社区在家校合作中的力量?

乡村留守儿童生活中缺少父母陪伴,很多家长出于一种补偿心理,很少让儿童参与家庭劳动,造成儿童缺乏生活经验。与此同时,乡村学校又缺少对儿童身体、情感、社会、审美以及道德等方面的教育。要改变这种状况,应该从两方面来努力:一是以农村留守儿童的家庭生活经验重建学校教育;二是携手儿童生活的家庭与社区合作共育。

每个村庄就是一个社区,对于儿童身心健康发展有潜移默化的影响。这就要求每个家庭有意识地关注自身生活环境,为儿童创设一个良好的成长氛围。那么乡村学校、乡村教师该以怎样的形式让村庄参与到家校合作中来?

未来发展

一、推动乡村家校合作形式从个别走向多样化

从家校合作形式上看,几乎每一所学校都在做一些常规的合作,如举办家长会、家长课堂、家长志愿服务活动等。但是,我们必须清醒地看到,开辟新途径,建立一个适应信息时代互动教育和家庭教育的结合问题,已刻不容缓地摆在新时期每一个教育工作者的面前。随着教育改革步伐的迈进,我们有理由相信未来的家校合作形式将会更加多样化、实用化。

未来将会打破"学校指导家庭,教师教育家长"的局面。沟通方式也不再仅是单向的传输活动。例如,传统的家长会都是老师站在讲台上侃侃而谈,家长拿着小本子埋头记录,交流的内容通常用"你要怎样""你应该怎样"的句式贯通。而未来,学校、教师会更多地站在家庭、家长的角度来看待孩子的教育,更多促进乡村家长的直接参与。

二、促进乡村家校合作主体从单一走向多元

家校合作不再局限于家长、教师、学生，而是社会、政府关注和关心的公共议题。面对新手家长、留守儿童家长等，社区、学校可以搭建共育平台，设立"家庭教育咨询室"，培育能胜任指导家校共育工作的导师，指导家长解决家庭教育中的问题，提高家长家庭教育水平，营造出和谐共处、多元合作、相互促进的良好教育生态，促进学校、社区、家长与学生的共同发展与成长。

第二章 学在家庭：学校引导，亲子共学

城镇化的飞速发展导致乡村人口的严重流失,乡村学校的发展面临着严峻的挑战,教育变革迫在眉睫。立足新时代,建立家、校、社协同育人的机制正是建立高质量的乡村教育体系的必由之路。为此,乡村学校可以为乡村家庭提供怎样的支持? 它们的合作又可以创生出什么样的新格局? 与此同时,2022 年 1 月 1 日《中华人民共和国家庭教育促进法》正式实施,意味着构建家校社协同育人新样态正成为教育高质量发展的必由之路和重要构成。从家庭的视角出发,乡村学校在家校合作过程中能给乡村家长们提供怎样的支持?

第一节　家庭阅读的开展[①]

案例导入

　　2018年4月23日是第23个世界读书日。这一天,地处武义县的S小学一(1)班的小朋友要和家长一起完成一份特殊的家庭作业:晚上7时,家长和孩子们一起在班级微信群进行20分钟的阅读打卡。阅读结束后,请家长上传亲子阅读照片,并分享自己的阅读感言。尽管在城市关于亲子作业、家庭阅读的主题活动屡见不鲜,但是在乡村地区实属罕见。因此,鼓励班级家长参与这类活动,也是这项活动的发起者L老师从教数十年以来的第一次实践尝试。

　　在这一次活动中,除3位家长因工作原因无法参与外,其余39个家庭都按要求如期完成了"作业","作业"的成功上交唤醒了家长阅读的信心。在班主任和家委会的齐心协力下,大家一起制订了班级阅读计划,具体分为"建设书香班级"与"营建书香家庭"两大主题。针对家庭阅读活动,班主任根据工作需要,采用自愿报名的方式,招募了13位家长成功组建了家庭阅读指导团队,由家委会核心成员许妈担任负责人。团队正式成立后,案例班级利用全国"百班千人"阅读比赛的契机举行了第一届班级阅读节启动仪式,由此也标志着家庭阅读活动的正式开始(见图2-1、图2-2)。

图2-1　家庭阅读指导团队召开会议

① 本节作者为蓝美琴。蓝美琴,浙江省武义县熟溪小学高级教师,班主任。

图 2-2 家长跟孩子一起阅读

对于刚上小学的一年级小朋友来说，童书是最美妙的种子。因此，班主任以亲子合作创编封面为序曲，开启了"亲子阅读同一本书——《天啊，错啦!》"活动。阅读打卡采用一年级小朋友喜欢的特殊方式——火车日记写画打卡，阅读内容由小朋友口述、绘画，家长负责活动记录。

在世界读书日的感召、班主任的鼓舞及班级阅读氛围的感染下，2018 年 4 月 23 日至 5 月 25 日，在为期一个多月的时间里，不仅孩子们逐渐养成了阅读的习惯，家庭读书氛围也慢慢形成，甚至多数孩子已经逐渐尝试进行自主阅读了。为了让家庭阅读活动保持常态化的运行状态，4 月 26 日，班主任在班级教室进行了第一次家庭读书交流活动，首先由班主任围绕家庭该怎样做好阅读工作，并结合个人的专业发展进行了主题发言；随后，各家长围绕孩子的阅读情况展开对话、交流；最后大家围绕共读的图书《好方法教出好孩子》，分享了各自的阅读感想。

通过本次读书，家庭的读书氛围更加浓郁，热情更高了，阅读方式也呈现多元化发展趋势。有的家长一边读一边做摘抄；有的读一章写一个美篇；有时全班家长分节进行共读，读完一节后，就把感想发在群里，由一位家长进行总结，分节读完之后每个人再自己写读后感进行总结。经过三年的努力，多数家长利用空闲时间完成了 9 本以上教育书籍的阅读，孩子们也两次在全国"百班千人阅读"比赛中获二等奖。至此，家庭读书活动的运行日渐成熟。2020 年 1 月 18 日，S 小学 L 老师班级与县妇联合作，在地处山乡的上坦儿童之家开展"把爱带回家，情暖温泉城"城乡联谊家庭阅读沙龙活动，来自 S 小学的 40 个家庭参与了本次活动。这样的活动，让家庭阅读的种子被播撒到南部偏远山区，让更多的家长与孩子一同成长，让学习型乡村建设离我们又近了一步。

原理解析

随着时代的发展，人们开始确立终身学习的理念，构建学习型家庭。对浙江省未成年人（2019—2020）阅读状况的调查发现：2020 年，在浙江省小学生课外阅读指导和帮助方面排在前三位的分别是:父母/家人、老师、同学/朋友,占比各为 37.1%、31.6%、21.1%。① 可见,家长在小学阶段孩子的阅读过程中扮演着重要角色。无处不在的阅读榜样、随处可取的书籍是影响儿童阅读的两大关键因素。阅读榜样可以潜移默化地影响孩子的阅读。家庭阅读对孩子的人格健康、能力提升、家庭发展有着重大影响。

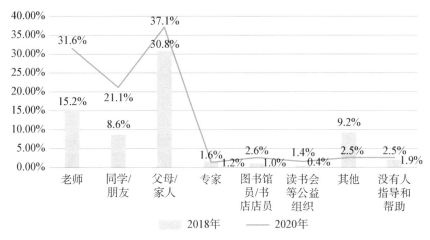

图 2-3　浙江省小学生课外阅读获得指导和帮助来源

一、有利于促成更高质量的乡村家校合作

有研究者倡导:"不仅要重视农村孩子的营养午餐,更应重视他们的精神正餐。全社会应大力推进农村学校书香校园建设,让农村孩子通过阅读得到文化滋养,以阅读强壮乡村教育"。② 一般来说,家长重视学习,文化素养高,家庭中充满学习求知的浓厚氛围,孩子耳濡目染,也会对学习产生兴趣,学习成绩就比较好,这就为家校合作打下良好的基础。而从另一个方面来看,在乡村,在与孩子共同学习的过程中,来自孩子的反哺,往往会成为家长学习的重要动力。与此同时,当家长与学生的学习意识增强,综合素养不断提升后,他们更容易理解教师的教育理念和教育方式,也更能在理解的基础上参与学校各类活动,实现乡村更高质量的家校合作。

二、有利于更新乡村家庭学习生态

家庭是孩子的第一所学校,良好的家庭生态环境是孩子成长的沃土。推行家庭阅读,

---

① 胡丽娜. 浙江省未成年人阅读状况调查(2019—2020)基本情况和十大发现(十)[EB/OL]. (2021 - 06 - 10)[2021 - 07 - 09]. https://mp. weixin. qq. com/s/ol7R-a2ocTW1R1q4KyR05w.
② 王珺. 坚持不懈推进乡村师生阅读[N]. 中国教育报,2021 - 04 - 22(03).

在父母的榜样作用下,更容易让孩子养成阅读习惯;父母的阅读陪伴,则更容易让孩子的这种阅读习惯持续下去。家庭阅读活动的开展,促成了和谐健康的亲子关系的形成。亲子阅读很大程度上可以改变家长在亲子互动中的观念,家长和孩子一起选书、读书、谈书的过程也给亲子双方搭建了交流平台,开创了话题。在长期坚持的阅读中,家长和孩子处在一种相对平等的交流环境中,经常性的互动则有助于改善和修复原来出现的一些亲子问题。[①] 一家人在阅读后,到书本中讲述的地方走走看看,能够丰富家庭生活,提升家庭幸福感,也能促进家庭良好生态的发展。

三、有利于提升乡村精神文化建设的品位

当下,社会对"全民阅读"的呼声越来越高,"全民阅读"已连续多年被写入政府工作报告。然而,现实生活中,一部分乡村家长阅读意识模糊、观念相对滞后。他们重视对家庭物质生活的改善,却忽视对家庭精神文化的建设,意识不到环境对人的深远影响。家庭休闲方式缺失文化品位,缺乏"人人、时时、事事、处处皆可学"的意识。家庭成员休闲方式存在"代沟",孩子玩电子游戏,父亲喝酒,母亲聊天,夫妻之间、亲子之间缺乏共学意识和心灵的沟通。还有很多家长虽然知道阅读的重要性,但自己对课外阅读提不起兴趣,一旦有了空闲时间,就会习惯性地坐在电视机前,或者沉迷于电子游戏,没有养成阅读的习惯。

从 2016—2018 年的《国民阅读调查报告》(见表 2 - 1)来看,成年居民的图书阅读率农村与城市差距仍然较大,且乡村成年居民的图书阅读率呈现出下降趋势。[②]

表 2 - 1　2016 年—2018 年城乡图书阅读率对比

年份 区域	2016 年	2017 年	2018 年
农村	49.7%	49.3%	49.0%
城市	66.1%	67.5%	68.1%

尽管近年国家不断向乡村输入阅读资源,但是从调研结果来看,乡村家长在一定程度上还没有养成阅读的习惯,乡村的阅读资源并没有被充分利用。乡村治理水平的提高首先取决于人的素质。因此,乡村教育的提升是推动乡村治理的重要途径。如有乡村教师开展的"七彩假期"项目走进新金村活动,依托假期项目有效解决了留守儿童无人看管的现实难

---

① 姜曙华. 基于改善农村家庭亲子关系的亲子共生式阅读探究——以"三一亲子阅读家校联动共成长活动"为例[C]// 上海终身教育研究院."乡村社区治理背景下的家庭、社区、学校合作"研讨会暨第三届全国乡村班主任发展研究论坛论文集,2019:96.
② 吕超颖. 乡村振兴战略下乡村阅读推广研究[D]. 长沙:湖南师范大学,2020:1.

题,直接促成了社会组织、村委会和社区义工三方的合作,开拓了以乡村社区为中心的学习场域,实现了不同主体的共学互学,也为学习型乡村建设提供了思路。[①]

方法指导

家庭阅读中,儿童的读写是核心,家长与老师的指导是关键,共同学习和成长是目标。由于乡村家长的文化水平相对较低的现实因素,家长在家庭阅读中难以提供有效的指导,教师需要在乡村家庭阅读活动中及时发挥引导作用。具体可以从如下四个方面展开行动。

一、制订亲子共读方案,成立亲子阅读指导团队

教师首先需要了解乡村家长的需求,才能对症下药,开展相应的活动。在家庭阅读活动开展之前,S小学L老师特意先邀请部分种子家长进行座谈,针对如何引导孩子建立阅读兴趣,以及家长应怎样有效阅读与陪伴等问题进行交流。大家各抒己见,从孩子的角度、自身的知识储备、现阶段对孩子的阅读要求等多方面进行研讨,并针对阅读时间的问题进行了充分分析,提出了解决策略。L老师把大家的建议进行了整合,制订出共读方案。为了让方案能够真正落实到每一个家庭,让一部分家长带动一群人,L老师和家委商量后,决定成立亲子阅读指导团队,采用自愿报名的办法招募了13位家长担任阅读指导师。教师本着"种子家长带动其余家长争取实现更多家庭参与"的愿望,于10月30日下午放学后在学校二楼书吧召开了阅读指导团队会议,向各位阅读指导家长阐明了活动意义与具体的操作方法和职责(详细安排见表2-2)。

表2-2 S小学一(1)班第一期家庭读书具体安排

活动时间	活动地点	活动主题	形式和内容	参与人员
10月27日至10月31日	班级教室及各自家中	制订方案、招募阅读指导团队成员	研讨、交流、自愿报名	班主任及家长
11月1日至11月30日	班级教室及各自家中	新书发放仪式、共读一本书活动	家长为孩子发书、家庭开展读书	家长、班主任、全体同学

① 许滢,刘海霞,李家成."三社联动"参与欠发达农村地区社区治理的实践研究——以"七彩假期"项目走进新金村为例[C]//上海终身教育研究院."乡村社区治理背景下的家庭、社区、学校合作"研讨会暨第三届全国乡村班主任发展研究论坛论文集,2019:1-17.

（续表）

活动时间	活动地点	活动主题	形式和内容	参与人员
12月1日至12月8日	各自家中	绘本内容儿歌创作、读书成果展示	家庭进行绘本内容儿歌创作、优秀成果评比	全班家庭与班主任
12月5日至12月8日	各自家中	家庭读书交流准备	在班主任指导下，家长各自做相关准备	全体家长及班主任
12月11日至12月12日	班级教室	家庭读书交流与总结评比	班主任主持并颁奖、家长作经验分享	全体家长、同学及班主任

活动要求及说明如下。

（1）家长积极营造书香浓郁的家庭读书环境，为孩子设立书房、图书角，坚持每天共读15～20分钟。

（2）没有特殊情况，每晚7:30在班级微信群进行家庭阅读打卡，保证每个孩子都能读好上小学的第一本课外书。

（3）重视读书与实践相结合。结合家庭实际创新形式，自主开展读画结合、读说结合、读写结合等阅读实践专题活动。

（4）年底安排经验交流与总结评比，要求每个家庭做好共读的同时进行经验总结，积极参加班级的读书交流活动。

二、举行阅读节启动仪式，推动家庭阅读走向规范

形式关乎外在，仪式源自生命。[1] 举办具有仪式感的班级阅读节，更容易在个体生命的成长中形成节点。一些乡村孩子对阅读缺乏认知、对书本也缺乏敬畏感。基于此，L老师有了举行一次发书仪式的念头，以期唤起孩子们对书籍的尊重。读书、爱书先从基本的礼仪开始学起。当晚，L老师在家委群里表达了自己的想法，很快收到了家长们的回应。王妈说她不上班，可以去教室发书。在王妈的引领下，孩子们洗净小手，有秩序地排队领书（见图2-4）。王妈弯下腰，用双手把书递给小朋友们；同学们也学着王妈妈的样子恭恭敬敬地接过书并说："谢谢王妈，我们一定爱惜书本，认真阅读。"通过这次发书仪式，乡村孩子知道了书不可以弄脏，要像对待朋友一样对待书籍。通过仪式，一颗爱书、爱读书的种子播撒在乡村孩子的心田。同时，庄重的仪式也为家庭阅读营造了声势，吹响了阅读的号角（见图2-5）。

---

① 朱永新. 我们为什么需要一个国家阅读节[N]. 人民政协报，2015-04-23(03).

图2-4　班级阅读节发书现场　　　　　　图2-5　班级阅读节发书合照

三、开展家庭书房建设，营造家庭阅读氛围

有报道显示，在中西部贫困地区，高达74％的乡村孩子一年阅读的课外书不足10本，更有超过36％的孩子一年只读了不到3本书；超过71％的乡村家庭藏书不足10本，一本都没有的孩子占比接近20％。[1] 学生的课外阅读活动必须在一定的环境中进行，家庭是学生进行阅读的主要场所，家庭环境方面的因素对孩子的课外阅读活动产生重要的影响。[2] 要想使儿童爱上阅读，必须营造家庭阅读环境，让家庭成为儿童阅读的起点和主场。

2019年寒假来临之际，河南省济源市的李冬梅校长发起了"让每个乡村孩子拥有自己的家庭小书房"共建启动仪式，向乡村孩子发出了"不吃零食多买书，建好家庭小书房"的倡议，同时公布家庭小书房建设的"十个一"标准，即：一间书房、一个书架、一张书桌、一盏台灯、一批藏书、一句格言、一次命名、一篇故事、一场主题读书交流会、一次读书分享。此后又利用互联网平台进行网晒书房，让各个家庭之间实现相互激励，师生假期中互访小书房，进行家庭间的图书漂流，并在开学后开展"飞翔"讲坛，让同学间进行互动交流，最后评出小书房建设标兵进行总结表彰。[3]

S小学L老师所带班级的乡村书房建设借鉴了李冬梅校长的经验，并在此基础上，根据年段分阶段推进，从低段的"七个一"到高段的"十个一"，低起步，逐年提高要求，对暂时没有阅读空间的家庭与家长商量制订改造计划，后期用电话联系或询问孩子等方式跟进。截至2021年4月23日，全班41个家庭书房建设完成率达到92.68％（详见表2-3）。

正如李冬梅校长所言，"乡村小书房建设不仅唤醒了乡村学生和家长的学习意识，促进了学校的良性发展和教师的专业成长，而且对于学习型家庭、学习型乡村、学习型社会的形成有着重要意义，也让我们在家庭教育上找到了有力抓手，实现了未成年人思想道德建设

---

① 高丹.乡村儿童阅读缺失，七成乡村家庭藏书不足十本［EB/OL］.（2018-01-30）［2022-01-20］. https://www.thepaper.cn/newsDetail_forward_1973908.

② 李琳.小学生家庭阅读环境的现状及改进策略研究［D］.长沙：湖南师范大学，2018:1.

③ 李冬梅.让乡村学生拥有自己的家庭小书房：基于乡村学习型家庭建设的背景［J］.江苏教育，2019(31):59-62.

社会、学校、家庭'三位一体'"。①

表 2-3　S 小学四(1)班家庭阅读空间调查情况

选项	小计	比例
有自己的书房	19	46.34%
有自己的阅读角	19	46.34%
暂时没有可以静心阅读的地方	3	7.32%
本题有效填写人次	41	

四、家校高效合作,推动家庭阅读走向常态

(一) 进行共读指导,助力家庭阅读不断提质

科学的阅读指导方法能有效促进孩子阅读兴趣的激发与阅读习惯的培养,家庭阅读推广需要教师帮助家长掌握阅读指导的原则与方法,使家长能够有理、有据、有效地对儿童进行阅读指导。② 在家庭共读活动中,家长兼有两重任务,首先是对孩子的阅读进行指导;其次是自己每天坚持阅读,为孩子们树立榜样。为了使家长有针对性地对自己的孩子开展阅读指导,L 老师首先对家长进行了阅读方法指导,根据家庭阅读现状,提出"三共"的要求。

一是每日共读。亲子共读时间每天保持 15～30 分钟,关键在于持之以恒。每天 19:30—20:00 为"青蓝悦读俱乐部"时间,要求每个家庭在班级"青蓝悦读俱乐部"微信群打卡。

二是共读共思。在家庭共读中家长与孩子要边读边思考,使阅读成为一种积极的活动,培养分析、初步推理等能力。家长也可以提出一些问题让孩子思考回答,以加深对书中内容的理解,促使孩子主动阅读、主动思考、主动探索。同时家长自己在阅读的时候也要做读书笔记,做到不动笔墨不读书,养成善于思考的习惯。

三是读后共联。成功的共读活动可以唤起阅读者丰富的联想和广泛的兴趣,如画画、表演、观察、实验等。家长要抓住孩子的兴趣,进一步延伸阅读,起到事半功倍的效果。家里也可以每月召开一次家庭读书会,一起分享一个月以来的阅读心得。

正是这样的双边指导与双向要求,使家长与孩子各自带着任务与要求阅读的同时,又相互学习、相互影响——家长不能坚持或忘记时,孩子会发出鼓励或者提醒的信息;孩子在

---

① 李冬梅. 让乡村学生拥有自己的家庭小书房:基于乡村学习型家庭建设的背景[J]. 江苏教育,2019(31):59-62.
② 郭金丽. 新时代背景下的家庭阅读推广研究:基于社会学习理论和实证分析[J]. 图书馆工作与研究,2018(12):111-114.

阅读中遇到障碍,家长会及时给予帮助与解答。

(二) 建立家庭良好阅读生态,"三阶"助推阅读习惯养成

每个孩子每天都会接触不同的人、事、物,这些复杂的交互作用,使不同儿童形成了不同的发展轨迹。同一个孩子在不同的时期、不同的环境也会有不一样的发展变化。在亲子阅读活动中,家长的任务不仅仅是"陪伴",更应该是一起有质量地阅读。家庭良好阅读生态的建设可以从以下三个阶段推进(详见图 2-6)。

图 2-6　"三阶"家庭阅读示意

1. 第一阶段:激发兴趣,在家校互联中"听说读写画"

小学低年级段的孩子处在形象思维为主的阶段,因此共读需要采用生动活泼的形式进行,说说、画画、演演、编编、做做都可以融合在阅读之中。在这个阶段的推进过程中,教师的阅读指导包括:提醒家长调整好事务,在规定的时间进行阅读;号召家长放下手机,捧起书本,为孩子做好榜样;共读方式讲究趣味,以激发孩子的阅读兴趣为重点。教师的课内阅读指导以导读激趣课、方法指导课为主,推动每个家庭每天坚持阅读则成了这个阶段教师的阅读指导工作重点之一。

根据低段孩子的特点,案例班级阅读打卡采用小朋友口述、绘画,家长进行内容记录的方式。这样的方式很受孩子们

图 2-7　家长与孩子一起读故事

的欢迎,因为绘画是他们这个年龄的最爱。这样的亲子合作过程营造出了美妙、温馨的家庭气氛。

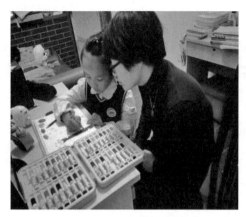

图2-8　家长与孩子合作完成的"火车日记"

同时,根据低年级段孩子好动好问的特点,可以设计相配套的形式灵活的阅读指导与练习,这些练习包括讨论、表演、多形式读、动手做,甚至游戏等,把读书与听、说、议、讲、想、编、写、画、演、做等相结合,以此来提升阅读质量,提高阅读能力。如:在亲子共同读完《天啊,错啦!》之后,以与课文内容相关的"帽子"的简笔画图案为基础,让孩子们加上几笔,随意创作,变成另外一种东西(见图2-9);也可以以"手"为原型,让孩子们进行创意表达(见图2-10)。创意手指帽,就这样成了对这本书的阅读延伸。

图2-9　与绘本阅读相关的帽子创意作品

图2-10　与绘本阅读相关的手指创意作品

低年级段乡村家庭亲子共读小指南

(1) 融入游戏,进行多形式的亲子互动朗读,感受亲子阅读的美妙。

(2) 建议固定阅读时间,比如晨起、餐后、睡前等,以便养成习惯。

(3) 读书之前先洗手,允许用手指逐字阅读,家长可帮助解决不认识的字,但不强迫识字。

(4) 家长读一句话,然后让孩子重复。分段轮流读,家长读一段,然后孩子读一段。

(5) 空闲时间多带孩子逛农家书屋,让孩子自主挑选自己喜欢的适合的书籍。

(6) 注意阅读与生活的关联,充分利用乡村资源,开展与阅读内容相关的树叶贴画等活动。

2. 第二阶段:培养习惯,在愉快合作中创新读写方式

教师的指导在这个过程中显得尤其重要。教师指导的重点是传授给家长和孩子一定的阅读方法,如勾画批注、质疑思考、群内交流、借鉴经验,创生新做法等,告诉他们对自己有启发的内容可以用红笔勾勒,不懂的地方打上问号,还可以在空白处写下自己的感受。课堂上可以结合整本书的阅读开展片段赏析、问题研讨,教师也可以向家长与孩子展示自己阅读的书籍,让自己成为孩子读书的追随者,给家长与孩子做好榜样示范作用。

在家庭阅读活动中,家长应该与孩子进行"积极、多样性和复杂"的对话。这就要求家长不要简单重复课外书的内容,而是要和孩子一起讨论、分析、比较图画书的人物和情节,让对话有意思、有变化、有深度。家长与孩子共读共写,完成整本书的阅读笔记就是一种较好的做法。在 2021 年"你好,寒假!"研究中,S 小学四(1)班就开展了家长与孩子共读《青铜葵花》一书,然后共同完成阅读笔记的活动。这本笔记属于孩子,也属于家长,记录了家长与孩子的共同成长与进步。

另外,还有乡村教师在指导家长与孩子阅读《西游记》时,采用了"视·读·研"三位一体的形式,让家长与孩子们先欣赏影视,通过一起看剧情了解人物,激起孩子们阅读的兴趣;在此基础上再让他们去读名著,感受经典的魅力;最后一家人一起研读细节描写、文字表达、文化内涵。在亲子共读的过程中,相互的交流与探讨,可以让家长认识到要活到老学到老,也让孩子从家长身上得到启示并树立起"终身学习"的理念。[①]

又如案例班级在 2020 年寒假疫情之下尝试改变了家庭阅读方式,将大家推荐的《喇叭花电话》这本书以故事的形式在钉钉群进行讲读(见图 2-11)。就这样,一种集家庭共读、共讲、共思、共议于一体的读书方式诞生了。

---

① 张玲."视·读·研"三位一体的亲子阅读策略研究[C]//上海终身教育研究院."乡村社区治理背景下的家庭、社区、学校合作"研讨会暨第三届全国乡村班主任发展研究论坛论文集,2019:99.

图 2-11　孩子们的故事直播

中年级段乡村家庭亲子共读小指南

（1）读题目和封面，然后猜测故事的大概内容，说说理由。

（2）让孩子回顾所读的内容并预测后面会发生什么？

（3）问一个关于书中人物的问题。比如：《喇叭花电话》中给林媛媛打电话的"妈妈"是谁？

（4）当一起读完一个故事之后，让孩子们说说清楚故事情节的前后顺序。

（5）跟孩子们讨论这本书的内容和思想。比如：《喇叭花电话》这个故事告诉我们一个什么道理？

（6）建立阅读联系。讨论是否读过类似的书？现实中有哪些相似的事情？

（7）建立阅读与生活的联系。充分利用乡村资源的优势，开展家长与孩子共同制作树叶书签等活动。

3. 第三阶段：发展思维，多环交融促进学习型家庭建设

在这个阶段，教师的指导在于引导家长与孩子做读后的深度思考。可以采用读与思、读与议、读与写相结合的方法。全班家长共读一节或一章内容，班主任在班级微信阅读群里先组织家长各自思考，然后让家长们开展讨论，最后每位家长把自己的读书心得发在微信群里，由一位家长进行总结、做成美篇，发布在班级大群供其他家长学习。如何引导孩子进行读后深度思考？建议采用由孩子发起复述、大人积极参与讨论的形式。这样的形式有利于孩子阅读能力的逐步深化，同时孩子也能从父母的分享中了解父母对这些内容的见解。教师可以结合课外读物开展专题交流课、成果展示课。通过教师讲解，让学生通过讨论、表演等多种方式分析名段名篇、赏析人物形象、点评读书笔记和推荐好书新书等活动。

一本书读完,并不意味着阅读的结束。相反,在整本书的推进部分结束时,学生由于观点的碰撞、心得的交流而获得的阅读体验正激起新一轮波峰。此时,应把握这一时机,巧妙地整合资源,进行拓展延伸,顺势将阅读活动引向更为广阔的时空,深化读书感受。家庭读书会正是其中的一种方式,在这样的过程之后,再进行阅读的梳理与总结回归,同时可以采用思维导图的形式呈现。最好的阅读应该是充满魅力的书籍与阅读者之间对话的过程,这也是书籍、教师、学生、家长多向对话的过程。

班级读书论坛、读书沙龙、读书会、村庄阅读社群是在家长共读基础上形成的升级版,这样的形式让家与家实现联动,让阅读成为家庭的纽带,以"一家+一群"的形式带动家庭及村庄的发展,让孩子成为村庄的孩子,让阅读的气息流动在袅袅炊烟之中(见图2-12)。如本节作者在2019"你好,寒假!"项目研究中组织班级共读时,小彤同学以家庭小主人的身份邀请了老师和同学去家里做客、探讨寒假的读书心得。同学们首先进行了一场"斗诗大会",接着参观了她的小书房。在小书房,她向大家分享了这个寒假和妈妈共读的第一本书《第一百号海龟》以及在阅读过程中所做的摘抄。有了这次读书交流之后,家在深塘的小许、柳下的小陈、鸣阳的小王等同学也向大家发出了读书分享邀请,他们把自己最爱的图书跟同学们分享。家长和教师则交流了《你好,寒假! 学习型社会建设背景下的寒假学习共生体研究》的读书心得,大家相互学习,相互讨论。教师可以鼓励家长与孩子一起阅读、一起探究、一起思考、一起努力,使家长在学习方面起表率作用,促进乡村学习型家庭的建设。

图2-12　各类家庭读书交流活动

高年级段乡村家庭亲子共读小指南

(1) 由孩子牵头定期召开家庭读书分享会。

(2) 家长尝试阅读教育类书籍,并写简要的读书体会。

(3) 利用假期开展图书漂流、村庄读书分享会。

(4) 以班级为单位,定期开展读书评比活动并及时进行总结颁奖。

(5) 鼓励家庭将阅读与生活结合,感悟乡村的巨大变化与未来发展前景。

问题思考

一、如何引导班级特殊家庭群体参与乡村家庭阅读活动?

在一个班级中,总有学习后进,或家庭条件相对差一些,又或父母相对不太爱学习的家庭。在本节介绍的家庭读书案例的实施过程中,大部分家庭能够正常开展读书活动,但仍有部分家长学习意识淡薄、缺乏读书的兴趣与习惯。怎样激发他们的阅读意识,是一个非常值得研究的问题。每个家庭存在的问题也大不相同,有的是家长加班时间较多,有的是家长长期不在家、孩子被委托给家教老师管理,有的则是意识跟不上,也有少数家长只有小学毕业的文化水平,知识储备不够。弱势家庭由于书籍提供、阅读环境创设、阅读质量、阅读指导策略等多方面都存在不少问题,使得他们的阅读情况不容乐观。

二、如何协同社会力量开展乡村家庭阅读活动?

乡村家庭阅读活动的开展,光靠学校的力量是不够的,需要全社会的关心支持,共同推动。据调查,近 3 年来,农村儿童图书阅读率、阅读量等主要指标低于全国平均值,农村的亲子阅读行为在下降,家长陪伴儿童阅读的时长也在缩短。[①] 造成农村儿童阅读水平低于城镇儿童的原因是多方面的。解决农村儿童阅读问题,社区的力量很关键。尽管各学校均开设了家长学校,利用家长会对家长进行培训和指导,但教师毕竟不是家庭教育方面的专家,对个别案例的指导针对性不强;同时由于学校和家长之间关系较特殊,在对家长进行指导方面,有时不太方便。而社区作为第三者介入,往往会产生意想不到的效果。社区服务中心可以定期举办家庭教育讲座,邀请家庭教育专家对不同学段青少年的家长进行培训;定期举办教子心得交流和亲子活动,打造家长与家长、家长与孩子沟通的平台。

未来发展

一、开放乡村文化礼堂,推进乡村文化建设

通过美丽乡村建设,乡村的公园、书屋等娱乐休闲设施建设得到了较大改善。但在部

---

① 农村儿童阅读困境:有书了,也不一定爱看书[EB/OL].(2020 - 07 - 03)[2021 - 10 - 18]. https://mp. weixin. qq. com/s/sSMIRPQYJbKEM52t3LKK1Q.

分地区,真正发挥作用的不多,休闲健身设施早已破旧不堪而无人修理,乡村书屋利用率不高,整体的学习意识没有形成,尤其是文化礼堂的作用没有充分发挥。

文化礼堂作为村里的公共文化空间,是村民共同的精神家园。各级部门可以联动村干部、文化礼堂文艺骨干在世界读书日、传统端午节、中秋节等节点举办礼堂读书分享会、诗歌朗诵等活动,激发乡民的读书学习热情。如衢州市图书馆在农村文化礼堂建设中,以衢州"流动文化加油站"为平台,将图书馆经常举办的展览、讲座、培训等系列活动,有计划地送到农村文化礼堂。市图书馆"柯山讲坛""柯山展窗"通过外请专家学者来衢做讲座、举办展览送基层等方式,将外地精品讲座、展览引进礼堂。2009 年以来共推出著名儿童文学作家曹文轩、心理学博士叶明华等主讲的主题讲座 20 多场,开阔了乡民的眼界,提升了他们的精神内涵,使文化礼堂成为促进乡民学习的平台。[①]

二、建设乡村图书馆,建立乡村社区学习中心

2021 年 3 月 17 日,中宣部办公厅印发的《关于做好 2021 年全民阅读工作的通知》中指出,"要加大服务力度,倡导家庭阅读、亲子阅读,重视保障农村留守儿童、城市务工人员随迁子女等群体的基本阅读需求,加强面向残障人士、务工人员等群体的阅读服务,有针对性地做好重点和特殊人群的阅读工作"。[②] 可见,国家非常重视农村儿童的阅读活动。乡村阅读是改变乡村教育,提升乡村孩子教育品质最经济、最基础、最便捷、最有效的方式之一。当乡村孩子有了和城市孩子同样多的阅读资源并获得相应帮助时,他们和城里的孩子其实就基本站在了同一个起点上。

更多的公益力量也能够积极推进乡村图书馆建设。如江西省九江市柴桑区充分发挥群团组织联系广泛的优势,创新推进"希望乡村"公益图书馆建设,有效破解了农村地区无青少年活动阵地的难题。同时,依托青年读书会,发掘了一批热爱公益阅读推广的青年志愿者,在全省率先成立专门面向青少年开展阅读推广活动的青年社会组织——青少年阅读推广中心,引领广大青少年从小热爱阅读、善于阅读。柴桑区"希望乡村"公益图书馆作为全省首创,其先进经验多次在全国团县委书记进修班上交流分享。[③]

三、协同社会力量,丰富乡村阅读活动

近年来,我国推动全民阅读的进程轰轰烈烈,但现有情况距离理想仍有较大距离,特别

---

① 他山之石|公共图书馆要在农村文化礼堂发挥作用[EB/OL]. (2014 - 07 - 22)[2021 - 08 - 10]. https://mp. weixin. qq. com/s/txg4u411iDUAMI_6QYDzlQ.

② 中宣部办公厅:做好 2021 年全民阅读工作[EB/OL]. (2021 - 03 - 17)[2021 - 08 - 10]. https://mp. weixin. qq. com/s/iFP7bDzDLg-kpgaleBrzIw.

③ 九江市柴桑区创新推进"希望乡村"公益图书馆建设[EB/OL]. (2021 - 02 - 05)[2021 - 08 - 10]. https://mp. weixin. qq. com/s/4ME2PZ2Fz3F8UcprK-BmKw.

是在偏远山区,情况更为严重。因此,我们可以发挥政府、社会、学校的力量,建立乡村家庭阅读节,成立乡村阅读推广团队,加大阅读宣传力度,及时向乡村家长传播阅读理念、开展阅读推广、提供阅读指导,使阅读书籍成为乡村家长的精神食粮,让每一户乡村家庭都发出阅读之光,从而在真正意义上提高每一个乡村公民的文化素养。如 2020 年 7 月 18 日,"浙江新时代乡村阅读季暨农民读书节"活动在田园诗画的南湖区凤桥镇联丰村启动。农民读书节的设立,将进一步提升乡村阅读设施服务效能,培养农民阅读习惯,引领乡村阅读风尚,为繁荣乡村文化,高质量全面建成乡村小康社会贡献力量。①

---

① 南湖发布:引领乡村阅读风尚! 全省新时代乡村阅读季暨农民读书节在南湖区启动[EB/OL]. [2021－08－10]. https://mp. weixin. qq. com/s/7c3xi44TR8LW41OcpWrX2g.

第二节 隔代互学的推进[①]

案例导入

2021年暑假如期而至,浙江省武义县Q小学三(1)班的涂老师依托"你好,暑假!"这一项目研究开展"隔代互学"活动已将近两年。通过该活动的开展,班级中祖辈们的学习意识已然觉醒,孙辈与祖辈之间的关系也从以自我为中心的个人主义转变为互学互助的学习伙伴关系(见图2-13)。涂老师为此也撰写了多篇文章发表于各类报纸杂志上,记录隔代互学这个项目在浙江省武义县的乡村小学从孕育到成熟的发展过程。

图2-13 隔代互学列举

在这个暑假,怎样继续开展班级的"隔代互学"项目,让孙辈和祖辈学有所获呢?这个问题困扰了涂老师很久,却始终找不到新的突破口。一次偶然的机会,华东师范大学的博士生程豪征求涂老师的意见,他想把她之前写的案例"如何开展'互联网+'平台学习的隔代互学?"在亚太经济合作组织的会议上进行分享。这件事给了涂老师很大鼓舞,她完全没

---

① 本节作者为涂淑莉。涂淑莉,浙江省武义县泉溪镇中心小学高级教师,班主任。

想到自己的研究案例还能被推向国际。

2021年4月的一次家访中,涂老师了解到班里王同学的外公生病了,需要到医院医治。但是老人非常排斥去医院,他觉得看病程序太麻烦,也不会操作医院挂号的机器,更不想麻烦别人,所以小病能忍就忍着。涂老师觉得这是一个很典型的例子,从现实生活中来看,确实有很大一部分老人存在"看病难"的现象。涂老师想为何不从这个点着手,发挥孙辈对电子产品的敏锐度,开展隔代互学研究呢?于是,她引导王同学利用周末时间帮外公绘制了医院就医流程图,并且手把手地教外公如何在手机上挂号、预约专家、查看报告等,学习现代化就诊技能。在王同学不厌其烦地教学下,她的外公居然能够独自去医院就诊了。王同学的外公通过向孙女学习后,深深感受到了现代化技术的方便与快捷。他还在村老年协会里教其他老人学习如何使用手机,掌握这些现代就医技能,成了村子里成功跨越数字鸿沟的老年明星。

于是,涂老师对班级中48位同学的祖辈进行调查,结果发现很多祖辈也有"看病难"的经历,还有坐公交车不会出示健康码、不会用微信打语音电话和视频聊天等问题。当前许多老年人的传统生活模式已经难以应对数字社会带来的若干挑战,网络已经成为他们在生活、工作和学习方面难以逾越的"数字鸿沟"。在程豪博士的帮助下,涂老师很快确定了以"隔代互学促进老年人跨越数字鸿沟"为班级2021年"你好,暑假!"项目的研究主题。

涂老师在班级群发布了"孙辈教祖辈学习电子产品的调查问卷",旨在了解孙辈是否愿意和有能力教祖辈学习,探讨这一活动是否具有开展的必要性和价值。在发放的50份问卷中,有43对祖孙辈有着强烈的开展此活动的需求和意愿。此外,孙辈还列举了很多可以教祖辈的内容,如学习如何开视频聊天、如何刷健康码、怎样用手机支付商品、怎样利用手机交水电费等。朱同学的爷爷住在乡下,离镇上有二三十里的路程,每次缴纳水电费都要到镇上的银行办理,觉得麻烦又无奈。自从跟孙女学会使用智能手机缴费后,朱爷爷也洋气了一把,买了一个智能手机,下载了手机App,并且在孙女的指导下绑定了银行卡,顺利完成了网上缴费。朱爷爷觉得每个月再也不用特意去镇上交水电费了,既快捷又方便。朱爷爷直夸这个隔代互学好。另一方面,很多祖辈也表示,可以教孙辈学习劳动技艺、认识庄稼、传承一些非物质文化遗产等。结合当前家校合作的时代背景,助力乡村老年人跨越数字鸿沟,成了涂老师班2021年开展"你好,暑假!"项目的重点内容。

当涂老师将2021年"你好,暑假!"活动的具体方案和操作步骤在期末休业式上向学生进行培训说明时,孩子们异常兴奋,纷纷表示自己可以把这个小老师当好。于是,涂老师在班级隔代互学微信群里向祖辈们也提出了学习内容和要求,具体明确了学习地点、教学内容、教学次数、教学时间及学习样态等。孙辈和祖辈在了解了如何具体开展"家庭隔代学习助力老年人跨越数字鸿沟"活动之后,便"上演"了一场又一场的隔代学习活动。基于对此活动开展过程的进一步观察和了解,涂老师建议孙辈和祖辈可以在家长的支持下将隔代学习的整个过程予以详细记录,这样有助于后续对活动开展过程的反思、优化和提升。

伴随隔代互学活动的深入开展,涂老师引导祖孙们通过文字、图片、视频等方式呈现他们的学习过程;涂老师也继续采用问卷的方式调查学习发生之后可能产生的一系列影响和收获,以及在现实生活中的运用。

　　总之,基于家庭的隔代学习对促进乡村老年人跨越数字鸿沟有重要意义,其价值不仅是老年人融入智能化、数字化社会的需要,也是应对人口老龄化、维护社会公平正义、促进社会包容的重要表现,更是建立祖辈、孙辈、家长、教师等多主体参与、共学互学共同体的基础。

原理解析

　　随着社会经济的发展,许多私人加工企业迅速崛起,很多乡村家长选择在临近工厂就业。平时孙辈的上下学接送任务完全落在祖辈的身上,照顾孙辈的学习、生活起居成了他们生活中不可缺少的一部分。Q小学对学校相关学生祖辈的文化程度做了调查,结果显示,没上过学的占2.5%,小学文化程度的占65%,初中文化程度的占30%,高中文化程度的占2.5%。可见,乡村的祖辈多数文化程度不高。另外,祖辈们与教师在日常沟通中也存在很大的隔阂,特别是互联网、高科技产品的应用让多数祖辈措手不及。很多家庭的祖、父辈都因孩子的教育问题产生过分歧。

　　但不可否认的是,祖辈家长普遍具有爱心,有充裕的时间和精力,能够耐心地倾听孙辈的表达;祖辈家长身上有许多优良品质以及生活技能,是年轻的父辈家长身上所没有的……这些优势使得祖辈参与教育具有一定的可行性。"隔代互学"致力于促成祖辈与孙辈之间相互学习、共同发展的关系,强调祖辈教孙辈、孙辈教祖辈,开展隔代互学研究,有其存在的重要价值。

一、有利于促进祖辈和孙辈的共同发展

　　隔代互学活动的开展,促进了乡村祖辈学习意识的觉醒与能力的提升。祖辈与孙辈一起阅读、一起探究、一起思考,投入学习之中,可以激发其终身学习的意识,促进学习型家庭的建设。在孙辈的帮助下,祖辈通过上网学习、查看微信等方式,了解到更多外面的信息,开阔了乡村祖辈的眼界,从而实现了与时代接轨。隔代学习不仅让他们有事可做,还成为他们的一种生活方式,充实了老年生活,对自我也有了新的认识。

　　隔代互学活动的开展,既有效激发了孙辈们主动学习的积极性,形成了自主成长的内驱力;也让孙辈养成了主动关心祖辈的习惯,并在传承家风中提升了综合能力。隔代互学活动的开展,能很好地拉近祖、孙辈之间的距离,触发双方积极沟通交流,使其形成隔代亲。祖辈的生活方式发生了极大的改变,祖辈会和孙辈一起参与学习、互动,有效地增进了彼此之间的感情。

二、有利于助力乡村学习型家庭的创建

隔代互学活动的开展,为祖孙的相互学习提供了有力的平台,当然,这其中也离不开父辈家长的桥梁作用。因此,要充分发动祖辈、父辈、孙辈这三大主体,从被动学习转变为积极投入,形成互学的内驱力,使终身学习理念得以落实。而且,在整个活动中,三方不断思考、尝试、改进和提升,也能使隔代互学呈现良好的发展态势,营造和谐的家庭学习氛围,从而形成教育共同体。家庭是一所终身学习的课堂,在这个课堂中,父母不是知识的权威,也不是永恒的教导者,而是和子女共同学习的伙伴。不断学习,共同学习,成为现代家庭生活中的一种时尚潮流,一种鲜明的个性。[①]

当下,全社会都提倡创建"学习型家庭",隔代互学活动的开展为乡村学习型家庭的创建营造了浓厚的学习氛围。自开展隔代互学项目以来,本节作者所带的班级中大部分家庭都固定了一个家庭学习空间,如孙辈的小书房、一家人聚会的客厅、农家小院、街头等;他们还约定了每日的学习交流时间,如父辈下班后、每日三餐时、每天晚上七点半等时段,他们在固定的学习时间,一起学习,相互交流。祖辈、父辈、孙辈已成为家庭学习的主体。祖辈不仅带头学习,也成为孙辈的表率,他们一起学习、相互学习、共同成长。

三、有利于提升乡村教师的家庭教育指导能力

首先,隔代互学活动的开展给乡村教师提供了近距离与老人接触的机会,打破了与老人沟通困难的局面,拉近了家校沟通的距离。班主任通过家访、线上交流、孙辈转述等方式与学生祖辈建立了相互信任的关系,从而为隔代互学活动的开展提供了强有力的保障。

其次"隔代互学"活动的开展给乡村教师家校合作能力的提升提供了锻炼的平台。利用这个平台可以建立起家校互动的新机制。在前期建立信任关系的基础上,班主任就活动的开展对孙辈、祖辈、父辈进行及时有效的指导,以保证活动的顺利进行,"隔代互学"对提升教师的家校沟通能力也有着很大的促进作用。

最后,假期的"隔代互学"活动对教师的日常教育教学工作也有滋养和反哺作用。在"隔代互学"活动中建立起来的良好的家校合作关系,能促进教师日常教育教学工作的有效开展。活动中所呈现出来的资源,也可以极大地丰富教师的课堂教学,使课堂更鲜活、更具有生命力。

[①] 黄大谷.建设学习型家庭是时代发展的必然选择[EB/OL].(2012-04-11)[2021-07-21].https://wenku.baidu.com/view/ad923ddf50e2524de5187e97.html.

方法指导

隔代互学活动可以借助网络平台、网络资源、家庭内部、家庭与家庭之间的互动等载体而展开,不同的途径和不同的活动方式呈现的互学结果也会不同。

一、活动准备

(一) 孙辈采访祖辈,了解祖辈学习现状

在农村,由于大多数乡村教师与老人接触较少,乡村长辈又忙于生计,能与老人进行最亲密交流的就是家中的孙辈了。为了锻炼孙辈的思考力、行动力以及交往力,乡村教师可以通过孙辈采访祖辈的方式来了解老人的学习现状。

如武义县 Q 小学三年级教师为了全面了解乡村老人对学习的认识和需求,2019 年 11 月初,布置本班学生用采访长辈的方式,访问自己的祖辈是否愿意继续学习、用怎样的方式继续学习,并在父母的协作下利用"问卷星"软件做好采访记录。该教师通过分析数据发现,该班祖辈的文化程度普遍偏低,对于孙辈的教育心有余而力不足;跟不上时代发展的脚步,对于高科技产品的使用不熟悉,导致不能很好地引领孙辈参与活动。

(二) 深入家庭走访,了解祖辈学习意愿

乡村教师还可以采用走访的方式深入学生家庭,面对面与老人进行交流,了解乡村老人的学习意愿。如武义县 Q 小学乡村教师深入学生家庭对老人进行有针对性的采访,来了解祖辈的学习意愿。该教师与老人交流的过程中,事先征得老人同意,利用手机的录音功能记录采访过程,再对采访内容进行整合分析,更加全面系统地了解了老人的学习意愿与需求。这种方式,既能判断研究项目的可行性,又能发现更多资源或活动的突破口,值得每位教师借鉴。

(三) 巧用休业式,邀请长辈进课堂

隔代互学既可以在假期进行,也可以在学期中进行。但不管在哪一时期,都需要一个具有仪式感的活动,这样可以增强乡村老人和孩子的仪式感,让大家更加重视。同时,乡村教师可以通过现场指导,促进祖孙之间的互动交流。

2020 年 1 月 17 日上午,武义县 Q 小学三(1)班教师利用班级休业式,召开了"你好,寒假!"隔代互学项目培训会(见图 2 - 14)。参会人员除了 43 名学生及家长,还有 12 名祖辈代表。在"你好,寒假!"隔代互学项目培训会上,教师重点讲解了隔代互学项目的研究内

容、方法以及操作步骤。祖孙三代共聚教室,三代人明确了自己的学习要求、学习方式以及学习内容,这样的学习也促进了家庭关系的和谐,为创建学习型家庭奠定了基础。随后,老人、孩子和父母还一起探讨了班级汇编的《寒假活动手册》。

图 2 - 14　祖孙三代参与 2020 年"你好,寒假!"隔代互学培训会

另外,乡村教师通过孙辈采访祖辈、走访、邀请祖辈进课堂等方式发现,乡村的祖辈虽然文化程度不高,但是学习热情不亚于城市的祖辈,他们同样有着强烈的参与意识。这正是乡村家校合作所迫切需要的,只要唤醒了祖辈们的学习自觉,后期的活动开展也就会顺利很多。

二、活动开展

乡村隔代互学的内容是很丰富的,从锻炼身体到艺术学习,从非物质文化遗产传承到现代科技,从身心健康到社会参与等。各类型隔代互学活动的开展可以从以下几方面入手,分阶段进行。

(一) 民主商议,确立活动规划

如何带领学生祖辈开展隔代互学,改变隔代教育存在的弊端,结成目标一致的教育共同体呢? 乡村学校可以通过召开项目负责人会议,招募参与活动的班级,再谈论制订整体框架,让参与活动的乡村教师有章可循。

武义县 Q 小学在隔代互学项目负责人涂老师的带领下经过一系列问卷调查、座谈之后,决定以"隔代互学"的方式,提高家校共育能力(见图 2 - 15)。

学校以"隔代互学,推进家校和谐共育"为出发点,设计了"前期筹备""中期实践""后期评价"三个活动群,分年段以假期活动为载体,组织引领祖孙辈互学共学,从而建立"学习型家庭",落实终身学习理念,并从活动时间、活动主题、活动形式、组织人员、活动成效及活动宣传六个方面做了相应保障。

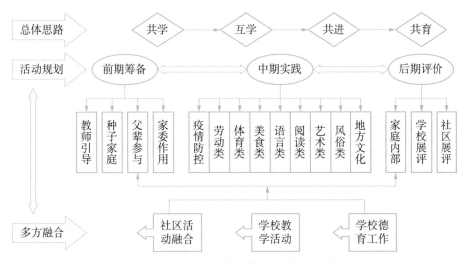

图 2-15 Q小学隔代互学工作整体设计框架

武义县 Q 小学的隔代互学活动主要是基于家庭内部的隔代互学。这一活动还发生在广东深圳、江苏常州、云南昆明、广东阳江、浙江海宁、浙江桐庐等地。

特别是在常州市龙虎塘实验小学,丁小明副校长组织了隔代互学的校内展评互动,进一步形成了该项目的影响力。该小学自 2019 年 6 月 1 日开始,又启动了非常富有创意的小学与老年学校的合作研究,促成了不同教育机构的老人与孩子的共学互学。[①]

(二)实践推进,分阶段实施活动

1. 召开家庭会议,量身制定学习计划

每个家庭都具有自身的独特性,对于隔代互学的认识也会不同。乡村教师可以引领乡村家庭成员召开家庭会议,制定隔代互学的学习计划,明确活动内容、活动时间、活动方式、活动成效等。

武义县 Q 小学教师根据班级休业式上的培训内容,引导各个家庭针对 2020 年"你好,寒假!"活动中隔代互学项目中的设想,祖孙三代围坐在一起召开家庭会议。该班级共有 48 名学生,组织家庭会议的有 43 个家庭,占比达到 89%;另外几户家庭主要是外地学生,还没回老家,长辈不在身边,因此未能及时召开。会议中,各个家庭根据孙辈和祖辈的兴趣爱好,商量确定祖孙互学的内容,明确孙辈需要跟祖辈学什么或者要教祖辈学什么。确保每人每天有一定的学习时间,学习过程要详细、学习要持续进行,并以照片、打卡、视频分享、美篇总结等方式呈现学习结果。在此基础上由父母负责做好记录,完成"家庭隔代互学共学讨论表",制订"你好,寒假!"活动计划(见表 2-4)。

① 程豪,丁小明,李家成."跨域"学习可以促进小学生怎样的发展? ——基于龙虎塘实验小学和河海老年学校的个案研究[C]//上海终身教育研究院.中国终身教育研究(第一辑).上海:上海交通大学出版社,2020:70-85.

表 2-4　Q 小学三(1)班隔代互学共学讨论

活动时间	活动主题	活动形式	组织人员	活动成效	活动宣传

乡村的祖孙三代坐在一起开展学习讨论,并且根据教师提供的初稿,家长引领学生探讨应该向长辈学习什么,激发学生向祖辈学习的求知欲望,思考学习的过程;探讨与祖辈一起学习的可能;细化学习内容,从而形成方案、制订学习协议并签字承诺等。又如常州市龙虎塘实验小学丁小明副校长所在的班级在策划"寒假幸福作业"时,就确定了"祖孙互学长本领"的主题,并于 2019 年 1 月 20 日,花了两节课的时间与学生讨论互学内容、互学要求和最终呈现的方式,形成了"祖孙互学"活动方案,并在同一天发到班级群征求家长的意见,得到家长的一致通过。为保证这项活动开展的成效,他们还拟定了一份互学协议书。协议书要求互学双方对互学项目、互学时间、互学要求和互学成果做出郑重承诺并签字,爸爸妈妈也要作为见证人签字。[1]

2. 关注活动过程,创生家校合作新样态

乡村教师可以根据班级学生的志愿报名情况,组建班级隔代互学微信群,引领祖辈和孙辈通过家庭内部共学互学、线上反馈交流、成果汇报的方式,进行家庭内部的隔代互学。

首先,以技能传授为共学手段。为了使乡村的祖辈快速适应现代化教育理念,强化教育的参与度和体验感,增进两代人的沟通,进而提高教育技能,乡村教师可以借助"互联网学习平台"促进祖孙间的隔代共学。

Q 小学三(1)班教师利用"浙江老年开放大学网络学习平台",搭建隔代互学大平台,安排骨干教师利用班级微信群对孙辈和祖辈进行线上指导,引领他们如何在手机和电脑上打开学习平台,在熟记操作步骤的基础上,学会登入平台并熟练操作。同时,通过在微信群里回复的方式,了解他们的学习掌握情况。小老师们掌握登入学习平台的要领后,把操作步骤教给自己的祖辈,与祖辈一起观看视频,学习相关知识。徐爷爷说,他通过观看"老年安全合理用药"这个视频,知道了抗酸药、胃酸分泌药物和多潘立酮不能一起使用;药品一定要在密闭干燥处存放,且不能在儿童接触到的地方;用药期间一定不能喝酒等用药安全相关知识。小莉同学说:"以前我经常发现爷爷吃药后还会喝酒。我想看了这个视频,他下次应该会注意了。此外,我和爷爷还一起制作了'家庭安全用药指南',相信也能给其他人带来帮助。"

其次,发挥种子家庭的榜样作用。乡村教师还可以根据各个家庭开展活动的积极性,确定种子家庭,发挥种子家庭的互学示范作用,协调祖辈、父辈、孙辈三者之间的关系,引领

---

[1] 李家成,林进材.学习型社会建设背景下的寒假学习共生体研究[M].上海:上海交通大学出版社,2019.

他们通过家庭内部互学的方式进行。父辈可以把祖孙的学习过程和成效通过照片、视频、美篇等方式分享到班级活动群，以带动班级中更多的祖孙进行隔代互学。

武义县 Q 小学三(6)班教师虽然在班级隔代互学群里多次引领祖孙开展隔代互学活动，可是学习群里始终静悄悄的，没有人愿意分享学习过程。针对这一情况，班主任陈老师主动与相关家长取得联系，引领家长亲自指导祖孙开展活动，鼓励他们大胆分享学习成果。在陈老师的引领下，有四户家庭分享了学习过程。陈老师确定这四户家庭为种子家庭，并建立了单独的种子家庭学习群。在种子家庭的带动下，其他家庭也开始分享学习过程，经过一段时间的探索，有部分家庭还把学习过程做成了美篇，分享到班级群，活动得到了很好的呈现。

最后，依托网络平台纵深推进活动。在种子家庭的示范引领下，如何促成更多的家庭参与其中，实现百花齐放呢？乡村教师可以根据本班实际情况及时关注活动过程，做好指导工作：引导每个家庭用照片、视频、文字体会等方式及时分享学习过程，并在群里做好适当的点评，对其进行肯定并提出指导性建议；对于表现特别优秀的家庭，给予大大的鼓励，引导其形成自己的活动记录美篇，让他们也成为班里的种子家庭。乡村教师还可以为其提供多种方式的活动，引导他们参与其中，做到每日互学，适时互学，学后有思。

例如，在 2020 年寒假来临之前，武义县 Q 小学六(1)班班主任组建了"2020 年寒假隔代互学活动"微信群，由骨干家长和学生申报组成活动联络组，并在群里下发了"祖孙在家务劳动中隔代互学"项目调查表，旨在了解祖孙互学的具体内容(见表 2-5)。而后，班主任通过班级微信群引导祖孙辈开展相应的活动。

表 2-5 "祖孙在家务劳动中隔代互学"项目调查情况

学生	活动方式	长辈教我	我教长辈
孔同学		叠衣服、整理衣柜、倒垃圾	介绍垃圾分类
徐同学		打井水、清洁卫生、照顾弟弟	用擦玻璃神器擦玻璃 用旋转拖把拖地 五水共治妙招分享
易同学	居家实践	洗碗筷、清理冰箱	使用高压锅消毒碗筷 冰箱去味方法
罗同学		洗衣服、照顾家里的植物	用洗衣机洗衣服 宣讲节约用水的方法

经过一段时间的互学，经教师与活动联络组商议，六(1)班还开启了线上申报"家务能手"活动。此项称号的申报不同于以往线下的评优评选，只要参与"祖孙隔代互学"活动的家庭满足"家务能手"申报条件，都可向活动联络组提出申请，并提交材料；而后由活动联络组进行考核，考核通过者便可得到此项荣誉。活动结束后，班主任利用学期初的寒假总结会，邀请祖孙同聚一堂，举行了隆重的颁奖仪式。

又如武义县 Q 小学四年级班主任分别在微信群里下发倡议书,号召祖辈们说说自己在进行农耕劳作时发生的趣事以及农耕技巧,以此激发孩子们参与田野实践的兴趣。首先,由祖孙共同商议农耕种植项目;其次,孩子上网查询种植相关注意事项,并跟祖辈进行交流,再次,走进祖辈小菜园,进行种植活动;最后,由孩子向祖辈们介绍学校新型农场的无土栽培技术,并向祖辈"传授"用水培的方式种植蔬菜。在实践过程中,大家收获满满,有些祖孙还做了学习记录,有的同学还把学习体会写成了日记(见表 2-6)。

表 2-6　农耕劳作中的"祖孙隔代互学"活动记录

学生姓名	我向祖辈学	祖辈向我学	祖辈学习体会	学生学习体会
徐同学	种茄子 培育辣椒秧苗	介绍学校新型农场无土栽培技术,向祖辈"传授"用水培的方式种植蔬菜	这个活动真好,是该让娃娃们到田里干干活,要让他们明白粮食的来之不易	我学会了怎样种茄子和培育辣椒秧苗。奶奶在学习用水培的方式种葱和大蒜,可认真了
罗同学	认识野菜 挖野菜		今天带外孙女去挖野菜,让我想起了自己小时候的事	外婆教我认识了 4 种野菜,我们一起挖了满满一筐,晚上回到家就炒来吃了,真美味
潘同学	种土豆		孙子讲的无土栽培我还从来没看到过,有机会要到学校去看看	今天爷爷细致地向我介绍了手怎么拿锄头、脚怎么站立,怎么锄地,怎么把两边的沟渠挖出来。我照着爷爷的方法锄了会儿手就冒泡了,看来干农活真不容易

乡村教师要充分发挥祖辈与孙辈参与活动的积极性,善于利用激励的方式,做到活动与评价相结合,创设多种平台,让其获得成功的喜悦。鼓励更多的家庭参与其中,达到以点带面的作用。

三、活动评价

(一) 学校搭建成果展示平台

祖孙两代手把手地教、面对面地学,其乐融融。乡村教师要充分利用学校搭建的平台,多样化地展示其互学成果。成果展示有静态的,如美篇、PPT、初页、调查报告、心得日记等;有动态的,如短视频、VLOG、主题演讲、汇报等。通过成果分享、交流,促成家庭与家庭之间,学生与学生之间,祖辈与祖辈之间多方位、多代人之间的学习。这样的互学共长以其独特的方式增进了一家三代人之间的感情,给家庭创造了别样的幸福。

如武义县 Q 小学开展的"用餐新风尚——家庭公筷公勺的使用和推广"隔代互学活动,祖孙辈通过探索在家庭使用公筷的新方式,锻炼了自己的创新能力、探索能力以及实践能力,并逐步辐射更多家庭,形成公筷公勺行动家校联动互促机制,引领大家实现文明就餐新意识。Q小学祖孙辈通过线上学习、云传递等活动，了解了公筷使用的意义。通过一段时间的实践活动，祖辈和孙辈都充分意识到使用"公筷公勺"的必要性。为了让更多的人了解到使用"公筷公勺"的益处，他们一起动手制作了宣传手抄报，拍摄宣传视频，编写倡议书，通过各种方式开展线上宣传活动。他们开展的"文明就餐　使用公筷公勺"的线上云传递活动还登上了浙江少儿频道。学生通过小报、宣传口号等形式，在线上进行宣传，让更多的社区居民了解、认同"公筷公勺"，并积极参与到使用和推广中。

（二）社区提供成果交流机会

学校的隔代互学已经初见成效，如何将隔代互学的成果展现，推广到更多家庭？乡村教师可以借助社区文化中心这个平台，积极推广隔代互学成果，让更多居民关注到隔代互学这一活动，并积极参与其中，以一个家庭带动几个家庭，以几个家庭带动更多家庭，扩大影响范围。通过社区文化中心为学生营造一个积极开放的学习大环境，也引导社区居民树立终身学习的意识。

如武义县Q小学的王奶奶和孙女就是隔代互学的榜样。奶奶在孙女的帮助下学会了用现代技术学唱戏曲，孙女在奶奶的指导下剪得一手漂亮的窗花。诸如此类，不胜枚举。为了让更多的家庭参与到隔代互学的队伍中来，学校积极搭建展示平台。2019年1月，学校隔代互学项目的展示活动——"春满乡社　互学共进"在镇文化中心举行。活动的顺利开展，离不开规划和筹备。前期，学校积极邀请兄弟学校、县文联、诗词楹联协会、关工委以及街道等部门多方联动。同时，互学团成员组成的宣传小组，走上街头发放宣传单，为前期活动做好宣传。

活动当天，孩子们在搭建的小舞台上展示向祖辈学到的垃圾分类歌、垃圾分类操以及小品等节目，动态宣传热点知识，提高居民的环境意识。祖辈们展示从孩子那学到的变废为宝的小制作和小发明。其他互学团成员也积极邀请社区居民体验剪纸、现场书法、激光雕刻技术……活动吸引了来自镇区各村的村民们，大家纷纷夸赞。该活动充分挖掘和融合学校、家庭、社区的教育资源，发挥三者在教育中的不同作用，形成学校、家庭、社区的三位一体教育合力，让学生在社会大环境中学习、成长，培养社会责任感，并运用所学，反哺社会。

问题思考

隔代互学活动的开展，在一定程度上改变了祖辈和孙辈的生活方式，祖辈会和孙辈一起参与学习、互动，各项能力得到了提升，祖辈和孙辈的生活也更加充实而有意义。此外，还有利于消除祖孙之间因观念不统一而产生的隔阂，拓展老年人学习的渠道，促使老年人逐步树立终身学习的理念，跟进社会发展的脚步。但是，在隔代互学活动的开展过程中，也凸显出了以下三个问题,值得大家深入思考。

一、如何提升乡村教师的参与兴趣?

目前,乡村教师、乡村班主任越来越年轻化,他们生长在发展迅速的互联网时代和生活富裕的社会阶段,受过高等教育。他们年轻有活力,对待工作很有激情,头脑灵活、创意多、敢想、敢讲、敢做,追求生活的快乐指数。他们受到的呵护和享受的资源很多,但抗压能力相对较弱,专注力也不够,与人合作的能力亦有所不足。在乡村家校合作工作中,他们没有太多的实践经验,加之乡村学校工作杂、责任重、事多、压力大,往往会使他们忙于应付学校布置的各项工作,没有更多的兴趣投入研究性的活动。怎样改变乡村教师,尤其是乡村班主任的这一现状?

二、如何提升乡村教师的家校沟通能力?

有些乡村班主任只重视自己的教学工作,不懂科学管理班级的方式方法、不会组织活动、跟家长没有太多交集,很多班主任不愿甚至害怕与家长沟通,更别说跟乡村的老人去交流。他们害怕接触乡村老人,加上乡村的老人文化程度低、听不懂普通话等,存在许多认识上的差异,导致乡村班主任工作得不到乡村老人的认可,严重影响了家校合作。

三、如何融入乡村社区力量参与隔代教育?

当前,许多乡村都设有村文化礼堂等设施和相关乡村社区管理机构,但是由于各种原因,并没有充分利用文化礼堂这个大平台,有的村文化礼堂成了摆设,出现无事闲置的状态,没有发挥其应有的作用。本节作者认为,隔代互学不仅仅是家校合作的一种方式,更应该发挥社区管理机构和相关文化设施的作用,让更多的社区主管部门、相关人士参与进来,协同发展,共同提升乡村老人、乡村学生、乡村教师的学习力,促成更多村民的终身学习。

未来发展

本节作者所在的学校通过实践探索,形成了以家庭、学校、社区三维网络为载体,祖辈、父辈、孙辈三代为主体,规划、实践、展示为路径的隔代互学共育模式。展望未来,我们可以从以下几个方面深入探究,使隔代互学活动更具有生机和活力。

一、以隔代互学促进乡村老人的学习与发展

乡村家校合作的质量提升,事关人的发展,更通过对乡村教育、乡村社区发展的影响,融入城乡一体化发展战略。乡村老人作为乡村的重要组成部分,其素质的提升直接影响乡村的发展。通过开展隔代互学活动,使乡村的老人树立终身学习的理念,助力更多的乡村老人跨越"数字鸿沟",与时俱进,跟上时代的步伐,为乡村的振兴出一分自己的力量。

二、为农村留守儿童的发展提供新支持

改革开放以来,中国城乡人口流动的限制被打破,大量农村剩余劳动力涌向城市,形成迄今世界上规模最大的人口转移,即"民工潮"。[①] 在这一背景下,中国农村形成了一类弱势群体——留守儿童。[②]

而乡村学校里的学生大多来自留守儿童家庭,留守儿童的暂时监护人也大多是乡村的老人。不断提高留守儿童和乡村老人的素养,是乡村学校发展的重要基石。如何更好地针对农村留守儿童的特点开展教育,如何进一步发挥留守儿童的主体性,如何探索、形成有利于留守儿童发展的综合性家校社合作的格局,都有待进一步探索。而乡村隔代互学项目,有可能为这一问题提供新的解决方案。

三、促进乡村中小学与乡村老年学校、公益组织等联动

随着社会的发展,国家越来越重视老年教育。如2021年上海市为民办实事项目中,明确提出新建50家社区综合为老服务中心;新增200个社区老年助餐场所;新增5000张养老床位;改建2000张认知障碍照护床位。[③] 城市如此重视老年教育,乡村老年学校也在政府的支持下逐渐建成。如何发挥乡村老年学校的作用,还需要学校以及公益组织充分发挥自身优势,多方高效联动,以提高乡村老人各方面的综合素质。而隔代互学项目能较好地融合乡村老年学校和公益组织的力量,正成为乡村教育乃至于乡村社区改革与发展的新突破口。

---

① 课题组. 农村留守儿童问题调研报告[J]. 教育研究,2004(10):15-18,53.

② 学术界一般将"留守儿童"界定为因父母双方或一方在外打工而被留在家乡,需要他人照顾的16周岁以下的孩子,在学龄上一般反映为小学和初中。参见刘允明. 关爱农村"留守儿童"[J]. 中国农业大学学报(社会科学版),2005(3):29-33.

③ 2021年上海市为民办实事项目[EB/OL].(2021-01-25)[2021-10-13]. https://www.shanghai.gov.cn/nw12344/20210125/718fbb11cc9944bd957e94e70b9b1223.html.

第三节　假期生活的更新①

案例导入

2017 年 11 月 1 日,《浙江教育报》中《为了乡村教育的明天——武义致力乡村班主任队伍建设》一文这样描述了成成同学(案例班级的学生)的发展变化:

谁也没想到,3 年前成成刚从外地转学过来时,老师们见了他都叹气,而 90 后乡村女教师巩淑青用 3 年的耐心、爱与智慧,"拯救"了一个几乎要被所有人放弃的孩子。就在几日前,这个 10 岁的小男生,面对数百名来自全国各地的班主任和华东师范大学的教授汇报了假期项目学习活动成果。

"我代表蜗牛中队……我刚转学到这个班时,很害怕和同学们说话,特别没自信,因为我的学习成绩不理想。但巩老师总是鼓励我,在她眼里我也是个优秀的孩子。在她的帮助下,我开始收获家人更多的赞许和陪伴。我有了勇气参加寒暑假活动,甚至尝试组织活动。特别高兴的是,大家都觉得我组织的活动非常有意思,希望我能组织更多的活动。这给了我更大的鼓励。由此,我越来越自信开朗,学习也有了很大进步。我觉得,开展活动需要大家一起努力,班里的成绩也是如此。通过努力,我再也不是班里的暂差生了。我要感谢巩老师,感谢爸爸妈妈,感谢小蜗牛中队,感谢'你好,暑假!'"②

类似的故事还有很多。2017 年 5 月,在华东师范大学李家成教授的引领下,本节作者开始意识到,研究学生的寒暑假生活这一教育的"空隙",对实现教师、学生和家长的成长有重要意义。为此,浙江省武义县 L 小学这所乡村小学 2019 届 3 班的师生、家长共同进行了

---

① 本节作者为巩淑青、曾丽芳。巩淑青,浙江省武义县壶山小学教育集团新城校区一级教师;曾丽芳,浙江省武义县壶山小学高级教师。
② 引自 2017 年 9 月 8 日浙江省武义县 L 小学 2019 届 3 班学生成成在"'你好,暑假!'暑期生活重建论坛"上的发言。

长程性的"你好,暑假!""你好,寒假!"项目实践(见图2-16～图2-19)。

图2-16 2019年寒假"探寻年俗"活动

图2-17 2018年寒假"亲近自然"活动

图2-18 暑假采访梨农活动

图2-19 暑假送清凉活动

刚开始时,本节作者十分迷茫:到底应该开展什么样的活动? 又应该如何开展活动? 于是,本节作者决定从调查入手,了解家长和学生的真实意愿。在充分了解了学生当前寒暑假生活现状、发展需求和家长的教育理念之后,本节作者开始培养"乡村种子家长",帮助更多家长转变教育理念,为实现假期生活变革提供强有力的支持。如有乡村家长提出"为什么要开展活动""为什么要我们家长助力活动""我没时间陪伴"等问题,都得到了其他家长的耐心解答。

而后,武义县 L 小学 2019 届 3 班的师生、家长共同商讨活动主题,达成"谁想组织活动,谁就是队长"的共识。假期里,学生自愿地根据自己的兴趣选择活动项目,自由组成小队,"以学生为主,家长教师为辅",自主讨论、策划、实施与体验活动。完全开放的主题,尊重自由的生长方式,激发了学生更多发展的可能性。

在项目推进中,一些乡村家长也逐渐意识到自身存在的问题:由于教育观念落后,没有积极引导孩子参与假期活动,使得孩子的假期生活呈现单一、乏味的状态,和参与活动的孩子形成鲜明的对比。项目参与者所分享的活动图片、文字,所获得的沟通、合作、表达等领导力的发展,以及日益丰富的生活体验、情感互动,逐渐被同伴、师长、社区所认可。所以,越来越多的家长意识到重建假期生活的重要性,以及家长能贡献巨大的教育力量,他们开始从观望者转为同行者。

2017 年暑期,通过家校社的多力驱动,武义县 L 小学 2019 届 3 班开展了丰富多彩的假期活动:纯手工制作梨膏糖、环保我先行、亲近大自然……随着活动的开展,学生的思维日益活跃,参与度也越来越高。该班在这个暑假共组织开展社区活动 19 次,参与 161 人次,每位学生都热情高涨地参与到活动中来(见图 2-20、图 2-21)。

图 2-20 暑期参观红军纪念馆系列活动　　　　图 2-21 暑期走进大山寻找草药系列活动

从暑期总结来看,学生的假期生活因各项活动的开展发生了翻天覆地的变化,从枯燥、孤单、虚度,变成创意无限、精彩纷呈、收获颇丰,实现了假期生活的重建。

在 2017 年 11 月 21 日首届全国乡村班主任论坛现场,L 小学 2019 届 3 班承办了分会场活动,展示了寒暑假生活成果(见图 2 - 22～图 2 - 25),受到国内外专家和学者的一致好评。

图 2 - 22　师生、家长与新西兰政府首席教育顾问交谈

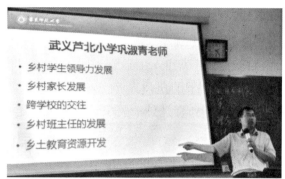

图 2 - 23　李家成教授发言

图 2 - 24　小琪同学在全国论坛做学生代表发言

图 2 - 25　小琪爸爸在全国论坛上发言

很多家长和学生也写出了自己的心得体会:

通过"你好,暑假!",我感受到孩子成长是需要家长的陪伴和引导的。以前我总以忙为借口,缺少对他的关心和陪伴。在巩老师和其他家长的影响下,我开始陪他参加一些活动。活动中,同伴的鼓励、家人的陪伴让他感到快乐。我发现,他从不爱说话、孤僻,变得开朗,学习态度也有所改观。这真是一个有意义的假期,改变了小强,也改变了我。以后我会尽最大的努力,学做学习型、朋友型、陪伴型、合作型的家长,让他获得更多的成长。

——小强爸爸

以往的暑假很无聊,我除了完成作业,就是看电视、玩游戏。这个暑假我跟同学和老师一起参加各种活动,学到了很多知识,更懂得了很多道理。"采摘蜜梨"活动让我了解到梨有很多品种;在"当家作主"活动中体会到父母的辛苦;"参观红军纪念馆"让我们学习了革命先烈们那种抛头颅洒热血的大无畏精神……我过得很充实、很开心。希望以后的假期也能这样度过。

——2019 届 3 班小巧

寒暑假生活重建展现了新的教育观念,相信每一个参与者都具有无限发展的可能。它开启了以教师为专业指导,以家长、学生为核心主体,多力驱动、多环交融、共学互学的教育变革新空间。

原理解析

一、依托学校系统组织,保障乡村学生假期安全

在寒暑假里,乡村学生往往陷入尴尬的处境。一方面,培训班对乡村家长来说花费不菲,且由于地域受限,其师资及模式都十分单薄;另一方面,大部分乡村学生属于留守儿童,处于隔代抚养状态,在学习活动上的监管有缺失。在 2017 年暑假,本节作者所在班级的 45 个家庭,孩子参加培训班的有 8 人,属于隔代抚养的有 16 人,孩子跟随父母一起上班的有 7 人,另有 14 人单独在家(6 个家庭装有监控,其余无)。

在以往的假期中,由于没有系统的活动和缺少家长的监管,乡村学生便开启了放飞自我的模式,存在各种安全问题。特别是在暑期,溺水事故高发。而通过寒暑假系列活动的开展,一方面家长可以轮流参与各个活动照看孩子,减轻监管压力;另一方面,在参与"防溺水""安全出行"等系列"安全主题"宣传活动中,学生与家长都增强了安全意识,提高了安全防范能力。

二、通过挖掘乡村资源,提升乡村学生核心素养

人的发展具有连续性和全面性,而教育应贯穿于人的一生,追求人的全面发展。假期生活是儿童生活的重要组成部分,包含儿童发展的诸多需求,是不可忽视的时间段。

乡村拥有不同于城市的教育资源,其最大的优势就是个体与自然的亲缘性,包括乡土及栖居其上的草木虫鱼鸟兽,以及辛勤劳作的村民,这是个体成人的初始性场域。

乡村不仅是一个自然场域,同时也是一个文化场域,是连通着乡土历史与文化的独特

文化空间。这意味着乡村教育的依托,除了乡村自然,还有乡村文化,包含乡村民间民俗文化、连通着传统中国的乡土文化,这些文化关联着中华文明的基本形态。[①] 系统设计的假期生活实践,可以充分挖掘乡村资源、假期资源,凸显教育资源的丰富性、文化性和成长性。浙江武义蓝美琴老师就曾充分挖掘当地乡村年俗文化,促乡村学生文化意识觉醒;广东阳江林冬梅老师利用乡村天然的地理优势,让孩子们通过互联网与书本、与长辈交流,深入了解蔬菜的种植与营养价值,促成学生养成健康的饮食习惯。[②] 正是在各种具有乡村特色的活动实践中,乡村学生不断提升着自身的"社会参与""综合实践"等核心素养。

三、借助多力驱动,成就乡村家校合作新样态

家庭和学校无法涵盖中小学生学习时空的全部,对于乡村学生、家长和教师而言也是如此。随着时代发展,教育不再是一种义务,而是一种责任。所有的集体、协会、工联、地方团体和中间组织都必须共同承担教育责任。[③] "新基础教育"研究、"生命·实践"教育学在发展主体上提出了主动、健康的共同育人价值观,在发展环境中提出了社会教育力这一概念。[④] 这对于理解乡村家校社合作有着积极的意义。

由于对走进社区、走进自然缺少重视,乡村学生缺少这方面的机会与经验。然而,"假期生活更新"项目尝试打破学校、家庭、社区之间的壁垒,实现"家校社"合作,更大程度上联动了各方资源,拓宽了教育场域,实现了家校社多力驱动,多环交融,为儿童提供了更加广阔的学习机会,包括在校学习、在家学习、社区学习和远游学习及其间的多重关联,[⑤]既是回应《中小学德育工作指南》中提到的全员育人、全程育人、全方位育人的要求,也为成人之间的相互学习、成人与儿童之间的相互学习提供了诸多可能。

一部分乡村家长由于自身文化水平较低、工作时间长等,对学生假期成长缺少助力,使得学生发展存在巨大困难。教师引领之下的"假期生活更新"项目,促使家长主动服务孩子,作为孩子的同伴一起学习,促进了亲子交往,增进了亲子感情。[⑥] 当乡村家长的困难得到真实解决,乡村学生真正得到了发展之后,项目自然会得到更多认可,教师也会得到家长更多的支持。由此,依托假期变革的项目,乡村家校社合作能够走向更为和谐的状态,构建出更高质量的交往关系,促成多主体的多元发展。

① 刘铁芳. 探寻乡村教育的基本精神[J]. 探索与争鸣,2021(4):15-18.
② 李家成,郭锦萍. 你好,寒假! ——学生寒假生活与学期初生活重建[M]. 北京:北京大学出版社,2018:115.
③ 联合国教科文组织国际教育发展委员会,华东师范大学比较教育研究所. 学会生存——教育世界的今天和明天[M]. 北京:教育科学出版社,1991:202.
④ 张永,张艳琼. 家校社合作的反思与重构:基于实践共同体的视角[J]. 终身教育研究,2020(3):41-46.
⑤ 张永,张艳琼. 家校社合作的反思与重构:基于实践共同体的视角[J]. 终身教育研究,2020(3):41-46.
⑥ 赵欢欢. 多元融通 构建暑期新样态——暑期"社区资源开发"项目实践与反思[C]//上海终身教育研究院. 乡村社区治理背景下的家庭、社区、学校合作"研讨会暨第三届全国乡村班主任发展研究论坛论文集,2019:275.

方法指导

教育研究需要理性与情感的交融。假期生活的更新也是如此,我们不仅需要满腔的热情,更需要科学方法的指导。如拟定合理的发展目标,制订学生真心喜爱的活动内容,细化活动参与形式等。[①]

一、活动准备

活动前,乡村教师要针对教育主体、教育环境等方面进行科学全面的调查,并发挥价值引领作用,使各主体充分认识到假期生活所蕴含的独特且丰富的育人价值。乡村班主任可以联动乡村家长、科任教师、学生、教育专家等多方力量,从自身资源优势和角色职责出发,立足于对教育资源和机遇的整合,按照学生假期生活规律,遵循教育原则和学生生长的需求,[②]集思广益策划活动,为后期开展具有"自主性""整体性""合作性"的项目活动做好准备。

(一) 教师引领,调查了解家长需求

只有对家长关于寒暑假生活的态度、理念及面临的困难进行细致了解与分析,才能更好地进行资源的融通与整合,促成假期生活的更新。

1. 科学开展家庭调研

教师要根据班情,选择不同的调查方式。本节作者采用了问卷、座谈、讨论会、家访等多种调查方式,并在调查过程中做到认真聆听、客观分析、隐私保密,让家长说出真实的想法。调查的内容力求科学全面、有针对性,题型多样化。如:(单选)您觉得以往的暑假,孩子过得充实吗?(多选)您觉得暑假对学生来说最重要的是什么?(简答)对于孩子的暑假,您有什么烦恼和想法吗?

调查方法的选择取决于调查主题,同时根据主题的变化,调查方法也可以随之改变。例如,为了了解乡村整体的寒假学习现状,广东省的刘海霞老师采用了问卷、访谈、走访等多种调研方式。其中问卷调查的对象是刘老师所在班级的学生及家长,访谈对象是白水村的村干部与村民。同时,刘老师还选择走访白水村,直观地了解村民的寒假学习状态。[③] 又如针对"基于互联网学习平台的隔代互学研究"这一主题,浙江武义涂淑莉老师在现状调查中,采用了发动学生采访自己爷爷奶奶的方式,邀请学生家长在"问卷星"上做好反馈,再根

① 李家成. 在教育空隙处开展教育研究——以"你好,寒假!"之寒假生活与学期初生活研究为例[J]. 教育学术月刊,2017 (6):20-31.
② 李家成,郭锦萍. 你好,寒假!——学生寒假生活与学期初生活重建[M]. 北京:北京大学出版社,2018.
③ 李家成,林进材. 学习型社会建设背景下的寒假学习共生体研究[M]. 上海:上海交通大学出版社,2019.

据问卷反馈结果,有针对性地选择家庭开展家访。[①]

可见,乡村班主任需要根据情况,选择科学多样的调查方式,从而全面、客观地搜集所需的信息、资源,为寒暑假生活重建寻找着力点。

2. 全面分析调查结果

在调查结果全部反馈之后,教师可利用表格、图形等方式,对信息进行分析处理,提炼"关键词""主要问题""可用资源"等,形成调查报告。

如本节作者在 2017 年 6 月 15 日通过面向 L 小学 2019 届 3 班 45 名家长的调查问卷(见表 2-7)了解到:64.44%的家长认为孩子的暑期生活过得并不充实,没有凸显假期更深层次的意义。82.23%的家长期望自己孩子的假期生活"以学为主,玩为辅"。一部分家长开始意识到培养其他能力的重要性,却没有做出实质性的行动来改变。孩子只有写作业、上培训班、看电视、玩游戏这样单一、乏味的假期生活,不能满足孩子们在问卷中所提出的渴望自由、做主、陪伴、参加丰富多彩的活动的需求,甚至有的家庭让孩子处于无人看管的危险状态。除此之外,没有时间陪伴、没有好的教育策略、亲子冲突等问题也是家长的假期困扰。

表 2-7 您觉得以往的暑假,孩子过得充实吗?

选项	小计	比例
充实	16	35.56%
荒废	10	22.22%
一般	19	42.22%

对调查结果的科学分析,有助于教师和家长更加明确寒暑假生活更新的方向,策划开展满足学生发展需要的假期实践活动。

3. 基于问题明确活动目标

本节作者通过问卷调查了解到,一部分家长由于教育理念的落后与教育能力的不足,并没有良好的教育策略来改变假期生活中所出现的问题。为此,要实现学生假期生活的更新,乡村教师必须首先更新家长的"学习观"。

乡村家长的文化水平虽然较城市家长稍低,但对孩子同样有很高的期望,且大部分尊重教师,愿意支持学校工作,只是自我觉醒能力尚不足。为此,乡村班主任可以通过"互联网+"分享、家长会、家长沙龙等方式搭建家校共学平台。此外,乡村班主任还要联动学生的力量,向其父母、祖辈传递"假期生活变革项目"的理念与做法。亲缘关系,更容易形成假期生活变革的一致性认识,以此号召更多家长重视、参与此项目。如浙江武义叶斐妮老师所带班级的 37 名学生制作了邀请卡,邀请家长参与"寒假阅读项目",以共读、共摘记等方式激发乡村家长学习动力,促进乡村教育理解;而李静雪老师采取"搭建线上交流平台""鼓励亲

---

① 涂淑莉,吴洋.基于互联网学习平台的隔代互学研究[J].江苏教育,2020(31):45-48,52.

子共读""培育种子家长"等方式改变家长的教育意识和教育行为。①

在多方对话的过程中,越来越多的家长意识到,教师是学生成长的引领者,家长是学生成长的护航者,要突出学生主体地位,归还学生成长的时间、空间和权利。

(二)家校携手,策划假期主题活动

在新时期的家校合作中,班主任完全可以邀请家长成为学生活动的策划者、组织者、评价者,并由此带给学生和学校新的发展空间。②

1. 活动主题的确定

基于学生立场,师生与家长多方共同商讨项目主题,如"学生领导力培养""流动儿童的发展""财经素养培养""阅读项目推进",在大主题下将系列活动进行分类整合,设计主题活动。在设计过程中,充分体现学生的"主体性",思维的"开放性"、内容的"整合性"以及形式的"创新性"。

如《小蜗牛寒假生活手册》包含了"寒假计划""爱我家乡美""别样中国年""温情小蜗牛""趣味学习园""绳韵诵读1+1""寒假总结"六大主题活动。涵盖了运动、学科学习、美德、生活体验、社区实践等内容,并以生生活动、亲子活动、家家活动等方式,开展诵读、社区实践、亲近自然等丰富有趣的假期活动,让学生乐于参与,让家长想要参与。

2. 家长资源的开发

每位家长身上都蕴藏着不同的教育资源。在讨论会中,教师要充分尊重家长的想法,认真聆听和采纳他们的建议,充分挖掘乡村家长资源。如小勇妈妈在讨论会中说:"老师,我没什么文化,暑假也要忙着在家里摘梨,不知道能为班级做什么。"巩老师引导:"小勇妈妈,每个人都有自己的长处,您可以带着孩子们到梨园劳动,讲讲蜜梨的种植、梨膏的做法……这些是书本上没有的,也是别的家长不会的。"而后,小勇妈妈信心十足地认领了"亲近大自然·蜜梨有约"活动(见图2-26~图2-29)。

图2-26 小晨妈妈带孩子们参加蜜梨节开幕

图2-27 小轩爷爷指导孩子们摘梨

---

① 李家成,林进材.学习型社会建设背景下的寒假学习共同体研究[M].上海:上海交通大学出版社,2019:212-228.
② 李家成,王培颖.家校合作指导手册[M].北京:北京大学出版社,2016:11.

图2-28 小嫣妈妈讲解桐琴蜜梨文化

图2-29 小轩妈妈指导孩子们做梨干、梨膏

于是,乡村家长们纷纷从自己身上寻找"资源"。如小琪爸爸帮忙联系村里的老兵,小融妈妈与村委会商量在文化大礼堂开展活动……班级所获得的家长支持,不仅仅是财力、物力和人力,更是宝贵的智力与精神资源。[①]

而后,家委会将师生和家长共同讨论的注意事项、可用资源,撰写的开篇寄语、温馨提醒等内容进行整理,完善《小蜗牛寒(暑)假生活手册》。小小的手册是家校合作、生生合作、师生合作精神的高度凝结,改变了作业和活动形成的模式,极大地激发了学生组织、参与活动的欲望,觉醒了家长参与协助活动的意识,学生和家长开始从活动的被动接受者转为主动参与者。

二、活动开展

在活动实施的过程中,教师一定要想办法让乡村家长也相信:学生是能够自主选择活动主题的,是能够自由组成活动小队的,是能够策划开展活动的。乡村教师也同样要建立合理的学生观,即便是针对留守儿童,其独立自主的意识和能力,事实上也都有前期锻炼,更需要在寒暑假活动中继续培养。

(一) 依托教师指导,培育班级"种子家长"

在项目初期,由于缺乏经验,学生还不具备独立组织、策划活动的能力。这时,良好的家校合作、家庭合作状态能帮助孩子顺利开展活动。如在前文中写到的《小蜗牛寒(暑)假生活手册》设计完成后,会在期末发给每一个孩子。本节作者主动联系了平时在班级里比较活跃的小应和他的妈妈,通过密切的家校沟通,商讨活动事宜。在策划和开展第一次"亲近大自然·寻访古建筑"活动时,老师和小应妈妈便有意识地告诉孩子组织活动的关键点,

[①] 李家成,王培颖. 家校合作指导手册[M]. 北京:北京大学出版社,2016:11.

包括活动主题、内容、地点、人员安排、注意事项等,以帮助小应顺利开展活动。本节作者将此活动作为范例,引导家长在群里进行表扬、点赞,加深活动带给家长与学生的"成就感"与"愉悦感",极大地提升了家长的教育自信,激发了更多家长参与活动、贡献资源和力量的欲望。

(二)借助网络平台,实现跨时空的交往与回归

过去,假期的到来,意味着孩子失去了学校的伙伴。父母外出打工的家庭,一部分孩子会在寒暑假选择到父母打工的城市与父母团聚,一部分则继续待在乡村成为留守儿童。针对这样的情况,不少乡村班主任利用"互联网+"打破时空的界限,让身处不同地区的学生、家长实现交流与评价。如浙江武义的吴静超老师所做的"留守儿童研究",就采用了"线下亲子共谈会""互联网+亲子共谈会"的方式来实现交流与互动。[①] 又如本节作者巩老师所做的"流动儿童研究",通过微信群与教师、学生进行实时的交流与分享,借助互联网回归班级的交往与学习能量的再积聚。这种跨时空的交往与回归,形成了互相学习、互相欣赏、互相帮助的氛围,建立了新的生生关系、师生关系、家校关系。[②]

(三)建设家长社群,促进家庭互学共进

在前期个别家庭活动推进的基础之上,本节作者根据不同家庭特点,发挥家长、学生专长,主持不同的活动,形成教育合力,促进家庭互学共进,推进家长社群建设。

小涵妈妈擅长手工,可以由她来教孩子们制作"年俗灯笼";小翔妈妈擅长做豆腐,可以由她来指导"年味探寻"活动;小成爷爷是一名乡村医生,可以由他带领孩子们进山挖草药,学习中草药知识……家庭与家庭在不同的活动中,不仅学会了技能,还形成了高质量的交往关系,发挥出家长社群的教育智慧。除此之外,本节作者还引导家长们在班级微信群里说出遇到的困难、分享成果、交流看法,形成了互相学习、互相欣赏的氛围。比如,在"光盘行动"宣传活动中,就很好地展现出"家长群策群力"的优势。

当活动被迫中断,学生面对失败时,我们是指责,是放任不管,还是合理引导?

班级群为此展开激烈讨论。小丽爸爸说:"我记得巩老师曾分享过,适应、学习、勇于创新,时刻准备好从失误中学习,是在一个不确定的世界中保持弹性、获得成功的核心要素。[③] 这是一个提升他们抗挫能力、反思能力的机会……建议与孩子们谈心,让他们了解失败是不可避免的,学会正视失败,在失败中汲取经验。"

在小丽爸爸的建议下,小琪爸爸引导小琪思考:为什么活动会失败?哪些原因是可以

① 吴静超,祝兰萍.学会在流动环境下学习乡村留守儿童发展与寒暑假研究——以"蜜蜂"班寒暑假活动为例[C]//"学习型社会建设背景下的寒假学习共同体"研讨会——暨第六次"学生寒暑假生活与学期初重建研究"全国现场研讨会论文集,2019:363.
② 李家成,林进材.学习型社会建设背景下的寒假学习共同体研究[M].上海:上海交通大学出版社,2019:154.
③ OECD. Education at a Glance 2014[M]. Paris:OECD Publishing,2014:80.

解决的?"因为我们不敢和陌生人说话""因为我们突然冲过去和叔叔阿姨说话,很不礼貌"……当小琪说出失败原因,并重新策划第二次宣传活动时,她已经形成直面失败的勇气、反思自我的意识。家长的教育能力也在"互学状态"的家长社群中、真实的教育实践中得以发展。

(四) 引导亲子互学,唤醒家长教育自觉

在和孩子共同的学习中,来自孩子的反哺,往往会成为家长学习的重要动力。[①] 在"假期生活更新"项目实践中,家长以"重新学习""一起学习"的意愿和行动,进行家庭与家庭间的交互、亲子交互,转变教育观、学习观,唤醒自身所具备的独特教育力量、学习力量、成长力量和引领力量。

小涵妈妈在蜜梨采摘活动中说:"我生长在农村,却对梨树一点也不了解,看来我要多学习,给孩子树立一个好榜样!"

小玲妈妈在暑期生活总结会上说:"通过活动,孩子懂事了不少,平时我们只忙着上班,陪伴和沟通都太少,以后要多听孩子的心声。"

小斌爸爸在暑期生活总结中说:"以前觉得孩子只要学习好就可以了。可是当孩子们在丰富多彩的活动中逐步形成社会责任感,提高了组织、策划、沟通等能力的时候,看到他们为周边村民送去温暖和帮助的时候,看到他们越来越自信、越来越优秀的时候,我发现我错了,孩子的成长是多方面的,家长要学习的还有很多。"

从家长的真实反馈中可以看到,乡村教师、学生和家长在真实的教育场域中一起经历、感受,发生着真实的改变与发展。乡村家长已经不仅是简单的监督者,更是学习的陪伴者、发生者,是终身学习的践行者、受益者和同行者。

三、活动评价

在活动的后期,乡村班主任要进行"活动后测",了解家长、学生的发展状态,并引导家长、学生、科任教师从多个方面对单个活动、整个暑期进行回顾、总结、评价、分享。对于乡村家长来说,予以积极的鼓励尤为重要。如:活动促成了学生、家长、教师哪些方面的发展,遇到了哪些困难? 有哪些地方做得不够好,哪些经验可以借鉴分享? 通过文字记录转发、微信群讨论、现场总结会对话等方式分享经验体会。

在评价方式上,可遵循的原则是:开放性——做到教师、学生、家长三者的有机结合;多元性——从情感态度、能力、行为品质等多维度去评价;发展性——评价的过程要关注家长和学生的动态发展。

开学初,班级可遵循这样的评价原则,结合假期表现,根据《小蜗牛寒(暑)假生活手册》

---

① 李家成,王培颖.家校合作指导手册[M].北京:北京大学出版社,2016:240.

中共同商讨出的获奖称号,采用"线上＋线下"的方式,自主申报,开展假期生活分享会,实现生生互评、亲子互评、家家互评,以及教师对学生、家长的评价,共同确定各获奖名单(见图2-30~图2-33)。如L小学六(3)班学生已经具备一定的选择、判断能力,所以可以采用"分享会"的方式来进行师生、生生、亲子评价。本节作者所带新一届学生,在一、二年级时需要成人对其进行鼓励与评价,因而采用了"家长申报""家家互评""教师评价"的方式。

由于地处乡村,部分家长文化水平不高或祖辈不会使用手机等,本节作者则采用"纸质稿申报""种子家长指导"等方式实现多元的评价;针对在外地打工的家长,则主要依托"互联网＋"来打破时空的界限,让身处不同地区的学生、家长实现交流与评价。

家长以及家庭层面,主要通过"自主申报""家委会讨论"等方式来确定获奖名单。如本节作者所在的学校会根据不同项目实践评选"书香家庭""春雨计划模范家庭""三联实践活动优秀家长"……以鼓励助推乡村家长不断发展。

图2-30 六(3)班寒假生活分享会

2020寒假生活美篇统计及奖项申请（13班）

为更了解孩子们在假期所做的努力和成长,特发布本次问卷。1.请大家如实填写;2.请确保所填的美篇都已发送给给了班主任,以免遗漏。3.在第11题到20题中,一些美篇可能属于重复的分类,可重复算篇数。

*1.你的学号是(填1、2、3、4……)

图2-31 寒假生活奖项申请问卷

一(3)班2020鼠年寒假项目实践活动获奖申报表

姓名	总美篇数	申请奖项			年俗活动,至少一项						
		申请奖项	阅读书籍	互学	书香之家 运动之星 家务之星 书法之星	查	问	做	尝	说	唱	玩	理
张XX	8	闪耀之星	无	互学之星	知晓	2	0	1	1	1	0	1
徐XX	4	闪亮之星	无	互学之星	知晓	1	0	1	1	0	0	1	0
李XX	1	闪光之星	阅读之星	互学之星	知晓	2	2	5	5	2	2	3	3
卢XX	6	闪光之星	阅读之星	互学之星	知晓	2	1	1	1	1	0	1
王XX	2	闪光之星	无	互学之星	知晓	1	2	1	0	1	0	0
颜XX	6	闪光之星	阅读之星	无	知晓	5	0	1	0	2	1	1	1
汤XX	7	闪耀之星	阅读之星	互学之星	知晓	1	0	6	1	0	0	0
刘XX	3	闪光之星	无	互学之星	知晓	0	0	1	1	0	0	0
孙XX	3	闪耀之星	阅读之星	互学之星	知晓	0	2	2	0	0	0	0
陈XX	6	闪耀之星	阅读之星	互学之星	知晓	1	0	1	0	0	0	1
金XX	8	闪光之星	阅读之星	互学之星	知晓	0	0	1	0	1	0	1
卢XX	7	闪耀之星	阅读之星	互学之星	知晓	1	0	5	2	1	0	2	1
李XX	14	闪耀之星	阅读之星	互学之星	知晓	2	1	3	2	1	2	1
舒XX	7	闪耀之星	阅读之星	互学之星	知晓	2	1	1	1	0	0	1

图2-32 2020年寒假奖项名单(部分)

图2-33 优秀家长获奖(部分)

问题思考

然而达成假期生活的更新,需要家校社多方合作。在当前教育背景下,还存在诸多需要研究的问题。

一、如何发挥种子班主任的作用,促成更多的乡村班主任参与假期变革项目?

乡村班主任是中国教育深刻变革、回归自身、焕发生机的重要建设性力量。[①] 近年来,在专家引领下,许多班主任积极参与寒暑假生活的变革研究,成为优秀的班主任代表。但同时我们也发现,乡村班主任的参与度相较于城市明显偏低。

原因大致如下:一是部分乡村班主任并不是来自乡村,在假期要回到城市生活;二是部分乡村教师将"寒暑假生活"指导视为额外的工作量,还没有意识到"寒暑假生活"所蕴含的巨大育人价值;三是一些乡村班主任内心并未认同乡村教育,不认为在乡村能得到很好的发展;四是一些教师虽有乡村教育的热情,但缺少挖掘乡村教育资源的意识和能力。综合而言,绝大多数乡村教师"乡村教育立场"不坚定,"乡村教育自信"不佳,"乡村教师角色定位"不准,"乡村教育研究能力"不足,"自我发展内驱力"不够,这些都是全面铺开"假期生活变革"所面临的困难。如何发挥乡村种子班主任的榜样示范作用,唤醒更多乡村班主任教育研究的自觉呢?

二、如何利用假期契机,促成乡村社区的深度参与?

在项目研究推进中,尽管社区提供了一些支持力量,但还远远不够。当下,许多乡村社区的工作者还没有意识到"社区力量"对学生生命成长的重要性,还没有主动关注教育。由于各种原因,乡村社区的许多教育资源仍处于闲置状态。

在寒暑假期间,乡村学生有着足够的空余时间,但由于年龄小,伙伴少,甚至父母不在身边等多种因素,造成他们可去的、安全的、有教育氛围的场所少之又少。虽然许多乡村都建有文化活动中心,但是鲜少在这些地方看到由社区组织的具有系统性、组织性、教育性的文化活动。因而,如何在假期变革中促成乡村社区发挥更重要的作用,建设"学习型社区",亟待更多的思考与投入。

[①] 白芸,李家成.扎根乡村大地的教育研究:乡村班主任研究者的自述[M].上海:上海交通大学出版社,2020:220.

三、如何提升乡村学生假期实践活动的安全性?

与城市学校不同的是,受地理区域的影响,乡村学校的学生可能住得相对分散,这也给假期活动的组织带来了诸多不便。如往返路途耗时更长,需要全程接送以保障安全等。如果家长忙于工作,可能就无暇顾及孩子的活动,导致这些孩子错失活动所带来的发展机会。那么,组织假期活动的时候,如何在保障乡村学生安全的前提下建立学生假期实践团队,推动假期实践活动持续稳定地开展呢?

未来发展

一、乡村教师需提升专业能力,深化假期生活研究

乡村学生假期生活变革需要教师、家长明晰教育责任,自觉发展自身的教育能力。

乡村教师既要通过专业阅读不断提升理论素养,开拓视野;也要通过实践提升策划组织、反思重建项目活动的能力,确保游刃有余地指导假期生活,避免陷入误区。

如果乡村家长能具备一定的教育专业知识,完全可以促成良好的家校合作关系的建立。因此,教师要针对家长在假期实践中遇到的问题或存在的困惑进行实际指导,并激励家长进行专业阅读。只有教师和家长的教育能力都得到发展,才能更好地携手实现假期生活变革,深化假期生活与学期初生活研究。

二、乡村学校应打通校内外壁垒,开发具有乡土特色的假期实践项目

假期生活变革需要回归整体的、具有生命性的学生立场。在今后的研究中,乡村学校要立足乡村特色,重视探索乡村不同年段学生成长需要,继而对假期项目学习活动进行长程的、系统的、创造性的设计。

乡村得天独厚的自然资源、文化资源等,都可以通过家校社的合力转变为促进学生生命成长的优质教育资源。如炎热的暑假,是花生、玉米、蜜梨等农作物的丰收时节,我们可以开展"亲子采摘""乡村物产研究员"等实践,让乡村孩子体验劳作的辛苦与快乐,培养科学精神和探究能力。在寒假里,乡村学校可以挖掘乡村年俗文化,带领孩子参加"舞龙""踩高跷"等民俗活动,将传统文化与乡土情结融入学生的生命里。

三、乡村社区可以依托假期变革项目，开展学习型乡村的建设

假期生活变革将师生亲置于多维、动态的学习空间之中。随着公共服务系统的不断完善，人们有了"终身学习"的意识与行动，社会各界也将不断提高对教育的认知，并全力投入其中。

村委会可以成为学生假期实践活动的主要助力。乡村家校社将以更为平等的方式，共同谋划学生假期生活，提供各自丰富的教育资源，以达成假期生活新的变革，实现乡村教育多主体多元化发展。如广东的刘海霞老师依托村委会，组建以村为单位的假期学习实践小队，更好地开展全村"共学互学"活动。① 这启发我们，通过假期生活变革，完全有可能实现学习型乡村的建设，促进乡村文化的传承与发展。

总之，乡村寒暑假生活重建致力于从整体、综合的角度引导学生开展具有"序列性""全纳性"及"长程性"的假期主题活动，将各环节的育人价值聚焦到每一个参与者的终身学习与发展、奠定实现幸福人生的基础上。在项目推进过程中，形成高质量的交往关系，打开乡村家校合作新局面。

---

① 李家成，林进材.学习型社会建设背景下的寒假学习共生体研究[M].上海：上海交通大学出版社，2019：59.

第三章　学在自然：资源开发，协同育人

"农村学校是可以大有作为的教育天地，是教育生根于自然之中，体现民族、民间文化并将其化作育人资源的宝地"。当学校与家长携手走进乡村，会发现自然既孕育着宝贵的学习资源，又创造出多彩的教育活动。因循自然而生的劳动课程、研学活动、学科课程、传统节日也将在广袤的乡村自然中灵动起来！而乡村家长、教师和学生就拥有着无比丰富的自然资源。

第一节　劳动课程的创新[①]

案例导入

　　2018 年 9 月 11 日上午,浙江省武义县 W 小学的耕读大道和古树林热闹非凡。农味作品展、农产品展销、农耕大体验、厨艺大比拼、传统小游戏等各种项目吸引了大家的目光。这边,有人在用石磨磨豆腐,轻轻地舀一勺经过一夜浸泡的黄豆,放入石磨,握着手柄,顺时针一圈一圈地转,颗粒分明的黄豆变成了"冰淇淋"状从出口流入桶内,师生用它做豆浆、做豆腐,这个传统活动让很多学生和参会嘉宾跃跃欲试;那边,传统农具"风车"也来到了现场。有人把晒干的稻谷倒入入料仓,用手轻轻地转动摇柄,杂质、瘪粒等就随着风从出风口跑了出来,而颗粒饱满的稻谷却从另一个出口出来装到了竹箩筐里。道路两旁,学生正在"跳房子""翻花绳"……

　　古树林里,阵阵香味扑鼻而来。原来这里正进行厨艺大比拼。有的学生俨然是一个"小厨神",红烧肉、酸菜鱼、武义醋鸡等当地名菜全然不在话下,嘉宾们纷纷排队想要品尝;另一侧,有的学生在奋力吆喝叫卖,摊位前围满了被吸引过去的客人。原来是大家利用暑假时间,在家长的指导下晒了芋头干,做了土豆片,熬了梨膏等,现在正是到了"丰收"的时刻。

　　这正是 W 小学首届丰收节开幕式上的场景(见图 3 - 1)。暑假里,W 小学的同学们在老师和家长的指导下,开展了丰富多彩的劳动实践活动,取得了许多可喜的劳动成果,劳动能力也得到大幅度提升。而这隆重的丰收节开幕式就是大家展示的舞台。同学们将各式农具,还有和父母一起动手制作的芋头干、酱瓜等农产品带到了学校,或动手操作或展销。而此时,学校便成为融农业生产劳动、民俗生活体验和当地农产品展销为一体的农村生活长卷。

[①] 本节作者为赵欢欢。赵欢欢,浙江省武义县王宅镇中心小学一级教师,班主任。

图 3-1　W小学首届丰收节开幕式活动现场

　　华东师范大学叶澜教授、李家成教授,武义县教育局王朝晖局长、王宅镇党委书记陶宣忠以及来自全国各地的100余名教师参加了此次活动。叶澜教授在活动中这样说道:"要发挥农村学校办学优势,就我有限的接触已可以说明:农村学校在基本条件具备的情况下,是可以大有作为的教育天地,是教育生根于自然之中,体现民族、民间文化并将其化作育人资源的宝地。农村学校唯有办出了它的独特性,才有真活力。"①

　　W小学坐落于风景优美、有武义"中原"大粮仓之称的王宅镇上,地处素有"耕读世家"之称的俞源古镇与尊崇"养生之道"的寿仙谷古村的环抱之中,是一所典型的乡村小学,历来以弘扬本土优秀文化为支撑点,以培养具有现代劳动精神的小公民为办学目标。老师们发现:立足乡村学校实际、挖掘特色资源的劳动教育,可以让参与者完成从个体成长到集体成长的蜕变。今后,我们更要合理利用本土劳动教育资源,发挥家庭、社会的协同育人作用,让劳动教育在学生、家长、教师生命成长中发挥出更大实效。

原理解析

　　《中共中央、国务院关于全面加强新时代大中小学生劳动教育的意见》强调劳动教育具有树德、增智、强体、育美的综合育人价值,指出"家庭要发挥在劳动教育中的基础作用",

---

① 叶澜.溯源开来:寻回现代教育丢失的自然之维——《回归突破:"生命·实践"教育学论纲》续研究之二(下编)[J].中国教育科学,2020(2):3-29.

"学校要发挥在劳动教育中的主导作用"①,这揭示了在劳动教育中家庭、学校的不同作用,两者需要协同发展,缺一不可。如何把乡村的劳动教育与学生成长有机关联起来,发挥家长的力量,更好保障、促成每一位学生在劳动实践中主动、健康成长,是一项非常重要的课题。

一、发挥家庭教育价值,组建乡村劳动教育共同体

当前的劳动教育中,乡村家长的参与度不高,责权意识模糊,没有真正发挥出家庭的教育价值。然而,家庭是劳动教育的主战场,父母是孩子的第一任教师,在家庭教育中抓好劳动教育,有利于形成家校劳动教育共同体,建立起家校共同育人机制。在 W 小学的劳动课程设置中,乡村家长淳朴善良,具备娴熟的劳作技能,他们是孩子们的"劳动教育老师"。在实践活动中,他们不仅能指导学生掌握劳动技能,还能通过言传身教、潜移默化,引导其从小养成爱劳动的好习惯,从而带动家庭树立崇尚劳动的好家风。

如地处乡村的上海市金山区松隐小学采用了"宅基课堂"的形式,创设"家长主席团",通过以家长带领家长,家长协同老师,家长主持活动等形式,鼓励家长积极参与教育活动。家长在项目活动中能根据学校、老师、孩子的实际,自身的特点(资源与能力),形成育人共同体,提升育儿理念。②

二、厚植乡村教师情怀,提升乡村家校劳动共育能力

"乡村班主任的专业成长是学校教育发展的关键要素,也是班级教学效能的有力推手。唯有乡村班主任拥有丰富的专业知识和专业技能,才能在学校教育实施中扮演重要的角色和实现催化的功能。"③依托家校合作开展劳动教育,不仅能促使乡村教师自觉贯彻落实党的教育方针政策,也能展示其勤劳质朴、肯钻研又接地气的独特风采,更能厚植乡村教师的教育情怀,激励他们扎根中国乡村大地创造性地开展育人工作,最终实现推进乡村教育现代化的目的。

三、依托地域独特文化,打造乡村劳动共育品牌

校园文化是学校的灵魂,是师生、家长在长期教育实践过程中创造的具有自身特色的

---

① 中共中央、国务院关于全面加强新时代大中小学劳动教育的意见[EB/OL]. (2020 – 03 – 26)[2021 – 03 – 21]. http://www.gov.cn/zhengce/2020-03/26/content_5495977.htm.
② 丁向阳. 让"宅基课堂"成为乡村孩子的成长乐园[C]//上海终身教育研究院."乡村社区治理背景下的家庭、社区、学校合作"研讨会暨第三届全国乡村班主任发展研究论坛论文集,2019:81 – 87.
③ 钟旭良. 鼓励乡村班主任专业成长的模式与途径——武义县教育局的实践经验[M]//李家成,赵福江. 中国乡村班主任发展研究(第二辑). 上海:上海交通大学出版社,2019:296.

一种文化氛围,它以潜移默化的方式影响着教师、学生、家长的思维方式、价值观,从而实现对人的精神、心灵、性格的塑造。武义县 W 小学一直坚持走传承本土优秀文化的特色道路,依托劳动教育落实立德树人的根本要求,学生的学风、老师的教风不断向好,家校共育效果明显,提升了学校发展的内动力。

如武义县 W 小学的"红领巾农学院"获评金华市优秀红领巾活动阵地,校少先队大队部每年都被评为武义县优秀红旗大队。依托本土农耕文化传承的实践,学校的耕读文化特色在县域内外都有了深远的影响,不少县域外的教育局领导、学校老师纷纷慕名而来,参观、学习学校的成果。

又如新疆库尔勒市阿瓦提乡中心小学合理利用校园内和周边的乡土教育资源,发动教师、家长共同开发"甘甜飘香梨园课程",以此作为学校特色,打造与众不同的校园文化,让每一位学生能够全面发展,让每一位教师的教育教学能力得到提高。①

四、推进家校协同育人,助力乡村教育的振兴

随着城市化进程的加快,乡村学校的教学与管理也逐步城市化,在育人目标的确立上也与城市学校并无二致,这使得根植于乡土的传统和文化逐渐消失,乡村教育的弱势进一步加剧。然而,乡村特有资源可以形成劳动教育的广阔天地,家校合作的共育体建设遵循乡村教育的特点,能充分发挥乡村教育的传承力和创造力。以劳动教育为突破口,创新乡村教育模式,可以为乡村教育的振兴注入活力。

如杭州富阳区富春第七小学创新了"农户课堂",在家长中筛选符合活动要求的"村民教师",让村域空间变成劳动教育的开放式课堂。"村民教师"指导学生开展乡村特色家务活动,学习特色技艺,体验非遗传承等创造性劳动。活动执行的家长("村民教师")、学生、老师得到精神与物质上的回馈,为乡村教育带来新的活力。②

方法指导

当我们意识到劳动教育在乡村教育序列中的重要价值和无可替代的地位后,协同家长开发劳动教育资源,创新劳动教育方式便成了当务之急。那么。如何使家庭这第一教育场所发挥应有作用? 如何让家长这第一任教师归位? 如何利用乡村这一广阔的教育天地,指导家长自主开发劳动教育资源,形成教育合力? 我们可以从以下四个方面展开。

---

① 郭丽.利用乡土教育资源　开发特色校本课程——记《甘甜飘香梨园课程》的开发[J].江苏教育,2018(31):45－47.
② 章振乐."新劳动教育"促乡村振兴[N].中国教师报,2020－11－11(14).

一、家校合力，挖掘本土劳动教育资源

　　家校合作的基础是双方有共同的发展意愿，为保障家校合作顺利进行，学校应从劳动教育资源的开发着手，深入了解乡村家长在劳动教育实施方面的优势，进而合力开发打造乡村劳动教育项目。首先，教师通过问卷、访谈等形式，了解家长的个人成长经历，学生家庭生活方式等，为建立资源开发小组摸底。然后，确立家长的资源开发主体地位，理清家校之间的关系，分析现状，开展讨论。最终，商定合适的开发项目。

(一) 开发家庭劳动教育资源

　　家长要成为孩子接受劳动教育的"指导者""养成者""促进者"，在家中构建积极、主动的劳动氛围，将劳动精神内化到学生的日常起居生活中，从而积极塑造学生的人生观、价值观。[①] 家庭劳动教育资源随处可见，家长要有开发的意识，打破教育条件和成本的限制。

　　W 小学在抗击疫情的特殊背景之下，开创了家庭劳动教育新局面，发挥了新作用。

　　一是亲子陪伴，分段学习。在"停课不停学"的宅家学习过程中，W 小学积极引导学生分段参与劳动教育。低年级的同学理解和动手能力有限，因此引导家长对其开展基础的劳动教育；高年级的学生已具备一定的劳动能力，可以侧重劳动习惯的养成。当劳动成为学生生活的一部分，劳动意识就会扎根于他们的心中。

　　二是隔代学习，齐做贡献。在承担家务劳动的同时，体验生活技艺也是劳动教育的内容。学生向祖辈学习乡村特有的生活和特有的手工技艺，如竹篾编织、剪纸、木工等。在这些实践活动中，学生可以充分体会传统技艺的美妙与奇特，学习新的技能。同时，又能从劳动成果中收获喜悦和成就感，最终树立幸福生活靠劳动的观念。

(二) 开发乡土社区教育资源

　　挖掘当地乡土资源开展劳动教育，不仅可以创新活动内容，还能增强学生热爱家乡的情感，触发其对传承本土传统文化的责任感和使命感。而乡村家长作为地地道道的"本土人"，对当地风土人情等文化资源有着先天的亲近性和敏感度，是寻找乡土劳动资源的有力者。下面以 W 小学为例，阐述如何邀请乡村家长分块挖掘本土劳动资源。

1. 深挖人文教育资源

　　W 小学人文教育资源开发小组采用"年级家委负责制"，由年级骨干家委负责优质教育资源的寻找与整合，例如周边的风俗民情、历史传统等。通过家长的发现、挖掘，设计各种内容丰富、形式多样的活动，拓展学生独立探索的领域和空间。

　　当地的民俗文化节就是开展家校劳动共育的载体。如 W 小学周边的郭浦朱村是有名

---

① 李健. 抗"疫"期间开展劳动教育正当时[N]. 中国教育报，2020 - 03 - 04(02).

的红糖生产基地，每年都要举办红糖节。家长们抓住契机，联系社区，为劳动教育活动的开展做足了准备。因着地利，学生们可以有组织地参与种甘蔗、收甘蔗、参观红糖厂、制作红糖等活动。

古村落是珍贵的历史文化资源，可以实现乡土文化的传承发扬。骨干家长在确保安全和远离封建迷信的前提下，组织学生开展不同主题的活动，如参观反映当地历史文化特征的名胜遗址、文化公园等，从中了解家乡的历史故事和历史人物。

2. 合理利用自然资源

丰富的自然资源不仅是人类赖以生存的必要基础，还是发展和扩大劳动教育活动得天独厚的优势。教师可以积极引导乡村家长借助自身优势，合理利用周边的自然资源，组织学生开展以观察、种植、手工等为主题的劳动教育。

首先，教师引导作为资源开发者的家长积极发挥主观能动性，挖掘新农村的独特优势。W小学周边山水风光极佳，经过考察发现物候特征显著，于是各年级骨干家委分工合作，制订物候学习计划，确立本地物候研发群体。一方面指导低年级学生了解植物生长变化与气候的关系，另一方面带领高年级学生探究物候知识指导农业生产；其次，教师引导家长积极配合学校组织开展多种农业科学教育活动。W小学的家长们就依托县域内的茶山、竹山及农田等，开展了"我是小茶农""绿林小卫士""农耕小能手"等主题活动，这样实地体验式的教育活动使教育的内容更加丰富，形式更加活泼，既有利于学生更好地接受知识，也有利于他们学习兴趣的激发和保持。

上述个案学校的实践过程表明，可以根据学生的需求，引导乡村家长分块协助开发劳动教育资源，为学生的成长奠基。

二、强化家校共育，提升劳动教育效益

据W小学调查统计，近80%的家长苦于没有科学合理的家庭劳动教育的方法，所有受访家长都对家庭劳动教育的指导与培训有着不同程度的需求。同时发现，超过60%的受访家长愿意在接受指导后投身劳动教育的队伍中。有学者对湖北省H市主城区的Z小学做过调研，发现77.49%的家长认为参与学校活动时面临的主要障碍是"缺少时间参与"，其次为"缺少相应的专业能力"，所占比例为41.13%。[1] "家长个体的尝试与努力，家长群体的意见表达与行动，都将促成不同层面家校合作的形成与发展。对于家长而言，从主动与教师沟通，到表达相关建议或意见，甚至借助公众平台，促成更多家长的觉醒与参与，都是重要的发展力量。"[2] 乡村家长对教育活动的有效参与，离不开学校的支持，尤其是对乡村家长进行必要的培训，是构建完善的家校共育体系不可或缺的一环。

① 王明，朱知慧. 学校变革视域下的家长参与：内涵、困境与突破[J]. 当代教育科学，2019(12)：60 - 65.
② 李家成，王培颖. 家校合作指导手册[M]. 北京：北京大学出版社，2016：15.

(一) 创新乡村家长培训形式

乡村学校在组织家长进行劳动教育培训时，可以创新培训模式，以满足家长培训需求为出发点，合理安排培训内容。"点单式"培训往往深受家长的喜爱。家长"点单"—年级"下单"—学校"买单"，充分尊重了不同教育主体的个性化需求，也提高了培训的有效性。在此基础上，培训又可分为两个层级并行开展。一是普适性培训，针对全体家长进行，重点是做好家庭劳动教育的指导；二是提高性培训，面向热爱劳动教育，有志于投身劳动教育课程创新的群体，这将成为家校协同育人的中坚力量。创新培训模式既能帮助乡村家长解决真实情境中的具体问题，又能激起乡村家长持续参与的动力。

(二) 聘请乡村家长辅导员

聘请校外辅导员是助力乡村劳动教育的一大有效措施。"术业有专攻"，可以根据活动内容，聘请乡村家长志愿者作为辅导员进入课堂开展教育活动，有效拓展劳动教育的内容和形式。

如 W 小学聘请技术型家长开设中医药课程，教授相应知识，统一指导中草药"自留地"的管理，让学生实地观察、了解中草药的生长，制作中草药标本，尝试栽培中草药等，引领学生认识和了解中医药的深厚文化底蕴，加深学生对中草药的认识，提高了其学习兴趣。

又如武义县 L 小学巩老师所在的班级开展家校社协同下的"学在自然"项目活动，邀请家长志愿者担任"校外辅导员"为不同的劳动项目做指导。在农场种植中，徐奶奶、汤妈妈、徐爸爸和孩子们一起劳动，并向孩子们传授挖土、拔草、播种、养护等技能；在班级特色"伙伴梨"系列活动中，刘爷爷教孩子们摘梨、制作梨膏，李妈妈向孩子们介绍"梨文化""桐琴地方蜜梨文化"……孩子们在教师有效引导、家长积极参与的"学在自然"活动中，习得的不仅是知识，更有对乡土文化的理解与传承，有对自然生态、生命成长、命运共同体的深刻体验与内化。[①]

三、助力基地建设，营造劳动氛围

要引导学生养成热爱劳动的习惯，增强劳动技能，乡村学校可以利用乡村家长与农村地域的优势，采用"校外组建劳动阵地"与"校内开辟劳动实践基地"相结合的方式，为乡村劳动教育打造活动场域。此举能打通校内外沟通的壁垒，拓展劳动教育的广度和深度，帮助建立完整的劳动教育体系。校内开辟劳动实践基地，如花圃、种植园、鱼塘等，配合学校开设的劳动课，让每个学生都有机会进基地锻炼；校外联合企业、工厂，组建校外劳动教育

---

① 巩淑青. 学在自然：土豆丰收啦［EB/OL］.（2022 - 05 - 29）［2022 - 05 - 30］. https://mp. weixin. qq. com/s/zHf2Ju_jfUvLDwhBr9nUfA.

阵地,如:果蔬种植体验阵地、农产品加工体验阵地等。借助春秋游、假期小队活动,引导学生走进阵地体验不一样的劳动实践。

如近年来,在骨干家长的不断寻找、联系下,W 小学进行了合理选择,茶厂、果蔬种植基地、药业基地、红色教育基地及古村落等都成了校外劳动教育阵地。学生在校外劳动教育阵地的活动中体验新型农业的科技力量,汲取着书本中学不到的实践知识。此外,W 小学还积极与外界寻求合作,在校内开辟"本草园",引进校外的猴菇种植。值得一提的是,校外猴菇种植基地负责人和"本草园"负责人都是当地的农技专家,也是学生家长。

在校内的劳动教育基地实践中,低年级学生以观察为主,协助完成浇水、剪枝等基本操作任务;高年级学生则以班级为单位,参与农作物的种植实验活动,从播种、施肥一直到养护、收成(见图 3-2)。在这样的劳动教育中,学生不仅能学到劳动技能,更重要的是还能树立劳动观念,达到"以劳养德"的目的,真正实现五育并举,这是文化课程所不能替代的。

图 3-2 W 小学学生在校外劳动教育阵地中开展活动

又如有小学在校内开辟了 400 平方米的果蔬园地,一半取名为"耕耘园",安排中年级学生种植葱、蒜、韭菜、青菜等;一半称为"硕园",栽植梨、桃、柿、枣等果树,安排高年级学生管护。

再如洋心洼小学在校门外开辟了一块劳动实践基地,由各班分别承包,并采用比一比、赛一赛的方式,开展种植青椒、茄子、西红柿、黄瓜等竞赛活动。[①]

四、重构共育形态,创新课程设计

学校特色发展的最终指向是学生发展,学校为培养学生的优良品格,发展学生实践能力,树立正确劳动观,可以充分发挥乡村家长的价值,邀请其参与学校劳动教育课程的设置,以此指导学校劳动教育工作。

---

① 王国平. 为未来育人,劳动教育的"大丰实践"[N]. 中国教师报,2021-01-13(15).

（一）发挥乡村家长优势，参与课程设计

在劳动课程设计中，教师要引导乡村家长建立全过程、全年段的理念，以实践为轴，关注学生已有的经验、水平，按照学段进行阶段式设计。首先，校级家委进行商讨，确立年段目标及主体内容；接着，校级、年级家委拓展具体内容，丰富课程体系；最后，班级家委负责落实，开展项目活动。

如 W 小学在家长的提议下，将劳动教育课程操作机制简单概括为"三建，三进，三节，三评"。"三建"指创建"学农基地""古村考察站""农俗陈列馆"。"三进"指"进田头""进村庄""进课堂"。通过该模式能将学科拓展、劳动教育、体艺特色项目等全方位打通，让课程的开展有根可寻。"三节"即"创艺耕读节""小农运会节""走进民俗节"。"三评"则是基于劳动课程项目丰富、学生参与面广、地点灵活多变、实施时间具有季节性等特点，带来课程执行、监控、评估具有一定的挑战性，学校立足学生、教师、家长三个不同群体，分别设计三个相应的综合性课程管评机制给予推进（见表 3-1，表 3-2）。

表 3-1　W 小学劳动课程"进田头"实践项目

季节	月份	学农项目	参加对象	负责人员
春	2 月	赴基地考察杂交水稻的选种	高年段项目小组	相应年段家委
	3 月	赴农田参观、体验水稻播种	中、高年段项目小组	
夏	5 月	赴农田参观、下田体验插秧	中、高年段项目小组	
秋	8 月	赴农田参观、体验水稻治虫管理	中、高年段项目小组	
	10 月	赴农田参与水稻收割	中、高年段项目小组	
冬	11 月	赴基地参与稻谷销售	高年段项目小组	

表 3-2　W 小学劳动课程"走进民俗"拓展项目

走进民俗项目名称	实施概况	实施时间	实施对象
走进畲族文化节	了解、体验畲族文化	农历三月三	学生及家长志愿者
田园美镇闹端午	参与、感受农耕文化	5 月	学生及家长志愿者
走进"王宅六味"	了解、制作、品尝	10 月	学生及家长志愿者
红红火火乡村过年	民俗体验、对联收集等	春节前后	学生及家长

（二）尊重学生发展需求，搭建亲子平台

"劳动具有树德、增智、强体、育美的综合育人价值。因此，在实施劳动教育过程中，要将劳动教育中蕴含的高尚道德情操、实践创新能力、身体素质锻炼和审美能力提升等内容融入其他学科和活动;其他学科和活动也需要有机融入劳动教育的内容。"①作为劳动教育实施的主客体,需立足于乡村教育的现实,积极挖掘资源、创造条件,开展独具乡村特色的实践活动,为亲子沟通搭建平台。

如古老的劳动工具、乡村生活用品乃至富有质朴乡村气息的农俗文化,都在悄然发生变化,有的甚至慢慢地退出了历史舞台。这一代的乡村孩子,已越来越难看到一些富有农村特质的劳动工具、生活用品了,乡村特质也正逐渐淡化。基于这样的事实,W小学联合家长举办了"农博会"(见图3-3)。学校积极发动学生及家长到乡村搜集正逐渐消失的劳动工具、乡村生活用品,如锄头、犁耙、斗笠、蓑衣、竹箕等,融合劳动的历史、情感与育人价值,在"农博会"上予以陈列,营造育人环境;学生及家长参与种植、栽培并手工制作的菌菇干、番薯干、笋干、梨膏等展示"农业小达人"的劳动成果纷纷呈现;而手推车、谷风车、剥玉米、磨豆子等亲子活动,倍受学生和家长的欢迎与青睐,他们在活动中共享欢乐,在活动中受益,在活动中发展。这就出现了本节开头的一幕。

图3-3　W小学"农博会"和农耕文化节活动

此外,教师要引导乡村家长借助人人都能参与的平台,发挥自身优势,积极成为劳动课程的参与者,践行协同育人的理念。

---

① 孟久儿.劳动教育要在融合上下功夫[N].中国教育报,2020-04-09(02).

W 小学的农耕运动会就是集农趣、农耕和健身为一体的劳动教育创举。年级家委根据不同年级学生的接受能力和农耕文化用品用具的特点,设置了抛秧苗、摘果子、手推小车等项目,让所有学生切身体会到了劳作的艰辛,同时也在无形中增强了班级的凝聚力。为使农耕运动会的项目发挥更好的体验效果,家长也一同参与了亲子运动项目。亲子运动会设置了"南瓜奖""萝卜奖"以及"土豆奖"。赛后,由孩子和家长一起动手将"胜利品"变成美味可口的菜品。家长、学生在独特、新奇的游戏中尽情享受比赛的快乐,体验农耕文化用品用具的独特魅力。农耕运动会的特色项目设计,在培养学生对农业、农村、农民的认识和感情方面起了积极作用。

问题思考

在五育并举的理念指导下,乡村家校合作促进劳动教育课程的开发、创新与时俱进,取得了一定成绩,但也面临着不少问题与困难。

一、如何建立乡村家长参与劳动教育的评价制度?

评价的导向功能可以促使教育活动的过程落地,劳动教育评价的主体是谁,方式又有哪些? 在劳动课程具体实施过程中,我们发现评价主体主要由教师、学生构成,家长参与率不高。要想实现乡村家长持续、高质量地参与,必须建立多种参与方式,使他们有兴趣、有能力、有信心进行有效的活动评价。那么,如何借助现代化科学技术,开发适宜家长参与的评价方式,还有待探索。

二、如何全面开发乡村家长劳动教育资源内容?

目前开展的劳动教育大多停留在"田间地头",乡村家长参与的多侧重于体力劳动。然而,每一位家长的职业、兴趣、知识、阅历以及所掌握的技能和方法都不相同,这可以有效弥补学校劳动教育资源的不足,那如何引导乡村家长借助自身优势融通生产劳动、创新劳动、审美劳动,让劳动教育的内容更加有广度、深度,还需更多的实践研究。

三、如何促成乡村家长深度参与劳动教育项目?

目前,在劳动教育实施过程中,我们发现虽然部分家长已经有主动参与学校活动的意识,但基本上都只仅限于参与,在信息收集、方案确立、项目实施,乃至最终的评价上并没有真正融入进来。因此,如何在家校劳动共育中,促成乡村家长发挥更重要的作用,拓宽其参与劳动教育的范围与渠道,亟待更多教育工作者的思考与投入。

未来发展

创新劳动教育,乡村家校协同育人,不仅让参与主体有了可见的发展,更是振兴乡村教育的突破口之一。为了满足乡村教育的育人期待,可以从以下三个方面继续探究。

一、促进城乡联动,打通劳动教育场域

劳动教育已经越来越受重视,几乎每个学校都在提倡劳动教育,乡村中小学也不例外。因此,资源整合,尤其是对优质教育资源共建共享,将有利于推进劳动教育体系和共育机制的完善。打破地域的限制,如加强城区与农村小学的交往、互动、共学,也是新时代的一种趋势。城市与乡村学校联合开展劳动教育活动,是双向的深度互助,既解决了城市学校劳动教育场所小,范围受限等客观环境因素,又让乡村学校深化了本土教育资源的融合,优势得以发挥,开拓了劳动教育的新路径。这对劳动教育主体有一定的借鉴和启发作用。

二、基于地方特色,开展"新劳动教育"

目前的劳动教育内容多局限于具体的体力劳动,重视劳动方法和技能的习得。然而,劳动的价值不仅于此,随着社会的发展,劳动的创造性显然比习得更为重要。在今后的研究中,家庭与学校可以立足于乡村背景,以尊重兴趣、基于经验、联系生活、多元选择、着眼发展为理念,建构"新劳动教育"特色活动群,即农事劳作、劳动创意和美好生活,具体包括人文、科学、艺术、语言、道德五大领域。如浙江省武义县 Q 小学推进的新劳动教育实践,就将农事劳作分成了开心农事、田野放歌、快乐种养、爱心分享四个子项目;劳动创意课程下设小小农科院、当代小农夫、智慧小鲁班、理财小能手等项目;美好生活课程有生活整理、开学活动、成长 30 事、志愿服务、垃圾分类等项目。可见,只有源于地方特色的劳动教育,才能更好地体现时代精神和文化内涵。

三、加强多方协同,构建劳动教育支持力

构建社会支持体系的劳动育人模式,是新时代乡村学校开展劳动育人工作的有效途径。因此,未来我们可以从以下两条路线拓宽协同育人路径。一是政校合作。学校积极与镇政府、各社区协商,利用村文化礼堂、社区文化礼堂、村祠堂等场所,为乡村的孩子就近学习当地优秀传统农耕文化提供活动资源。这不仅能提高镇、村级各类文化礼堂的效能,还

能实现学校与政府双赢的合作模式。二是校企合作。如武义县 W 小学与当地知名的博来无人机制造企业合作,带领学生走进企业,参观其研发、制造的全过程,快速地解决了学生学习现代化知识的短板。同时,学校邀请企业定期到校内进行相关培训,真正为育时代新人的目标提供坚实的保障。家、校、社、企联动,可以弥补乡村教育资源的短板,创新劳动教育路径,这必将带动乡村劳动教育获得最广阔的发展空间!

　　"振兴乡村教育是落实乡村振兴战略的先手棋",[①]在新时代背景下,劳动育人被赋予了新的使命。劳动教育创新,家校协同育人,应该继续探寻,以满足人们对乡村教育的新期待。

---

① 程建平. 优师计划,深度服务乡村振兴战略,为建设高质量教育体系开源拓渠[EB/OL]. (2021 - 08 - 05)[2021 - 09 - 10]. https://www.thepaper.cn/newsDetail_forward_13900932.

第二节 研学活动的开展①

案例导入

2019年3月22日,恰逢二十四节气中的春分,浙江省武义县Q小学的小广场上人声鼎沸,这里正在举行以"春分·迎春"为主题的民俗研学成果展示活动。

五年级的师生围绕"体验春分民俗"研学项目,汇报各自前期研学实践的成果:五(1)班"春分到,蛋儿俏";五(2)班"巧剪春牛送祝福";五(3)班"把春天'咬'在嘴巴里";五(4)班"做个风筝去踏春"……同学们在体验活动中扮演着"读者""记者""民间艺人""实践者""调查员"等不同的社会角色。

此次精彩纷呈的成果展示活动吸引了华东师范大学李家成教授邀请来的智利、澳大利亚、以色列的三位教授和全国各地的专家学者前来观看。来宾们惊奇地发现:活动场地上除了学生和老师,还有一批家长活跃其中(见图3-4)。

这究竟是怎么回事呢? 面对教授们的疑惑,校长吴洋介绍道:"我们学校地处教育之乡、粮食之乡泉溪镇,70%的学生是外来务工人员子女,流动性非常大,生源一般,加之教师队伍年轻化,学校发展遇到了瓶颈。为了改变这一现状,我们就想通过开展'乡村研学活动',让学生了解家乡、热爱家乡,掌握一些技能的同时,提升学校的办学品质。而在乡村学校,最大的乡土文化资源就在学生家长手中。因此,我们的研学活动不仅有学生、教师的参与,更有家长们的配合、融入。在开展这次'春分·迎春'研学中,家长们非常热情,不光在活动中向孩子们传授怎么剪'春牛'、哪些是春菜、怎么做春卷等,今天还一个个请假来到了现场,陪着孩子们一起展示自己的研学成果。"

除上述活动外,Q小学还通过"校外研学听证会""走进美丽家乡""邀请家长进课堂""家庭教育曲湖讲坛"等多个渠道,广泛认真听取家长对"乡村研学活动"的建议,给予家长

---

① 本节作者为陶健美。陶健美,浙江省武义县泉溪镇中心小学高级教师,班主任。

图3-4　Q小学"春分·迎春"主题民俗研学成果展示活动

参与权、监督权以及评价权。

Q小学附近分布着十多个自然村,如何挖掘、利用这些自然村的乡土文化资源,成了"乡村研学活动"开展的关键。2019年6月29日下午,"家、校、社"三方代表汇集学校录播教室,举行了一场别开生面的"校外研学听证会"。德育副校长详细介绍了前期学生开展的研学活动以及后期设想,并为"高氏农场"举行了简短的"校外农耕研学基地"揭牌仪式。农场主高跃平希望有更多的学生参与传统农耕实践研学,在传承农耕文化的同时,让学生亲身体验种粮的艰辛与不易。而后,关于如何深挖地方资源、引导学生由课堂学习走向开放的校外研学活动,家长们进行了分组讨论。

会后,各班家委积极响应,立即行动,带领学生开展了"走进美丽家乡——深挖乡村研学资源"活动。例如,为了让学生深刻了解泉溪人民的抗战历史,负责此条线路的徐爸爸、何妈妈带着学生走访抗日见证人、询问知情者与当地农民;为了搜集校对烈士名单,他们一边到县党史馆查阅资料,一边又仔细地查阅地方志,记录史实。

面对搜集来的各种资料和相关资源,如何筛选整理又成了难事。于是,学校又召集带队家长,请他们引导孩子对资源和线索进行分类整理,并进行课程资源应用评估,筛选出最具有教育价值的资源,最终形成了乡土文化资源库。资源库包含风景古迹类、特产美食类、名人成长类、抗日史实类、经济发展类等。

在此基础上,为了让全校所有的学生更好地体验和参与"乡村研学"活动,又由家长出面联系了相关部门和领导,最终确立了十二处研学基地。以"李氏祠堂""巩氏祠堂""革命烈士墓""千丈岩""泉溪敬老院"为德育基地,教育学生不忘历史,珍惜今天的幸福生活,学会关爱、帮助孤寡老人,践行"爱的教育";以"高氏农场"为实践基地,组织学生到粮食加工厂参观,卜农出插秧、割稻,了解水稻的生长特点,感悟粮食的来之不易,体验劳动者的艰辛,培养吃苦耐劳的奉献精神;以"仓部堰""清溪口水库""金柱山""白革"为参观基地,组织学生参观重点工程,感受祖国伟大,欣赏自然美景,增强环保意识;以"曙光集团""明清家具厂"为考察基地,组织学生走进家乡企业,了解高科技产品,感受家乡经济的飞跃发展,树立爱劳动爱科学的思想(见图3-5)。

小分队分线路调查　　查阅资料、书籍考证

分类评估　　形成资源库

图3-5　Q小学"走进美丽家乡"活动

在整个活动过程中,乡村家长发挥出了他们的优势,推动了活动的成功开展。通过这次活动,学校也意识到乡村研学资源的挖掘因为有了家长的参与而变得高效,通过将亲子活动融入学校文化,乃至乡村文化建设,提升了活动效果。

原理解析

2016年12月,教育部等11个部门联合发布了《关于推进中小学生研学旅行的意见》。这是学校教育和校外教育相互衔接、综合实践育人的新途径,是我国基础教育领域人才培养模式的重大创新。2017年8月22日,教育部印发《中小学德育工作指南》,把未成年人爱党、爱国、爱乡情怀建设设为五大内容、六大途径之一。《基础教育课程改革纲要(试行)》也明确指出:"要积极开发并合理利用校内外各种课程资源,广泛利用校外社会资源以及丰富的自然资源。"①

　　而乡土文化是乡村学生了解家乡、了解传统文化、了解革命历史的有效途径,是中小学生开展德育活动、丰富课程资源的有效载体。因此,将乡土文化与研学活动相结合,是乡村学校拓宽教育渠道的有效途径之一。以家校合作的方式开展"乡村研学"活动,其意义就在于以下几方面。

一、传承中华传统文化,培养乡村学生文化自信的需要

　　叶澜教授指出:"把学校教育根植于大自然的时空之中,让学生从小就养成热爱自然、亲近自然,提高欣赏、表达自然美的能力,在自然中愉悦身心,养成保护自身的生命健康以及保护自然生态的善良心意和能力,培养出当代'自然之子',是学校教育改革中'新自然观'教育的旨归。"②

　　乡土文化是优秀传统文化的重要组成部分,我们只有引导乡村学生积极探索本土文化,最终才能形成对中华优秀传统文化的理解与感悟,增强文化自信。然而在乡村学校,最大的乡土文化资源宝库就在广大家长们的手中。我们需要充分利用家长资源,发挥好互联互通互动的同盟作用,以多种方式对乡土文化进行挖掘、筛选,形成乡土资源库,纳入研学资源网,建立实践基地,开展主题活动,使学生在切身体验中,感受亲情之暖、乡情之浓、乡艺之乐、乡仪之美,从而达到乡土文化育人的目的。

二、构建和谐亲子关系,优化乡村家庭教育的需要

　　和谐的亲子关系有利于改善现下的乡村家校共育状况,提高乡村学生家长的教养胜任力。如前文中的Q小学,绝大多数家长都在周边工厂工作,常年加班、忙碌导致亲子接触不多,共同游戏的时间就更少了。而邀请家长参与学校"乡村研学"活动,不仅能根据本校实际增进家校对话,促进家长对学校研学活动的开发、实施、评价的理解,还能为亲子沟通搭建平台,让家长从以往的"隐形"父母、作业"督导员"转变为陪同孩子参加研学活动的"伙伴"、培养孩子创新能力的"引导员"。在此过程中,父母的热情参与能激发学生的内在潜能,父母对于乡村文化的了解和拥有的知识、技能,也会让乡村孩子重新认识自己的父母;而学生的能力提高更能促使父母回归家庭。

　　如浙江省杭州市富阳区的富春第七小学为了给家庭亲子沟通搭建平台,为了让学生回归田园、爱上劳动,开展了"新劳动教育"乡村研学活动。乡村的农耕文化是"农耕课堂"的

①　教育部.基础教育课程改革纲要(试行)[EB/OL].(2001-06-08)[2021-07-21].http://www.gov.cn/gongbao/content/2002/content_61386.htm.

②　叶澜.溯源开来:寻回现代教育丢失的自然之维——《回归突破:"生命·实践"教育学论纲》续研究之二(下编)[J].中国教育科学,2020(2):3-29.

基石,乡村的学生家庭成了"新劳动课堂"的"农户课堂",乡村特色的传统文化和手工技艺则是"手艺课堂"的灵感源泉。在整个活动中,乡村家长化身成了"村民教师",这个角色的转变将家庭教育落到了实处,提高了乡村家长的教育能力,他们不再局限于空洞的说教,而是以自己的实际行动为孩子们树立了榜样。[①] 又如阜阳市绿色实验中学是一所乡村留守儿童寄宿学校。该学校在"生态环境教育"实践中,不仅服务本校学生,还为当地留守老人提供人文关怀,为留守妈妈提供成长学习的平台,优化了乡村家庭教育。[②]

三、寻找乡村家校合作突破口,实现高质量亲师交往的需要

家校合作的推进过程具体而复杂,诸多乡村学校难以找到突破口。而邀请、组织、帮助家长参与学校的"乡村研学"活动,就是一个不错的突破口。在参与的全过程中,家长能够深切体会到学校乡村研学活动的长程性,以及活动开展的不确定性。这样能使家长更好地理解学校教育和教师的工作,更新自己的教育理解、教育期待和教育行为,能更直接地在学校教育中发挥自己的作用,建立起基于学生成长和教育实践的交往、互动、合作的关系。

如海南省白沙黎族自治县七坊镇长龙小学充分利用校园周边的"土地资源"开展"自然教育"。学生不会种植,向父母请教;老师不懂育苗,向外部公司请求帮助;学校田园课程的成果,也可以和家长、社区共同分享。一系列的特色活动,让学校与外部的各类资源得以融会贯通;让孩子们不仅爱学校,也爱乡村;让家长们更了解孩子、更了解学校,打破了原有的偏见与刻板印象,实现了高质量的亲师交往。与此同时,让曾经长期在低谷徘徊的长龙小学常年出现在白沙县和七坊镇的"教育光荣榜"上。[③]

四、更新乡村家庭学习生态,促成学习型乡村建设的需要

当下,全社会都在提倡创建"学习型家庭","乡村研学"活动的开展不仅能更新乡村家庭的学习生态,营造浓厚的学习氛围,还能将终身学习理念落到实处。Q小学在开发、利用乡土文化资源的同时,在一定程度上也恰恰运用了学校力量去反哺所在乡镇的文化建设。开展"乡村研学"活动后,在家长的帮助下,学生组成活动小队,进入社区义务开展宣传、表演,弘扬泉溪镇乡土文化、宣传新农村建设成果等,这丰富了"学习型乡村"的内涵。上海市金山区廊下小学则在学校的园林景观、日常的歌咏舞蹈等活动中融入本地廊桥文化,还办起了展示学校发展历史的校史馆,使本土文化生根,又使学校的特色资源优势得到凝聚,提

---

① 章振乐."新劳动教育"促乡村振兴[N].中国教师报,2020-11-11(14).
② 李玉梅.扎根乡土社区,推进生态环境教育——阜阳市绿色实验中学生态文明教育纪实[J].环境教育,2021(5):66.
③ 韩嘉玲.小而美:农村小规模学校的变革故事[M].北京:教育科学出版社,2019:155-175.

炼为一种精神和力量,学校也成为乡村文化的资源和向外开放的窗口。[1] 这些活动的开展能直接促成一大批家长学习意识的觉醒与能力的提高,也对乡村社区的发展产生直接影响。当一个个家庭、社区发生变化,当更多的乡村家长和社区人士投入传承乡土文化行列,也就将终身学习融入学习型乡村建设之中了。

方法指导

乡村学校大多环境优美,周边分布着许多自然村落。这些村落乡土资源丰富,拥有得天独厚的自然元素、适宜社会生产发展的人文环境和和谐氛围。如何在研学活动中利用这些独特的条件和乡村家长自身的优势,发现、挖掘、整理乡土文化资源? 如何让乡村家长融入研学活动,更好地发挥其作用? 要回答这些问题,应从"摸清家底"开始,寻找"乡村研学"的展开契机。

一、家校携手,寻找"乡村研学"开发的契机

(一) 教师走访,了解乡村家长意愿

在农村,乡土文化已经融入家庭日常生活中,乡村家长在"乡土文化"的传承与发扬上起着重要作用。因此,在乡村研学开发之初,教师可以对全部家长或具有代表性的家长进行走访,了解其意愿。具体建议如下。

一是有备而访。教师在走访前,首先要明确走访目的,准备好与家长要探讨的问题。

二是片区走访。乡村学校覆盖的村庄分散且间隔距离较远,教师可以实行分片区走访或按村庄进行"多方会谈"。这样既能够在紧凑的时间内完成长距离的走访工作,同时也能促进本村家长之间的相互沟通与交流。

三是提前预约。大部分乡村家长忙于生计,大多时间不在家中。因此,家访前必须与家长提前预约,避免盲目走访。

四是全面了解。在走访过程中,教师除提出问题之外,还要多了解乡村家长希望开展哪些活动,为下阶段的工作做好铺垫。例如,为了了解家长是否愿意参与学校的"乡村研学"活动,Q小学教师就开展了走访活动。走访结果显示,88.09%的家长认为开设与乡土文化相关的活动很重要,并且非常赞同学校组织相关的校内外研学实践活动;80.95%的家长表示愿意参与学校活动。可见乡村家长参与学校活动的积极性还是非常高的。

---

① 叶澜. 溯源开来:寻回现代教育丢失的自然之维——《回归突破:"生命·实践"教育学论纲》续研究之二(下编)[J]. 中国教育科学,2020(2):3-29.

这种操作方式,也被贵州省湄潭县实验小学所采用。该校针对家长们对乡村研学实践的认知和态度也开展了问卷调查。调查结果显示,虽有近50%的家长不了解什么是研学实践,但86.5%的家长赞成学校开发研学课程,希望孩子们走出教室接受另一种学习方式。[1]

一般来说,乡村家长赞同学校开展"乡村研学"活动并不是个案,而是在全国上下普遍存在。本节作者在走访中发现,乡村家长表现出的积极性完全不输于城市家长,他们同样有着强烈的参与意识,这也正是乡村家校合作所迫切需要的。

(二) 召开"校外研学听证会",摸清乡村文化资源家底

学校与家庭、社区的合作是大教育观的基本内涵和目标之一,通过三方合作不仅能给乡村学生成长提供更多支持,也有助于乡村家庭与社区的稳定、繁荣与发展。

因此,乡村学校可以邀请"家、校、社"三方代表到校举行"校外研学听证会",以此给予家长参与权、监督权以及评价权,从而促成三方合作的达成。会中,学校领导可以首先就前期走访情况进行总结,接着邀请家长代表介绍所在村的相关情况,挖出他们装着的"肚里货";而后就"如何推进乡村研学活动开展"组织讨论;最终引导代表们总结出"挖掘本土资源,建立研学基地"这一关键点。

二、建立乡村家长联盟共同体,形成教育共识

乡村家校合作需要各主体建立真实的联系,相互间倾听、对话、协商、共事,在共同的情境中一起学习、相互学习。为此,不断增强命运共同体意识,能促成多主体对乡村家校合作价值、方式的体悟与确认。

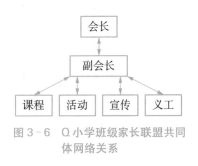

图3-6　Q小学班级家长联盟共同体网络关系

如Q小学家长虽然对乡土文化认知度较高,拥有人力、物质等资源,但大多对如何运用这些资源呈现出茫然状态。为此,学校发挥各班家长委员会的辐射引领作用,于2019年5月26日成立了"家长联盟共同体",让一些有经验、有共同教育理念的家长在交流中走到了一起,形成了强大的班级"战略联盟"(见图3-6)。

班级家长联盟共同体设会长一名,副会长一名,下设课程、活动、宣传、义工四个小组,四个小组分工合作,同时每位代表联系四名家长,成为一个小组。每组工作由两名共同体家长代表承担,这四个小组在家长共同体的组织下形成了班级家长共同体的组织网络。整个班级的家长通过这个共同体实现了串联,任何信息和决策都可以通过共同体这个终端传达到每个家长那里。同样,

① 高英,宋彦.行走的课堂　成长的足迹——家校合作研学课程的开发与实施[J].中国德育,2021(8):61-63.

每个家长的信息也通过共同体汇集到一起。

另外，"乡村研学"工作启动之初，学校根据"Q 小学'乡村研学'活动整体设计"（见图 3-7），分年级组对家长进行培训，将研学旅行的相关文件和学校"乡村研学"活动相关内容向家长一一阐明。家长了解后，也逐渐明晰了自己该担当的角色。

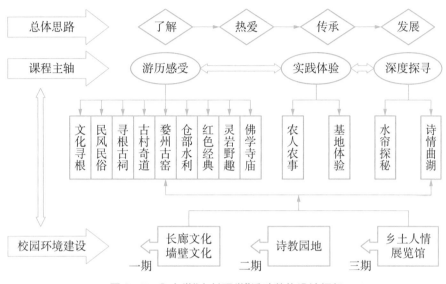

图 3-7　Q 小学"乡村研学"活动整体设计框架

又如上海市金山区松隐小学丁向阳老师基于班级"宅基课堂"（以"宅基地"为德育点，开展家校合作）的项目，创设了"家长主席团"，通过家长带领家长，家长协同老师，家长主持活动等形式，鼓励家长积极参与对活动教育的了解与监督。同时家长在项目活动中根据学校、老师要求，孩子的实际，自身的特点（资源与能力），形成育人共同体，提升育儿理念。①

三、邀请乡村家长参与活动，推进乡土资源挖掘

如何协调自然村与学校的关系，沟通自然村与学校的交往，充分利用乡村家长资源，挖掘开发乡土文化资源是乡村研学活动能否顺利开展的关键。下面以 Q 小学为例，阐述如何邀请乡村家长参与挖掘乡土资源活动。

（一）依托班级家长联盟共同体，规划活动框架

各班组织召开班级家长联盟共同体会议，邀请家长代表参与主题讨论，并为活动提供

---

① 丁向阳.让"宅基课堂"成为乡村孩子的成长乐园[C]//上海终身教育研究院.乡村社区治理背景下的家庭、社区、学校合作"研讨会暨第三届全国乡村班主任发展研究论坛论文集,2019:81-87.

图 3-8 泉溪镇各自然村乡土文化资源分布

有效的教育资源。而后,利用绘图的方式进行统计分析,形成"泉溪镇乡土文化资源分布图"(见图 3-8)。这一举措为后期全面挖掘、整理和开展乡村研学活动奠定了基础。

(二)借助班级微信群,发放活动倡议书

在正式组织开展挖掘乡土资源活动前,各班在班级微信群中发布了"调查泉溪镇乡土文化资源"倡议书及前期绘制的资源分布图,这引起了极大反响。其中,五(1)班的徐爷爷专门给班主任写了信:"陶老师好,我是徐××的爷爷。我在这生活了一辈子,对泉溪有一定的了解,现在退休了也没什么事,能不能参加你们的挖掘乡土资源活动呀?"①收到来信,班主任陶老师立即带领共同体成员拜访了这位爷爷,并聘请他担任班级研学活动顾问。

(三)家长引领,分组探访研学资源

Q 小学五(1)班组织班级家长联盟共同体成员召开了关于"乡土文化寻访活动"的会议。会中,成员们通过讨论,确定了活动方案:由共同体成员带领学生和其他家长分队分线路进行调查、走访,挖掘泉溪镇乡土文化资源(小队成员由学生根据自己的喜好,自主报名)(见表 3-3)。

表 3-3 Q 小学五(1)班"挖资源"小分队汇总

小队名称	地点	带队家长	小分队成员
探索小队	巩宅村	叶爸爸、黄妈妈	赖××、叶××、何××、黄×、李××
雏鹰小队	麻田村	朱爸爸、罗妈妈	项××、朱××、王××、罗××、何××
精灵小队	黄坛村	吴爸爸、郑妈妈	何××、何××、李××、郑××、吴××

(四)整合乡土文化资源,设立实践基地

根据年级段教育目标、成长需求,家长们将前期收集来的资源整理分类形成资源库,包含风景古迹类、民俗风情类、特产美食类、名人成长类、抗日史实类、经济发展类等内容。而后在此基础上,家长出面联系了相关部门和领导,建立了十二处乡村研学基地(见图 3-9)。

---

① 徐广华.给老师的一封信.武义县泉溪镇中心小学五(1)班家校联系本,2019-06-03.

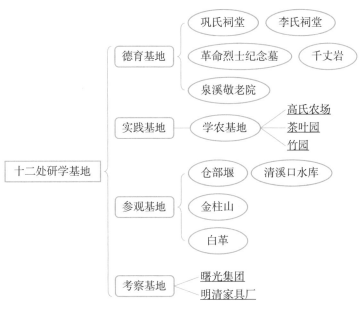

图 3-9　Q 小学"十二处研学基地"分类

上述个案学校的实践过程表明,在具体实践过程中,要从学生发展的需求出发,立足校本,开放空间,盘活乡村家长的潜在资源,形成智慧合力,这样才能全面挖掘、开发乡土文化资源,建立不同类型的实践基地,为后期开展"乡村研学"活动搭建平台。

四、家校深度合作,为活动开展"保驾护航"

有了实践基地、确定研学主题后,班主任就要主动召集家长听取意见和建议。而此前成立的"家长共同体"又可以发挥出他们强大的作用了。班主任只需发动共同体成员,请他们与其他家长交流,最后汇总反馈大家的建议。由此既能减轻班主任的工作量,还能提升乡村家校沟通效果,具体包含如下三条路径。

(一) 招募活动志愿者

乡村家长作为志愿者参与学校组织的"乡村研学"活动,可以让学校的工作更方便地传达给家长,也能够让家长获得更多机会参与子女教育过程,让家长了解并陪伴孩子的成长。当然,整个招募过程本身就是乡村家校合作中的一些处事机制的实施。

(二) 明确志愿者岗位分工

招募志愿者时,教师就应向家长讲明活动意义及具体步骤。在此基础上,班主任可以直接面对参与活动的家长,根据活动各环节的需要、家长的特长等进行岗位分工,并明确各岗位工作的具体要求。例如,"春耕秋收"主题研学中,Q 小学五(1)班班主任在微信群发布活动需求,征集志愿者,然后根据家长的报名情况和个性特点进行分工。叶爸爸与高氏农场工作人员是好朋友,于是由他负责联系工作人员为孩子们讲解机械设备的工作原理;陈同学、高同学、黄同学的家长熟练掌握插秧技术,那么就由他们向孩子们传授插秧技巧;杨妈妈是医院的护士,她就负责活动的后勤保障工作……正因为班主任对家长资源的充分了解、合理分工,当天活动井然有序,每个孩子都收获满满。

(三) 聘请家长教师

乡村研学活动涉及的内容较多,覆盖面较广,传统民俗、手工技艺等都是在学校接触不到的项目活动,班主任可借助家长特长开发"研学课堂",带领学生走进农田、走进村庄,学习传统技艺,从而促进乡村家校合作的良性发展。

自 2019 年 10 月始,Q 小学五(1)班就定期邀请家长教师开展"研学课堂"活动,其内容包含家乡民俗知识介绍、手工技艺传授等。何同学的爷爷是金华市非物质文化遗产微缩竹编工艺传承人。2019 年 11 月 24 日,在同学们的邀请下,何爷爷来到学校给大家上了一堂有关"竹文化"的乡土研学课,细致地介绍了竹编的历史和工艺。课后,班主任为讲课家长颁发授课证书,见证家长与孩子的共同成长。

何同学在听完爷爷的课后这样写道:"原来我的爷爷这么厉害,不但能干活,还会上课。我好爱我的爷爷。"[1]

邀请家长进课堂活动不仅发挥了家长们的优势,帮助家长梳理了自身的相关知识,更为其提供了践行和检验自身育儿理念和方法的机会。家长们认真地投入,也深深感染、教育着孩子,使亲子关系更加融洽。

又如黑龙江省齐齐哈尔市富拉尔基区长青乡海格小学的焦老师在开发、利用乡村学生身边的动物、植物等自然物质资源,融通各学科知识,开展研学活动时,借助邀请主动请缨的遥遥姥姥走进课堂讲解育苗方法,鼓励其他家长参与,促使家长们由孩子学习的"监督者"转变为孩子发展的"协助者""支持者"。此项举措无形中激发了乡村家长和学生参与活动的热情,达到了双赢的效果。[2]

五、乡村家长参与研学评价,实现多主体参与

乡村研学活动的评价过程要改变知识为本、纸笔测试为主的单一评价形式,改进结果性评价方式,实施多元主体协同评价。多元主体协同评价包含学生自评、学生他评、教师评价、家长评价。其中,要实现乡村家长持续、高质量的参与,必须建立多种参与方式,使他们有兴趣、有能力、有信心进行有效的活动评价。曾有城市学校在这方面做出了探索,如上海

---

① 何彦哲. 家长、孩子"聘请家长进课堂"体会. 武义县泉溪镇中心小学五(1)班班级微信群,2019 - 11 - 24.
② 李家成,赵福江. 中国乡村班主任发展研究(第二辑)[M].上海:上海交通大学出版社,2019:3 - 13.

市闵行区汽轮小学在开展"畅说美丽大中国"乡土文化课程学习时,就邀请家长参与了课程评价,并由学校青年教师志愿者设计了"畅游美丽大中国"活动评价表。[①]

在乡村家校合作过程中,同样可以建立这样的评价体系。例如 Q 小学关于如何引导家长参与研学活动评价,做出了以下尝试:一是家长如果参与了研学,就请他作为观察员,运用"夸夸群万能公式"(细微行动＋点滴成长＋后续小期待)进行小组观察与评价;二是家长如果没有参与研学,那么就将学生的自评、互评及教师评价整理成简短文字,或拍摄成视频,发到家长群,让家长对学生的评价和成长进行"再评价",再评价的时候采用"研学互评模块";三是研学结束后,如果没有开展校内成果展示,可以请家长对学生研学后的变化进行量化和写实性评价;四是研学结束后,如果有校内成果展示,那么就请家长作为嘉宾评委,与专家、教师一起参与正式的评价环境。

又如浙江省武义县王宅镇中心小学在 2018 年秋开学初,举办了"丰收节"展示活动。在家长与老师的帮助下,孩子们把暑假参与的农业研学活动成果,对农具的认识和使用介绍,还有和父母一起动手制作的酱油、酱瓜等产品都拿到操场,或展览或动手操作或销售,整个操场成了农业生产劳动和民俗生活、当地产品合成的一幅生动的农村生活长卷。而此时,这一活动不仅将家长邀请到学校,参与了学生的活动评价,更将学生的暑假带入了开学时光,实现了两种生活之间的交融。[②]

问题思考

通过近几年的研究,本节作者深深感受到乡村研学活动的开发与实施的效果是可喜的:学生的"乡村气质"渐显、乡村教师的育人模式发生转变、"农村味＋现代气息"的乡村学校特色逐渐形成、"千年古镇"乡土文化得以传承、乡村家长参与学校活动的数量明显增多,参与范围也较之扩大。但是,为了使乡村研学的内容更加丰富,家长的参与更加深入,我们还需继续思考以下问题。

一、如何有效开发现有的乡土文化资源?

乡村研学是基于乡土文化资源而开展的,但乡土文化资源涵盖内容多,学校和家长应该选取适合校情、容易被学生接受、与学生的生活和学习密切相关的乡土文化资源作为研学内容。因此,在研学活动策划时,如何开发、应用现有的乡土文化资源便成为需要重点考虑的问题。这不仅仅对于教师具有挑战性,对于乡村家长也是如此。

---

① 李家成,王培颖.家校合作指导手册[M].北京:北京大学出版社,2016:75.
② 叶澜.溯源开来:寻回现代教育丢失的自然之维——《回归突破:"生命·实践"教育学论纲》续研究之二(下编)[J].中国教育科学,2020(2):3-29.

二、如何提升研学活动中"家长共同体"的胜任力？

"家长共同体"的成立是为了协作学校开展日常工作及活动，但在乡村研学具体活动的实践中，我们经常发现，部分家长拥有一定的资源和能力，但还是无作为，没能履行好共同体成员的职责，导致活动出现断层现象。乡村家长往往都拥有乡土资源，熟悉乡土文化，事实上有着很好的参与潜质。但如何提升"家长共同体"的胜任力，发展乡村家长的主动参与，增强其自信，还有待探索。

三、如何制定乡村家长参与研学活动的评价机制？

乡村研学活动表现为具体的互动过程，而且往往会呈现出系列化开展态势。其中，家长既是教师的合作者、学生发展的支持者，也是学习者和需要得到反馈的参与者。如何开发针对这一类型活动的家长评价指标体系，开展有针对性的乡村家长评价，值得继续研究。

未来发展

参与主体的真实发展证明了"行走的课堂，成长的足迹"乡村研学活动确实能促进学校内涵式发展，推动乡村家校合作高质量发展。展望未来，我们可以从以下几个方面深入探究，使乡村研学活动更具生机和活力。

一、融合多学科教师的力量，共同研制乡村研学指导手册

乡村研学是一种超学科的消弭式整合方式，在主题的统领下，形成了主题研学活动，超越学科边界，让学生的认知从书本走向真实的生活，从黑板走向实践。因此，整合乡村家长与各学科教师的力量，共同研制"研学指导手册"，将所有活动进行序列化的设计，能使乡村研学落到实处。而且，通过这样的整合，不仅能使不同学科教师在教育教学活动中将研学内容渗透到课堂中，还为乡村家长与学科教师之间搭建起了直接沟通的平台。同时，学生也会根据每个年级相应的不同主题，开展资料收集形成知识的链接网络，避免了知识碎片化，让所有学生人手一册，有册可依，依册学习，有序推进。

二、发动家长参与研究，协调乡村研学活动开发与现行的学校评价机制之间的关系

早在 2001 年 11 月，教育部就发布了《义务教育课程设置实施方案》，文件里提出要注重

学生经验,加强学科渗透。此外还明确提到增设综合实践活动,内容主要包括:信息技术教育、研究性学习、社区服务与社会实践以及劳动与技术教育等。其中就包括研学旅行,旨在使学生通过亲身实践,发展收集与处理信息的能力、综合运用知识解决问题的能力以及交流与合作的能力,增强社会责任感,并逐步形成创新精神与实践能力。在现行的学校评价机制中,乡村研学活动可以记作一次综合实践活动,将其纳入学生的综合素质评价,全面协调乡村研学活动开发与现行的学校评价机制之间既矛盾又统一的关系。

三、依托家庭亲子活动,拓宽"特殊时期"的乡村研学内容

新冠肺炎疫情期间,广州市海珠区实验小学通过线上教学与居家学习相结合的方式,开展主题为"战'疫'情,向未来"的项目式居家研学[①](见图3-10),为我们打开了新的视野,也启发我们思考如何应对教育的"不确定"。在类似于新冠肺炎疫情这样的"特殊时期",乡村研学活动又该如何进行呢? 显然,乡村研学活动也不会因此而暂停。乡村除了名胜古迹、居住场所、劳动工具、山林土地等物理的空间,还有那些传统手艺、民俗文化等非物理的

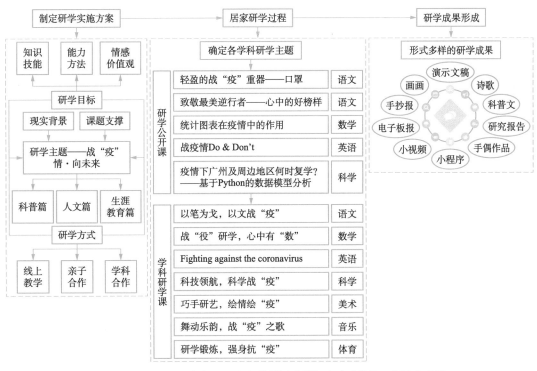

图3-10　广州市珠海区实验小学"战'疫'情,向未来"项目式居家研学

---

① 陈健,郑贤.广州市海珠区实验小学:项目式学习为"居家研学"赋能[EB/OL].(2020-04-10)[2021-07-21].
http://www.jyb.cn/rmtxwwyyq/jyxx1306/202004/t20200410_315862.html.

内容。我们的研学活动除了走进社区,还可以走进家庭,发挥每个乡村家庭主体的力量,依托"隔代学习",开展家庭内部的居家研学活动,例如向祖辈家长学习传统手艺、联合爸爸妈妈们研究家乡民俗文化等。当然,也可以借助"互联网+"平台,将家庭内部的乡村研学成果进行推广,以家庭影响家庭,扩大乡村研学的效能。

  总之,基于本土资源和乡村家长优势开展乡村研学正当时,这不仅能让每一个参与者都能得到切实的发展,还能更新乡村家庭学习生态,促使终身学习真正落实,成为乡村家校深度合作的有效突破口。

第三节　学科教学资源开发^①

案例导入

2019年4月,武义县W小学四年级四个班153名师生来到山清水秀的熟溪街道水碓后村,在蜜蜂农场校外实践基地开展了第三季"田野课堂"活动。

秉承着"社会即学校,实践即课堂"的理念,W小学另辟蹊径,依托水碓后的蜜蜂农场创新开设田园课程。统筹家长资源,通过家校合作,把课堂搬到田间地头,打破常规课堂秩序,让学生实现了真正意义上"自由幸福地学"。

之所以把田园课堂地点选择在武义县水碓后村,是因为这里集天然资源与家长资源于一体,是个不可多得的"宝地"。而位于水碓后的"蜜蜂农场"是W小学校外实践基地,有利于开展活动。此次活动,在班主任的倡议及号召下,有四十几位家长参加,其中十户家庭就来自附近村庄,为活动开展提供了指导服务。

四(4)班的小何同学,家里承包着一片茶园,何妈妈在班级群中看到消息,积极响应,热情邀请同学来体验茶园生活,参与新茶制作。在何妈妈的茶园里,孩子们与家长一起体验采茶乐趣,"长知识"贯穿了整个活动环节。何妈妈手把手地教大家:"采茶,不是把全部叶子都摘下来,我们要采的是一芽一叶或者一芽二叶。"同学们很快就进入了角色,他们边说边采,小何同学还时不时地纠正个别同学的错误做法:"不能用指甲掐断,要提拉着用力弹采。"

体验传统制茶工艺是本次活动的一个核心内容。听取何妈妈的制茶要领讲解后,同学们戴上手套,分批围到烧热的铁锅前,放入鲜叶开始杀青。杀青需用手不停地翻动、抛压铁锅里的鲜叶,让其受热均匀,不一会儿大家就感受到高温下单调作业的"难处"。接下来,蹲在地上的揉捻,又让他们体会到腰酸背痛脚麻的"苦处"。而在揉捻过后,茶叶需再次倒进锅里复炒。几番体验下来,同学们个个汗流浃背,忙得不亦乐乎。"从采茶到制茶,这茶叶

---

① 本节作者为贺聪笑、徐赛。贺聪笑,浙江省武义县实验教育集团武川校区一级教师,班主任;徐赛,浙江省武义县俞源乡下杨中心小学一级教师,班主任。

真是来之不易啊!"小陈同学说。在等待茶叶烘干期间,何妈妈还给大家上了一堂生动的茶礼茶艺课。

草编非遗传承人吕金六的徒弟——张春央,是本校一位四年级孩子的奶奶,她向四(2)班的小朋友传授了"玫瑰花"的草编制作方法。开始之前,张奶奶先向同学们展示各种草编物品,激发大家的兴趣。接着,张奶奶边制作边详细讲解,手把手教大家如何捻草、编制、续草、收边……同学们学得特别认真,根据步骤,完成了草编玫瑰花作品,感受到了草编工艺的神奇魅力。与此同时,四(1)班的汤老师也忍不住拿出了自己的绝活,她教孩子们编织喜庆又精致的"中国结",有的孩子还把编好的中国结送给了在场观看的乡亲们,可把他们乐坏了。

来到实践基地,最有意义的莫过于亲手种植农作物了。种植体验活动前,为了让孩子们更好地了解种植知识,四(1)班的汤老师专门邀请了有种植经验的家长,给孩子们讲解植物种植需要哪些条件、如何根据季节选择种植的种类,以及育苗、浇水、施肥、防虫过程中的注意事项。听完家长的讲解,孩子们摩拳擦掌,摆开了架势,拎着水壶、扛着锄头,在家长和老师的指引下松地、播种、种菜苗,有模有样。活动中,孩子们与家长、老师、同伴相互交流,在其乐融融的氛围下,共同完成了种菜任务(见图3-11)。

图3-11 W小学四年级学生在校外基地开展实践

说到"吴杨"，四（3）班的孩子们可不陌生。他们此次吴杨之行还有一个特殊的任务——修整"蜜蜂农场"。同学们顶着烈日，淌着汗水，戴着手套，或用手拔，或挥舞锄头，与家长一起把"蜜蜂农场"的杂草清除得一干二净。当他们看到自己两年前种下的果树已经结满果子，想到不久之后就可以品尝自己的劳动果实时，一切劳累顿感烟消云散。

最后，他们在此进行了"乡村问卷调查"，主要了解了乡村的垃圾分类情况，存在的环境问题以及村民对乡村生活的满意度。这样的调查立足实际，有深度，有意义，孩子们在了解乡村的同时，也多了一份思考与担当。

原理解析

2018 年，《中共中央、国务院关于实施乡村振兴战略的意见》作为当年的一号文件向全国发布。文件要求，推进乡村绿色发展，打造人与自然和谐共生发展新格局；繁荣兴盛农村文化，焕发乡风文明新气象。作为一所地处农村的学校，田园文化进校园已经成为时代的必然要求。此外，《中共中央、国务院关于深化教育改革全面推进素质教育的决定》指出："学校、家庭和社会要互相沟通，积极配合，共同开创素质教育工作的新局面。"2010 年颁布的《国家中长期教育改革和发展规划纲要（2010—2020 年）》也明确指出："家校有效的合作才能保证素质教育的实现。"可见，把家长和有识之士纳入学校合作伙伴范围之内，形成社会教育、家庭教育、学校教育和谐共育的局面，已是大势所趋。

我们以上述文件等为依据，把"以学生发展为本，以创新精神和实践能力培养为重点"作为学校发展基本理念。而乡村学校学科教学资源的开发和建设，离不开乡土文化的融入，离不开家长的参与和合作。这种合作的意义体现在以下几方面。

一、有利于提升乡村教师教学设计能力

教学资源内容比较广，只要是有利于教育和学习的，都可以包括在内。比如各类支持系统、教学材料与环境。在新的课程观下，学科资源不是恒定的，它是不断发展的。因此学科资源的开发也不是一成不变的，它将随着学生的发展、时代的变化以及所处地域特点变化而改变。因而联合乡村家长，立足本地文化，有效开发学科教学资源可以帮助教师们认识到自己所教科目与学生的家庭生活、社会生活的紧密联系，从而有助于提升乡村教师的教学设计能力。

二、有利于提升乡村家校合作的层次

目前我国许多乡村学校已经建立了"家长委员会"，但有些学校的"家长委员会"每班只

有一个代表,而"家长委员"一般都是在被邀请或有问题时才来学校,这种只考虑学校单方面的要求,处处以学校为中心的"家校合作",将家长置于"配角"的地位,难以激发家长参与学校教育教学活动的兴趣,更难以实现深层次、高质量的家校合作。为此,新时代的家校合作方式需要创新,通过借助乡村家长的力量,挖掘、整合、使用学科教学资源,促进家校双方走上更高层次的真合作。

三、有利于构建亲师信任关系

出于对孩子成长的共同关注,家长与学校的联系既具有必要性,又具有互补性,由此形成了一种具有一定时空性的特殊关系——教师与家长的关系。乡村学校应理清教师、学生、家长可以合作的共同领域,促使形成与乡村家长在决定各种课程相关问题上的伙伴关系。乡村家长参与学校学科资源的开发,正是一个直接、有效、积极地理解学校教育和教师工作的途径。如前文所描述的 W 小学在"田园课程"实践活动中,借助乡土自然资源,在家长们的协助下,帮助孩子们完成活动:体验传统制茶、草编玫瑰花、种植农作物、修整农场。纵观整个活动,"田野课堂"就如一颗种子,在孩子们的心中萌芽、生长。在这样基于学生成长和教育实践的交往、互动、合作关系中,教师与乡村家长逐渐熟悉,相互有了更进一步的理解,构建了良好的亲师关系。

四、有利于构建乡村特色的大课程体系

乡村文化振兴在新时代乡村发展中占据着非常重要的地位。那学校如何凸显乡村教育的特色呢? 依托本地资源,联合乡村家长一起开发学科教学资源,融入学生的日常学习生活中,构建特色课程体系,不失为一条发展的新路径。

本节案例中的武义县 W 小学位于城镇,学生均来自农村,部分教育资源欠缺,但一直倾力于发展成为一所既具有生机活力又有特色品牌的学校。为此,学校依托校外劳动基地,与家长联合开发贴近、适宜、满足学生学习需要的学科教学资源,形成了富有地方特色的"田园课程"。在丰富学生的课外知识,开阔他们眼界的同时,践行了生命教育,从而有效地促进了家校的高质量合作。

方法指导

在本校学科教学资源的开发中,家长群体成为不容忽视的力量。不同的学校有不同的生源背景,家长对此所持的态度、能力也各有不同。为了让所有的家长都参与进来,进一步推进家校合作健康深入发展,可以从以下几方面入手。

一、建立家长资源库

乡村的丰富资源,是家校合作完成学科教学资源开发的前提条件。了解、熟悉和把握家长情况是开发乡村教育资源的首要工作。开学初,学校印发《致家长的一封信》,提升家长的参与意识;而后,在问卷、走访的基础上了解采集、整合梳理有效的家长资源信息,最终形成家长资源库。

本节作者所在的 W 小学,就表 3-4 中的内容对家长进行问卷调查,统计出了家长层面的资源情况(见图 3-12)。此外,在走访过程中,发现家长虽然忙于生计,但对学校工作普遍比较支持。另外,因为家长来自农村,对于学科教学资源的开发,多数不太了解,但表示愿意配合老师工作,可见乡村家长参与学校活动的积极性还是非常高的。

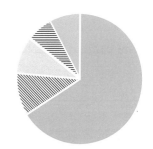

■ 劳动力类 ▨ 文学、知识类 ▨ 校外资源
▤ 没有时间参与 ▨ 材料类

图 3-12 W 小学家长可提供资源结构

表 3-4 W 小学家长资源汇总表格

学生姓名	家长姓名	职业	特长	空闲时间段	可提供资源

二、全方位开发学科教学资源

来自不同教育背景、生活环境和职业领域的乡村家长,其生活阅历、知识技能、思维方式等,具有异质性和无限的丰富性,这有利于拓宽学科教学资源。作为学校,主动联系家长,邀请其参与挖掘、开发基于乡土资源的学科教学资源全过程。下面我们将通过阐述 W 小学的实践过程,具体介绍如何发挥家校合作的力量,开发学科教学资源。

(一)发挥家长力量,开辟生命教育基地

1. 建设生命教育生态圈

2020 年,W 小学深入挖掘地域文化,启动生命教育生态圈建设计划。通过党群合作,家校联动,师生携手,开辟了蜜蜂农场、科普园地、廉教园等一系列融德育、劳动教育于一体的生命教育基地。

该生命教育基地充分挖掘乡村素材,把田园文化渗透到各领域。譬如,在学校门口大厅陈列农作物的种子以及家长捐赠的各种农具。学生通过参观农具,深入了解我国农耕文

化的起源与发展,同时也从前辈身上汲取他们的劳动智慧与力量。在班级文化建设中,四(1)班取名"蜜蜂中队",寓意如同蜜蜂在百花丛中辛苦劳作,收获果实。同时,用农场种植的各类农作物的名称作为各个小队的队名,如"花生小队""玉米小队"等,并让孩子成为相应种植区的负责人。

2. 建设蜜蜂农场

经过前期的调查访谈,由"种子家长"牵头,大家共同商量蜜蜂农场建设规划。我们邀请家委会的家长走进学校,相互对话,共同协商,拟订具体实施方案(见图3-13)。经过几次改稿,最终确定了蜜蜂农场的设计图。

图3-13　W小学家委会商讨实施方案

农场的建设需要资金。于是,孩子们到社区义卖闲置物品,同时捐出自己的零花钱,购买建设材料。在孩子的带动下,家长们也大力支持,不少家长主动提出无偿参与建设。事实证明,班级中绝大部分家长能积极参与,甚至多次参加后续的建设。其中,家长是水泥工、木工或者家里有挖掘机的,更是各显神通,发挥了大用场。

除了家长、学生层面提供无偿援助外,社会层面可以加入实践基地的建设与开发中。如惠州网联合安利公益基金会举办的"春苗有机菜园"系列活动,经过两年的项目建设,已完成20所中小学的"春苗有机菜园"建设。这样的公益捐助,让学校菜园的建设资金有了着落,活动有了保障,还有一定的技术支持。

为了赶上春季播种,蜜蜂农场建设争分夺秒,家长和孩子一起动手参与。在围篱笆时正赶上下雨天,为了加快进度,家长们穿上雨衣,冒雨施工。家长的榜样力量和吃苦耐劳的精神也带动了孩子们,孩子们动手帮忙一起抬水泥、捡石子、铺石子路。通过这个活动,学生们不仅体验到了劳动的艰辛,更重要的是提升了综合劳动技能。图3-14是蜜蜂农场建设情景。

(二)挖掘家长资源,整合生命教育课程

1. 携手合作,确定课程方向

学期初,为了了解"蜜蜂农场"可以开展哪些田园课程或活动,班主任根据班级实际组织

图 3-14 W 小学"蜜蜂农场"建设

学生与家长讨论,发现其中大多数板块需要家长参与。于是,家长在班级群里自愿报名,积极参与起来。在选择课程主题时,本节作者充分尊重家长的意见,当家长不知道该怎么准备时,适时给予家长指导建议,以保证课程正常、系统地开展。如小贺的爷爷种植经验丰富,在其妈妈的动员下,贺爷爷主动担任了种植辅导员,我们还给贺爷爷专门颁发了聘书;小王爸爸对美食很感兴趣,田园美食版块就由他负责;小刘妈妈及其他四位家长发挥专长,承担了农作物大讲坛的任务。

2. 聚焦主题,搭建田园课程

结合家长资源,共同商议确定了以下蜜蜂农场生命教育课程内容(见表 3-5)。

表 3-5 W 小学蜜蜂农场生命教育课程内容设置一览

课程名称	蜜蜂农场生命教育课程		开发实践人员	学生、家长、老师
课程目标	1. 让学生参与田园种植,亲历种植全过程,锻炼其劳动能力,培养其热爱劳动的品质 2. 让家长在田园课程的开发与建设中发挥主动性,实现家校合作最优化 3. 田园与学科对接,实现课堂教学与劳动实践的融合			
课程内容 (校内篇)	**课程名称**	**课程内容**		**参与者**
	农作物大讲坛	1. 熟悉各个节气的农作物特征 2. 邀请家长参与每个节气农作物的相关知识讲座		家长
	种植实践	1. 学习蔬菜种植、料理,体会劳动的艰辛 2. 体验劳动的乐趣,热爱劳动		家长、学生

(续表)

	课程名称	课程内容	参与者
课程内容 (校内篇)	田间朋友	1. 认识田野里的昆虫 2. 了解昆虫习性,爱护小生命	学生、教师、家长
	项目学习	针对某一农作物开展相关研究	学生、教师
	田园美食	1. 对每个时期的时令蔬菜进行绘画 2. 邀请家长和学生用种植的蔬菜制作美食	学生、家长
	公益菜摊	1. 种植的蔬菜摆摊销售 2. 在销售过程中培养合作、理财等能力	学生、家长
田园课程 (校外篇)	红色游学	1. 以徐英故乡为依托,了解烈士事迹 2. 培养学生的爱国情怀,助其树立远大的志向	学生、家长、教师
	劳动实践	1. 了解农作物的种植方法 2. 参与劳动,体验快乐,热爱劳动	
	乡村特色活动	1. 组织学生参加乡村特色活动,如摘茶、包粽子等 2. 根植热爱家乡的情怀	

劳动课程的建设形式多样,但基于乡村资源开展的劳动实践需以尊重兴趣、基于经验、联系生活、多元选择、着眼发展为理念。如杭州富春七小依托"开心农场"开发"新劳动教育课程群",包含农事劳作、劳动创意和快乐生活三项子课程,共开设了 60 多门深受师生喜爱的课程,涉及人文、科学、艺术、语言、道德五大领域①(见图 3-15)。

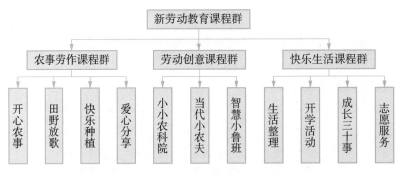

图 3-15 杭州富春七小新劳动教育实践课程架构

(三) 依托主题活动,开展生命教育实践

1. 开展种植实践活动

以"蜜蜂农场"为载体,我们有效整合、合理利用农场资源,开展了一系列种植活动(见图 3-16)。在种植和育苗劳动中,孩子们学到了不少农业知识,领悟到劳动光荣,劳动者伟

---

① 章振乐. 劳动教育的时代转型——以富春七小新劳动教育探索为例[J]. 人民教育,2019(22):61-64.

大的道理。比如借助农场里的"铺薄膜"活动,对孩子进行生命教育,让他们懂得"生命来之不易"。在"蜜蜂农场"中,教师和家长们传授天地之事,丰富受教育者的精神世界,引导学生学会生存、学会珍惜。

图 3-16　W 小学"蜜蜂农场"种植实践活动

基地建成初期,孩子们种植的农作物收成并不理想。于是,孩子们回家咨询父母、上网查找资料,甚至有个孩子把自己有多年种菜经验的爷爷带到学校农场进行现场勘查。各个小组还把查找的原因分析汇总,逐一筛查。最终明确了根本原因:土地营养匮乏。改良土壤,势在必行! 一个家长提议用校园落叶化成的黑泥以及动物之家的鸡粪肥土改善土质。简单计划安排后,有 5 位家长和孩子们利用周末时间,完成了改善土质工作。

2. 发起跨学科主题活动

春天是播种的季节,花儿盛开,万物复苏。本节作者在班级中开展了一次"我的种植,我做主"讨论会。首先,让孩子们自己选择在农场空置的三畦地里种植什么蔬菜,然后投票决定,得票最多的就是今年种植的蔬菜。给予学生自主选择的权利,让他们着眼于感兴趣的事物进行探索和学习,孩子当然就会以高昂的热情投入活动中。

在种植课程中,观察与记录这两个环节十分重要。教师可以提供多样的观察条件,让孩子长期观察、亲自管理、坚持记录。在这个过程中,孩子们能学到很多知识,如:浇水要适中、施肥要定期、除虫要及时,怎样搭人字架才利于黄瓜生长、什么时候给黄瓜摘心等。同时,他们也会遇到很多问题和困难,如:枯叶、生虫、不开花、不结瓜等。此时,教师就可引导孩子们发挥集体的力量,想办法去解决问题。这样的学习过程,会是孩子们终生难忘的经历。

在黄瓜种植课程的实践中,本节作者选择了一些贴近孩子生活的课程形式,给孩子以多层面、深层次的科学实践机会(见图3-17)。如黄瓜营养大揭秘活动,通过图片、视频和品尝黄瓜的方式让孩子知道黄瓜里面含有丰富的维生素,有助于补充身体营养;给黄瓜搭人字架活动,围绕黄瓜生长过程中的劳动实践,让孩子们懂得做好黄瓜藤蔓的管理,才能让黄瓜生长得更好。除此以外,本节作者还充分利用种植课程的成果——黄瓜,开展了一系列的美术活动,如黄瓜造型设计、黄瓜水墨画、黄瓜写生等。

图3-17　W小学黄瓜种植主题活动

孩子们将摘下的黄瓜简单加工,或一起分享,或带回家让父母品尝,乐在其中。

3. 策划公益菜摊活动

售卖收获的蔬菜果实,是培养孩子社会交往能力的有效途径。为此,W小学专门在学校门口设立了一个"蜜蜂农场"菜摊,用于组织开展售卖实践活动。家长和孩子们先一起到种植园采摘黄瓜、茄子、玉米等新鲜蔬菜;然后,进行整理、挑拣、装袋,运送到学校北大门进行义卖。义卖现场,孩子们热情高涨,分工有序。有的忙着布置摊位,有的大声"吆喝"叫卖,有的收钱找零……因为是爱心义卖,每袋蔬菜的价格也卖得相对较低,所以师生们刚把蔬菜摆好,等待接孩子的家长们就三三两两地来到义卖摊位前,你买一袋青菜,我买一袋萝卜,不一会儿就售罄了,所得善款捐助给学校特困生。家长们纷纷给孩子们竖起了大拇指并表示此次蔬菜义卖活动,是一次正能量、有温暖、有爱心的活动。同时在售卖过程中,同学们也真切感受到了如何与他人沟通,学会了团队协作。

在这样的售卖活动中,孩子们扮演社会角色,学习社会规则,体验社会生活,用真实的体验不断积累着社会交往经验,用自己的付出感受帮助他人的快乐(见图 3-18)。正如一位家长所说的:"孩子们这一步的迈出,收获很多。且这种收获和感受是我们家长和老师所不能给予的!俗话说得好,授人以鱼不如授人以渔。我们该学会放手,让每个孩子自己尝试去走他们的未来之路!"

图 3-18 W 小学"蜜蜂农场"义卖活动

三、实现活动评价的价值

为了提高家长的积极性,完善乡村家校合作,我们需要建立一系列评价机制。

(一) 家校携手,多方位评价

基于自然开发的学科教学资源,不是教师主导,而是多方协同共同努力的结果。W 小学从学生的劳动技能、劳动态度、劳动精神、劳动创新等不同角度构建了"每天进步一点点"班级家长评价体系(见图 3-19)。首先,由家长引导学生设置小目标;然后,学生参与相应

图 3-19　W 小学家长参与现场考评

的实践活动;接着,由家长根据评价体系对学生在活动中的表现进行客观评价;最后,颁发相应劳动奖章。这样的家校携手,不仅能最大程度上唤起学生参与劳动的热情,促使其养成良好的劳动习惯,还能提升家长的积极性和认可度。

(二) 亲子互评,提高积极性

对于家长而言,孩子的认可是最大的动力,家长参与学校课程的建设与开发,孩子往往会更有幸福感。学校可以根据家长在活动中的表现,设置相应的奖项,并进行统一表彰。例如 W 小学借助开学第一课,举行了一场隆重的家长表彰大会。有一位家长动情地说:"本来只是想着为学校工作尽一分力,没想到带来这么多惊喜。成年以后,第一次拿到奖状,还是孩子亲手发给我的,太激动了! 孩子现在都很崇拜我了。以后学校的事,我们还会尽最大努力参与。"可见,这样的评价方式,不仅能提高家长参与学校事务的积极性,还能建立更为和谐的亲子关系。

问题思考

家长参与学校课程建设的活动,需要拓宽层面、提升层次、向纵深推进。这不仅体现在家长参与的数量增多、参与范围扩大,还体现在参与内容的丰富和参与程度的深入。因此,我们还需要进一步思考以下问题。

一、如何保障家长参与课程的质量?

乡村学校面对的家长,他们的学历可能不高,职业可能不够鲜亮,甚至自信心也不会很强。如何实现课程发展过程中家长资源的汇聚、辐射与创生? 这需要更多的探索与研究,形成基于现实基础的新经验。

而且,校级、年级、班级三级家委会需要在学生活动中实现沟通与整合。但是,在具体实践中,我们也发现,家长参与的全面性还有待提高;似乎总是有参与度不高的家长,有些是仍处于观望中的家长,甚至有时会出现部分家长替代现象。据此,我们需要进一步研究如何发挥三级家委中家长的力量,促成家长之间的相互影响,增强家委会的组织力量。

二、如何发挥学科教师的创造力和组织力?

目前,学校的校本课程基本上是以班主任组织和参与为主,很多科任教师对于课程建设中非自己所管辖的体系不是很清晰,这就给我们提供了再思考的主题:如何促进各学科教师参与到以家长为主的课程建设中来? 如何促成家长与各学科教师在校本课程中的直接合作? 这些问题自然涉及学校教师团队建设,受制于班主任的领导力,也反映出学校文化建设的质量和家校合作工作的水平。

三、如何引导家长参与课程评价?

随着课程改革的不断深入,家长参与校本课程评价成为推进课程改革的一个重要因素。但由于家长长期将自己定位为教育的支持者与维护者,参与课程评价的意识淡薄。面对种种原因,这两个问题值得我们进一步思考:家长参与课程评价存在的问题有哪些,原因是什么? 家长能否实施或如何实施有效评价?

未来发展

一、发挥互联网优势,创新课程形式

"互联网+"时代的教育对象、教育环境和教育资源等均发生了重大变化,信息技术条件下的家校合作教育变革更为全面和深入。这种变化倒逼着我们必须加快适应"互联网+"的机遇与挑战,以全新的思维方式去化解家校合作教育的现实困境,优化创新家校合作教育路径。

二、组建家长社群,丰富课程资源

课程,可以是一个人的课程,也可以是一群人参与。为了丰富课程形式,教师可以建议家长们以团队合作的方式开发课程内容。比如围绕某一农作物的栽培改良、嫁接等,让志趣相投的家长们加入同一个团队,共同思考课程目标的定位、课程内容的确定、课程活动的安排等。这样化零为整,学生接收到的相关信息在一段时间内也相对更加集中,印象更加深刻。

三、规范参与规则,提升家长参与课程质量

为了鼓励家长作为合作者参与学校的教育,我们提倡并利用各种活动来激励他们,提高家校合作的融合度和穿透力。另外,家长资源虽然丰富,但也要注意合理引导与开发。此外,教师还需要给予家长充分的尊重与信任,控制好活动数量,合理安排时间,给出菜单让家长选择,在轻松、开放、自愿的心态下对家长资源予以有效利用。家长与学校的合作和交流,促使学校积极对家长资源进行开发与利用,让家长成为教育的另一支生力军。

第四节　重要教育节点的突破[①]

案例导入

2019 年 9 月 23 日，"中国农民丰收节"来临之际，浙江省武义县 S 小学在学校操场举行了盛大的庆祝活动。

除了全体师生和家长代表，本次活动还邀请了县里农业专家蓝爷爷来讲课。蓝爷爷给同学们讲解了农业的发展史和种植方面的知识，告诉同学们：每一粒粮食，都浸润着农民伯伯辛勤的汗水，大家在享受美好生活的同时，要珍惜粮食，杜绝铺张浪费，争做勤俭节约的小先锋，为"端牢中国饭碗"作贡献。

四(2)班的同学向大家展示了畲族歌舞《畲家问茶》，此歌舞颂的是民族团结，舞的是劳动美好，唱的是丰收喜悦。这边《畲家问茶》刚结束，那边由二年级学生和家长出演的竹竿舞已敲响，只见手握竹竿的同学贴近地面有节奏地来回敲击，其他同学在竹竿间轻快地来回穿梭。

三年级的同学则以诗传情来喜迎丰收，用诗歌由衷地赞颂农民伯伯为祖国农业生产作出的巨大贡献。

> 在这片广袤的土地上，
> 四季飘香此刻分外浓烈，
> 金柚坠枝，
> 葡萄累串，
> 莲藕横斜……
> 每一寸土地都献出满腔的喜悦。
> 每一位学生都诵出由衷的欢喜。

---

① 本节作者为蓝美琴、陈国栋。蓝美琴，浙江省武义县熟溪小学高级教师，班主任；陈国栋，浙江省武义县熟溪小学党支部书记、校长，一级教师。

在操场四周还展示了同学们创作的农耕书画。一笔一画,同学们勾勒的既是线条,也是对历史的记忆与未来的向往,更是对长辈的深情与敬意。

在学校体艺楼一楼,一场热闹的"校园农博会"正在进行。一大早,同学们在家长的协助下,提着篮子,端着筛子,扛着甘蔗……兴致勃勃地把农产品搬到体艺馆,在家委的组织下有序地把农作物摆在指定的场地。

"头戴遮阳帽,身穿紫红袍……猜猜我是谁?"

"我的西红柿很新鲜,上面还有露珠!"

"老师,我的玉米颜色金黄,粒粒饱满!"

整个展厅内瓜果飘香,一派丰收的景象。同学们排队参观,流连其间,识五谷,认蔬菜,闻果香,增长知识(见图3-20、图3-21)。

图3-20　S小学学生参观农博会　　　图3-21　S小学"丰收节"现场

时隔一年,在2020年"中国农民丰收节"到来之际,学校为了让学生对乡民多一份了解,对农民多一份敬爱,对自己多一份自信,组织开展了农村老物件展示活动(见图3-22)。活动前,学校引导学生给自己的爷爷奶奶写一封信或做一张贺卡,让丰收节有了节日的仪式感。活动中,邀请爷爷奶奶来校参加活动,让他们感受到学校对农民丰收节的重视,从而对自己的劳动多一份自豪感。除此之外,每个年级还开展了"七个一"活动。同学们或奔走在田头,开展劳动实践;或伏案在桌前,进行小报绘制;或奔走在村庄,寻找刻印着年代印记的

图3-22　S小学丰收节老物件展示

老物件。整个活动过程中,学校和家长联手互动,共同参与,不但密切了家校联系,加深了学生与家长、教师与家长之间的交流和沟通,还促进了家校合作常态化机制的形成。

"中国农民丰收节"不仅是青少年农耕文化教育的重要载体,还是农耕文化实践活动的有效形式。学校与家庭合作,依托中国农民丰收节,开展丰富多彩的主题教育活动,可以让青少年感知民风民俗、追寻历史遗迹、体验农事活动、崇尚自然和科学,对坚定文化自信、建设文化强国、厚植爱国情怀等具有重要意义。此项活动也是 S 小学重大时间节点教育的一次有益尝试与突破。

原理解析

利用重要时间节点,通过家校合作,以家长与学生共同参与的方式开展教育,符合"因事而化""因时而进""因势而新"的内在要求,具有集中式、立体化和校内外联动教育等优势。利用重要时间节点开展教育,要从方法论的层面加以规划设计,包括坚持以学生为中心、内容与形式相统一、守正与创新相结合等原则,同时要从构建全员育人、全过程育人、全方位育人新格局的高度,处理好与常规时间的日常教育的关系。[①] 抓住时间节点开展教育,让成长更富仪式感,在强化学生社会认同感的同时,也会让学生认识到某一时刻或事物的重要性,使其内心充满敬畏,进而规范自己的言谈举止。

在乡村学校,除了开展好开学典礼、入学典礼、升旗仪式、入队仪式、毕业典礼等常规节点教育之外,还可以挖掘自然、乡土文化等资源,开展独具特色的活动,如农耕运动会、爱茶节、农耕阅读节、丰收节等。这些教育节点特色活动的组织,既需要家校合作,也将促进家校合作。

一、唤醒家长的教育意识,增强乡村孩子的自信

教育如同一棵大树,那些时间节点的事件就像大树随机生长的"节点"。如果我们视这些"节点"为宝贵的教育资源,站在全新的视角来反思和审读它,就能发现其中的教育契机;创造性地把这些"节点"串联起来,就会使教育焕发出勃勃生机。我们继续以"中国农民丰收节"为例来阐明富有乡村气息的教育节点对于乡村家长和学生发展的意义,乃至于对乡村教育振兴的意义。

"中国农民丰收节"以节日的形式表明中国的发展着眼于整体,注重城乡融合发展,也表明回归乡村文化,重视乡村发展,厚植中华文化之根,将成为乡村振兴的驱动力和支撑力。S 小学联合乡村家庭连续两年开展系列活动,宣传展示农耕文化的时代意义,从多个层面唤醒了家长固有的乡土意识,增强了他们的文化自信。

---

① 胡忠英.高校思想政治教育方法的改革与创新:以重要时间节点为视角[J].中国青年社会科学,2020,39(2):48-55.

S小学的有些学生因为自己的父母和祖辈都是农民,家庭条件不及别人而心生自卑。而开展这样的"丰收节"庆祝活动,让乡村学生感觉到了国家、学校对农民的重视,从而也提高了自信与自强,促进了自爱与自豪。一个孩子在微习作练习本上写道:"我只知道每年有教师节,没想到还有农民丰收节。今天我把贺卡送给爷爷、奶奶,他们特别高兴,全家都喜气洋洋的。"

一个老物件,看似简单的家庭物品,却是一个触发点,有效触发了学生的家国情怀;曾经承载着几代人的努力和付出,在可见、可感、可触中,构建起与亲人、家族、家乡为一体的"幸福网"。有位妈妈感慨地说:"看似很简单的物件,却一头连接着学校,一头连接着家庭,让我们知道,一件平平常常的物品也可以成为教育资源,成为联系家庭情感的幸福纽带。孩子的教育,除了分数,更重要的是与家庭融合的同时健全人格,与生活相结合的同时完善品行。"趁着学校的东风,一些班级也开展了丰收节老物件展览活动。老师们说:"小朋友们勇敢地上台介绍老物件,虽然话语稚嫩,似懂非懂,但那种自豪感和对农民伯伯的敬意令人感叹不已!"

二、提升乡村家长的教育认同感,密切家校协作关系

中国农民丰收节,作为一个鲜明的文化符号,具有突出的丰收寓意、时代内涵,既是对农民职业的重视、农民地位的肯定,也是对农耕文化价值的重新审视、民族文化基因的积极传承。[1] 在S小学三(1)班"作为家长,你觉得成立这个丰收节有何意义"的问卷调查中,有家长这样写道:"有利于让孩子们体验农民伯伯的艰辛,懂得劳动最光荣,从小养成不怕苦、爱劳动的好习惯。"有的家长认为,国家设立"农民丰收节",说明政府尊重农民,尊重劳动成果,要让所有人知道劳动的重要性。还有的家长说,丰收节是农民一生的光荣,农民的地位变得更重要了。

一位班主任感慨地说:"在收集这些贵重物品时,大家行动迅速!因此数量多、种类广!可见学生的积极性很高,家长'献宝'支持的力度很大!"也有的班主任说:"有的家长很给力,虽然老家离得很远,但一个电话就送来了。大物件搬运不方便,家长二话不说花钱雇车也送了过来。"还有的说:"这周大孩子、小孩子都回老家'淘宝'了,增进了与祖辈的感情啊!"

不仅是丰收节,在多类型的教育节点活动中,到处都有家长陪同和参与实践的影子:在劳动课程的学习中,有来自家长的支持;在物件的搬运过程中,有来自家长的帮助……正是这样的活动,促进了与家长的相互了解,提升了活动的意义与价值,促进了家校合作的深度发展。

三、助力家长更新教育观念,促进人才培养

当下,许多学生虽然生长在农村,但对农业知识和农业活动知之甚少。随着农村家

---

① 刘爱华.秋分与民俗认同:乡村振兴背景下中国农民丰收节符号体系的构建[J].宜春学院学报,2021(1):56-61,88.

庭生活水平的不断提高，家长也是望子成龙，望女成凤，不想让孩子留在农村当农民，也不让孩子参与农业生产劳动，更不对孩子讲授农业知识或传授农业技术，导致不少学生小麦韭菜都分不清。作为乡村学校，要帮助家长打开视野，帮助他们树立"大乡村观"，在传承农耕文化，助推乡村振兴的实践活动中，引导他们做有新时代思想和新发展格局的家长。

S小学利用"中国农民丰收节"的契机，通过一封信、农博会、老物件展、家长会等形式加强家长对孩子进行劳动教育的宣传，让家长明白孩子的教育成长并非只有成绩，认识到当前对孩子进行劳动教育的必要性与全面发展的重要性；让家长自觉地对孩子进行劳动教育，让孩子在家里做一些力所能及的家务活和农活。最终实现家校社携手共画劳动教育同心圆，在劳动教育中树德、增智、强体、育美，引领孩子们创造美好生活的目标。

类似"庆祝丰收节"这类活动的组织，当乡村学校联合家庭，乃至社区一起开展诸如"农耕运动会""爱茶节"等活动时，都会积极利用本地自然资源，同时发动家长积极参与，从而改变、提升家长的教育理念。在资源开发与家校合作中，有效整合教育力量，促进学生的全面、健康发展。

方法指导

一、结合本土资源，抓住重要契机

学校教育中有许多教育节点，如入学典礼、安全教育周、教师节、端午节、清明节、法制教育宣传日等。教育场域纷繁复杂的教育现象及其蕴含的道理，值得我们探索与思考。对于乡村学校来说，除了常规活动之外，还能形成乡村学校独具特色的活动吗？

答案是肯定的。就与自然资源直接相关的、稳定的教育节点活动而言，就包括"迎新春庆新年""植树节""世界水日""世界环境保护日""春节"等诸多选项。乡村以其独特的资源优势，可以创生更多具有本地特色的教育节点。比如：武义县的L小学结合蜜梨节开展的摘梨，制作梨膏、梨干活动[①]；S小学结合母亲节开展的让同学们为母亲泡茶、奉茶活动[②]（见图3-23）；Q小学结合世界环境日开展的"青山绿水在我心中"活动[③]（见图3-24）；W小学

---

① 武义芦北小学：桐琴蜜梨结伙伴，多力驱动促发展［EB/OL］.（2021-07-17）［2022-01-20］. https://mp. weixin. qq. com/s/gam6E9JS0D44GfPVUT-0RA.

② 熟溪小学："母亲节"熟小妈妈有惊喜［EB/OL］.（2018-05-12）［2021-01-20］. https://mp. weixin. qq. com/s/BwqqziLw4J016qYos1BRpQ.

③ 武义县泉溪镇中心小学：青山绿水在我心中［EB/OL］.（2021-06-04）［2022-01-20］. https://mp. weixin. qq. com/s?__biz=MzkxMjMyODE2OA====&mid=2247492473&idx=2&sn=46c05bb18a702b57485d7e3557c685b2&source=41#wechat_redirect.

利用自然资源开展的"农耕运动会"^①(见图 3 - 25)等活动。

图 3 - 23 　S 小学母亲节活动　　　图 3 - 24 　Q 小学世界环境日活动　　　图 3 - 25 　W 小学农耕运动会

二、多渠道融合,进行教育节点的路径设计

(一) 拓宽格局,了解政策动态

每个节点教育背后,都有相关的政策支持,因此,在开展活动之前,教师有必要对其进行解读,以保证活动的正确价值取向。如在"中国农民丰收节"活动开展前,S 小学解读了以下的政策信息:党的十九大作出的实施乡村振兴战略的重大决策部署,2018 年、2019 年中央一号文件强调要大力实施的乡村振兴战略。通过相关政策的解读,我们了解到农民丰收节是继 2017 年成立"中国医师节"之后,经党中央批准、国务院批复后第一个在国家层面专门为农民设立的节日,意义非常重大。

上述活动的开展就是以武义"希望之光"项目研究为背景,以 2019 年"中国农民丰收节"为契机,由上海终身教育研究院与武义县教育局联合发起的"2019 年中国农民丰收节之教育价值开发研究"活动。在深入学习国务院有关"中国农民丰收节"确立、开展的相关文件基础上,该活动邀请相关志愿参与的教师、学校、家长共同投入,力图探索新时代背景下乡村振兴与教育发展的新策略、新途径,以"家校社合作、多力驱动、多环交融、终身学习"为原则,具体创生乡村中小学相关教育活动的新思路、新形态、新价值。

(二) 结合现状,策划活动展开

1. 开展问卷调查

首先是调查方式的选择,不同的家庭可以根据情况采用问卷星和访谈等不同的形式;其次调查问卷的语言表达力求简明、朴实,既要准确,又要让家长读得懂;最后,问卷调查对

---

① 程国平,雷春伟. 王宅小学举办"农耕运动会"［EB/OL］. (2017 - 10 - 31)［2021 - 01 - 20］. https://mp. weixin. qq. com/s/QDXsm9jKKUoG0utWjpxQRQ.

象的确定,要有不同地区、不同范围的选择和比较。

2020 年,本节作者所在学校的问卷从知晓度、教育价值挖掘、家庭参与的可能性、疫情视角下的"中国农民丰收节"四个维度进行设计,目的是充分挖掘"农民丰收节"的教育价值,用教育的力量助推乡村教育治理。从答题反馈情况来看,有接近 60% 的孩子不知道这个节日,这在一定程度上反映出不少家长在这方面缺乏了解,因此政府相关部门还需加大宣传力度,提高节日知晓度,让更多的农民知道并参与到节日中来。同时,我们也了解到支持这一活动的家长达到了 100%,这让我们清楚地看到了做这项研究的价值与意义。项目组对浙江武义和江苏常州两地的调查情况进行了汇总,具体数据如表 3-6 所示。

表 3-6　"中国农民丰收节"的知晓度调研数据

地区	调研对象	有效问卷数	知晓率	不知晓率
浙江武义	武义县"希望之光"乡村班主任群体	69	43.48%	56.52%
	武义县熟溪小学三(1)班家长	44	40.91%	59.09%
江苏常州	常州市某小学五(3)、五(4)班学生	81	17%	83%(含只听说过名称的 35%)
	常州市某小学五(3)、五(4)班家长	81	37%	63%(含仅听说过名称的 26%)

通过对调查数据分析得知:乡村小学、城镇小学的学生、家长、教师对"农民丰收节"的知晓率均不足 50%,而城镇的尤甚。[①]

2. 制订活动方案

制订学校重要教育节点活动方案时,需要注意以下几点。

(1) 明确团队分工,特别是有需要家委合作的部分,要做出具体解释与相关辅导。

(2) 合理安排时间,这个时间点就是告诉大家在规定时间内该做什么,怎么做更好,鼓励创新是关键。

(3) 关注活动细节。在制订工作计划时要认真思考,做到层次分明,任务明确,方法、步骤及措施井然有序,每个环节有条不紊。特别是有家长与学校合作的部分,要注意环环相扣,做到协同合力,体系完整。

如 S 小学"庆祝丰收节"活动方案(见表 3-7),各个板块内容清晰,责任到人,有具体的完成时间点。相关人员一眼就能够知晓自己的任务与职责,为活动的顺利进行提供了保障。

---

① 顾惠芬.从乡村治理到城乡共学——拥抱新时代教育资源的开放性——以"循七十年丰收史诗,创城乡间学乐丰年"研学活动为例[C]//上海终身教育研究院."乡村社区治理背景下的家庭、社区、学校合作"研讨会暨第三届全国乡村班主任发展研究论坛论文集.2019:28-38

表 3-7　S 小学 2019 年"中国农民丰收节"活动安排

相关内容	具体内容及要求	负责人
活动主题	同唱丰收曲,齐声颂祖国	
活动时间	9 月 23 日下午	
活动地点	操场、体艺楼及相关地点	
活动总负责人	制订活动方案并督促各个环节的落实、开展	贾××
活动具体内容及负责人	一张贺卡表敬意	五年级班主任
	一张美景传喜悦	三年级班主任
	一次农活来实践	四年级班主任及各班家委
	一份小报庆丰收	六年级班主任
	一次课程来学习	蓝××及学校家委
	一件旧物长见识	各班班主任及各班家委
	一次快闪赞祖国	贾××
活动场地布置	主席台布置、幻灯片制作	吴××、贾××、王××、应××、蓝××
活动摄影及音响准备	活动前一天准备好设备	何××、金××
活动报道及公众号编辑	当天晚上在公众号推送发文	蓝××、王××、何××
活动主持负责人	挑选主持人并做好相关辅导	程××、徐××

(三) 营造氛围,做好广泛宣传

任何活动都带有目的性,为了达成目标,营造活动氛围进行宣传是非常必要的。乡村学校可以根据自身的优势,采用海报、黑板报、学校橱窗等文化阵地进行宣传,让孩子们自己绘制和张贴宣传海报,既能锻炼孩子们的动手能力,又能激发智慧,锻炼他们的胆量。其中制作贺卡就是一种不错的方式,S 小学在"丰收节"活动中,让孩子们给祖辈制作一张丰收节贺卡(见图 3-26)、听老人讲述干农活的故事。在贺卡的制作中,在祝"爷爷(奶奶、外公、

图 3-26　学生写给长辈的贺卡

外婆)丰收节快乐"中(见图 3-27),融入的是孩子们对长辈的亲情与敬意;在听老一辈农民讲述农村故事的过程中,孩子们也深深感受到了农民身上闪烁着的自力更生、艰苦奋斗的精神。这样的亲手制作与面对面的交流互动,促进了隔代之间的感情交流,传递了因为丰收节而带来的喜悦与情感交融,使教育的意义和价值得到延伸和发展。

图 3-27　学生写给长辈的祝福

同时,活动的顺利开展还需与相关部门进行合作,充分体现社会参与。"中国农民丰收节"既是农民的节日,也是市民的节日。在推进新农村建设中,只有实现社会融合发展、部门联动发展,才能真正促进农民增收,实现乡村振兴。如上海马桥社区学校在对第一届丰收节进行总结反思的基础上,明确了活动意义的时代定位,推动本镇的 200 支学习团队和农委、教委、医疗、科普等多个部门协作,开展了"乐在丰年""同庆丰年""喜在丰年""暖在丰年""学在丰年"系列活动。[①] 这种多主体、多部门的合作参与理念,使"丰收节"在实现国家层面"调动农民积极性、主动性、创造性,提升农民荣誉感、幸福感、获得感"这一核心价值得到充分体现,也为乡村学校开展城乡合作、各部门合作打开了新思路,提供了优质范例。

三、利用重要教育节点,推动多类活动展开

(一) 结合本土资源,开展主题活动

2020 年 9 月 10 日,农业农村部、教育部发布了《关于开展中国农民丰收节农耕文化教育主题活动的通知》(简称《通知》)。《通知》指出:各地各民族传统农事节庆是鲜活的实践教育资源,中国农民丰收节是青少年农耕文化教育的重要实践形式。[②] 为贯彻《通知》精神,全国各地中小学围绕"农耕文化教育"这一主题开展了丰富精彩的活动。例如北京市平谷区第一小学利用升旗仪式,向全体师生介绍了"丰收节"的来历。[③] 又如,江苏省常州市清英外国语学校家校合作,开展了感受丰收节快乐的创意活动:在家长们的支持下让孩子们化身辣椒、土豆、玉米等可爱的农作物;在家长的多方联系下成功举办传统农具和现代化农业

① 田间地头晒丰收 享丰收 说丰收　沪郊农民欢庆首个"丰收节"[EB/OL]. [2021-10-11]. http://www.shio.gov.cn/sh/xwb/n782/n783/u1ai18758_K318.html.
② 农业农村部办公厅. 教育部办公厅关于开展中国农民丰收节农耕文化教育主题活动的通知[EB/OL]. (2020-09-17)[2021-10-11]. https://baijiahao.baidu.com/s?id=1678042455390434943.
③ 平谷一小:我们也过丰收节![EB/OL]. [2021-10-15]. https://mp.weixin.qq.com/s/jt83emMuV7H5OL-S6cA0_Q.

机器展览;在核心家委的引领下深入研究一带一路国家主要农作物和农业发展状况。① 江苏省常州市龙虎塘实验小学发动家校多力驱动的作用,家长与孩子通过网上搜集资料、采访老一辈等方式,了解"农民丰收节"及新中国70年以来农村农业农民的发展变化,用小报、资料卡等记录获得的相关知识。② 城市学校的相关探索,对于乡村家校合作工作也同样具有重要的启示价值。

(二) 结合乡土文化,开展特色活动

为迎接2020年5月21日首个国际茶日,倡导"茶为国饮",传承、弘扬和创新中华优秀茶文化,S小学开展了"知茶爱茶　共品共饮"创新活动③。此次活动在全校师生、家长的积极响应下,围绕"茶"的主题,从茶之自然、茶之雅趣、茶之人情等众多角度,创作完成了一件件"茶"的佳作。小茶人们通过采茶、制茶,写茶诗、茶作文,讲茶故事,画茶画,设计茶席,展茶艺等一系列活动,表达了对茶文化的理解与感悟,对家乡的热爱与赞美。

具体而又全面的活动方式,激发了孩子们想象的天赋,凝聚了孩子们对美好生活的追寻和期待(见图3-28)。孩子们以生活为源泉,创作了一首首生动有趣的茶诗,用稚嫩的语言赞美茶文化的博大精深。茶故事趣味横生,脍炙人口。茶画生动有趣,想象丰富。翠绿欲滴的茶树丛,俏影丽容的采茶女,古色古香的茶具,在孩子们的笔下栩栩如生。茶席设计清雅绝俗,各具特色,让人赏心悦目,神驰物外。茶艺表演行云流水,优雅大方,使人深深沉醉,让前来参加活动的家长赞不绝口。

图3-28　S小学"爱茶日"活动

中国是茶的故乡,武义是中国有机茶的重要产地。茶文化源远流长,包含着丰富的文化内涵。S小学通过茶文化系列活动的开展,培养了乡村学生"廉美和敬"的茶德精神,弘扬了中华传统文化,提高了学生的生活品位与艺术修养。

---

① 常州道德讲堂:丰收节,这所学校的娃娃们乐翻了天[EB/OL].[2021-10-20]. https://mp. weixin. qq. com/s/mUliUArI2zx-g6pYDY_mcQ.

② 常州教育发布:今天,常州师生一起"丰收"成长的果实![EB/OL].[2021-10-20]. https://mp. weixin. qq. com/s/Tz8w35tzXp F29mbPCmbSag.

③ 熟溪小学:知茶爱茶　共品共饮——熟溪小学小茶人献礼首个国际茶日[EB/OL].[2021-10-25]. https://mp. weixin. qq. com/s/j5i76rfIY1nM1Vc5XoEJQw.

(三) 结合乡村优势,开展实践体验活动

农村教育最大的优势就是乡土资源。农村教育需要更加近距离地接触乡土,充分依托乡土资源,积极地进行尝试与探索。通过乡村家校合作,完全能让学生在开发乡土资源的过程中获得高质量的发展,完全能呈现乡村教育的独特价值,乃至于为儿童的终身发展奠定自然的、文化的根基。

在第 50 个世界环境日来临之际,借着环境日主题"人与自然和谐共生",Z 小学的孩子们历经了一场趣味生态科学的探索——植物拓印。

植物拓印是一次神奇的体验。本次活动要求学生和家长合作,在室外摘来各种形状的树叶,通过物理敲击,将新鲜植物叶片的汁水印染在纯色棉织物上。随着清脆的敲击声,成果初见端倪,形成的叶片脉络清晰、色彩斑斓的图案跃然在织物上。在此基础上,可以进行拓印包包、拓印纯色棉 T 恤等二次创作。在老师的指导和家长的配合下,孩子们根据要求不断尝试,相互合作,践行科学知识,体验周末和爸爸妈妈一起参与科研活动的快乐。孩子们捧着制作完成的作品,脸上洋溢着成就感,就连家长也一同体味到了久违的童年乐趣。

活动让孩子知晓了自然保护、生态文明的建设理念,给乡村孩子的童年生活留下了一抹难忘的剪影。孩子们在活动中学习和掌握了用绿色植物的茎、叶、花的天然颜色染色的技巧,也了解和学会了固色的小知识。活动既锻炼了孩子的动手能力,也提高了孩子们的审美情趣。①

总之,立足乡村,扎根乡村,通过家校合作的方式,充分利用重大事件、重要活动,借助各类仪式、节庆、庆典等,找准时间节点,可以很好地形成教育节点。乡村校长、教师和家长可以根据本地特色,创生富有本地区、本校特色的教育节点活动并延续下来,发展成为品牌项目和创新成果。各类乡村教育节点活动甚至可与联合国 2030 年可持续发展议程相呼应,充实、发展和体现全球性的节庆、纪念、主题教育活动。乡村校长、教师、家长应保持对教育节点的敏感,以合作的方式创造性地开展教育活动,遵循教育活动开展的基本原则,促成乡村教育的高效发展。

问题思考

一、如何使乡村家长和教师认识到教育节点的育人价值?

时间节点是重要的发展资源,教育是时间节点奏响的交响乐。把握好时间节点开展教

---

① 桐庐县窄溪小学. 植物拓印趣味科学——窄溪小学第 50 个环境日主题活动 [EB/OL]. (2021 - 06 - 05) [2021 - 09 - 10]. https://mp. weixin. qq. com/s/-_aAU4-eNS-jA4dsKOApnw.

育,需要教育者建立起系统思维,务实有效合作,大胆创新实践和倾情投入。乡村家长、教师只有充分认识到教育节点的重要意义与价值,才能在每一个时间节点上,保持对教育成果的思考和探索。

由于一些乡村家长对重大时间节点敏感度不高,缺乏认知,一部分孩子参加活动时得不到家长的理解与支持。因此,加强家长的节点教育认知,成为提高活动参与度的一个重要问题。

乡村老师需要进一步树立教育节点育人意识,以各类大小节日为切入点,利用好节日的教育资源,融入学校育人文化、传统文化等因素,拓展每个时间节点的育人价值,丰富学生的生活,调节学生的心理,使他们树立正确的人生观、价值观。以系统教育观统筹各类时间节点,串联起教育节点体系,构建内容丰富、平台多样、个性化的教育体系,提升家校合作的整体水平。

二、如何实现日常生活与节点教育的有机连接?

时间节点好比公交车线路中的一个个站台,需要在整体中定位并实现价值。依然以"中国农民丰收节"为例,怎样把丰收节的活动与日常学科教学、班级管理、德育教育结合起来呢?"丰收节"只是漫长教育中的一个站台,不是终点。孩子们与家长及老师需要从这里生发更多的支点。比如在本节作者开展"丰收节"活动时,学校把"祝福祖国,感念党恩"作为其中的一部分内容。活动结束后,爱国主义教育怎样在原来的基础上实现连接和延续,或者在开展下一场活动时,怎样实现两个活动的彼此关联?又如,怎样借此次"丰收节"的机会进一步开展"光盘行动",真正把"不浪费一粒粮食,光盘行动我能行"落到实处,使节点教育与日常教育连点成线,成为铸成孩子成长的长城呢?

三、如何将节点教育整合形成校本特色课程?

节点教育虽然只是教育中的一个片段,但对孩子、家长及老师的影响却很深远。S小学丰收节活动落下帷幕后,学生、家长、老师都有意犹未尽之感,大家感叹一个看似跟学校关系不大的节日,原来可以挖掘如此大的教育价值。在活动结束后进行的工作群交流中,很多老师都有这样一种感悟:丰收节虽然只有一天时间,但我们的研究应该延续,应该形成我们自己的丰收节校本特色课程。另外,在与孩子们聊天时,有的孩子觉得活动一下子就结束了有点遗憾,总觉得还没看够、玩够;有的家长建议在"丰收节"活动结束后,在此基础上加大让学生探究、体验的范围与力度,让更多的家庭参与进来;有的老师说,可以让"献宝"的学生走红地毯,到献宝主席台,由他们亲自介绍"宝物",拍成视频,作成宣传片。这些告诉我们,节点教育的价值不仅仅在于活动的当时,更应该以此为契机,让它成为学校的品牌,形成属于自己的特色课程。

未来发展

一、以节点教育为契机,让孩子成为家庭学习的主体力量

终身学习理念强调"人人皆学、处处能学、时时可学",家庭教育亦如此。首先需要改变将家庭教育视为"父母教育子女"这一狭隘的理解,进而丰富对教育主体的认识,看到家长向子女学习的可能性。[①] 例如,"丰收节"既给农民带来了商机,也给家庭带来了一定的冲击。直播带货、微信与抖音销售等网络销售方式让一些家长感到措手不及,看到了自己的不足和劣势。部分乡村家长不会发朋友圈、不会使用支付宝,更不会利用网络将自己的农产品成功推销出去,农产品滞销给家庭发展带来困境。而如果每个孩子都有隔代或者三代互学互进的意识与行动,把自己在学校所学的文化知识与信息技术反哺给家庭,让家长渐渐跟上时代脚步,在改善家庭关系的同时促进家庭的发展,提高生活质量,这将会给乡村家庭注入强大的生命力。

二、以节点教育为契机,更新乡村家庭教育理念

"丰收节"等各类节庆活动,既和中国文化息息相关,也同样具有重要的家庭教育意义。学校对家庭教育的指导不应仅仅停留在知识与方法的传递上,还必须拓展到对家庭成员学习意识的激发与学习行为的引导,促成家庭成员之间相互学习,促成家庭教育观念的更新,促成乡村学习型家庭建设方面。学习型家庭是一种新型的家庭形态,一种和谐的生活方式,一种健康的家庭文化。[②] 在振兴乡村的时代背景下,建构乡村学习型家庭,家长必须从多方面作出努力,其中以参加学校组织的相关教育节点活动为契机,实现教育理念更新,是经济又实惠的方式。在终身学习的视野下,如果父母能够主动地投入学习与实践,主动支持学校开展活动,并在活动中形成家长与孩子、家长与家长之间的互帮互学,不断更新教育观念,使自己在教育理念和方法上与老师达成共识,那么就能促进学生主动、健康地成长。

三、以节点教育为契机,推进乡村社区治理

在乡村振兴和新型城镇化协调推进、城乡加快融合的时代背景下,迫切需要破除乡村治理的体制机制障碍,推动乡村治理模式、内容、形式多元化、多样化发展,加快构建乡村治

---

① 李家成,许滢. 家庭教育应"人人、处处、时时可学"[N]. 中国教育报,2020 - 11 - 26(9).
② 庞文婧. 更新家庭教育观念,构建学习型家庭[J]. 中国校外教育,2010(S1):21.

理新体系。[①] 本文列举的全国多地乡村学校结合节点开展的活动启示我们，各类教育节点活动的设计与组织，有助于促进乡村振兴，推进乡村治理。乡村学校与主办部门、承办单位之间，家庭与家庭之间，具有丰富的互学共学资源，具有广泛的合作前景，为推动乡村治理提供了实践路径的经验参考。节点教育蕴含着极大的教育资源，乡村学校在各个节点教育中的实践与探索，有利于促成"学校—家庭—社区"教育合作共同体建设，打破乡村的封闭性，活化乡村教育资源，促进社会资源的有效流动，推动多主体的联动合作；有利于推进乡村治理改革，同时也为学习型乡村的建设提供了工作思路和方法经验。

---

① 邓吉敏. 乡村振兴战略下我国乡村治理理论与实践研究[J]. 农村经济与科技,2021,32(11):263.

第四章 学在社区：校社合作，共建乡土

作为乡村治理的微观单元,乡村社区既是学校、家庭共同生活的场域,也是学校、家庭共同合作的助力。在基于乡村社区的家校合作中,高质量的家校联动对乡村的文化学习与挖掘是丰富且有意义的,学校教育哺育乡村,乡村文化反哺学校教育,能让"沉寂"的乡村焕然一"新"。乡村社区蕴藏的丰富资源,亟待更多的投入与创造!

第一节 乡村公益活动的策划^①

案例导入

2019 年 7 月 14 日,广东省阳江市阳东区东城镇中心小学的校园里传来了响亮的歌声,一曲高亢激昂的大合唱《歌唱祖国》响彻宁静的校园。舞蹈室里,一群同学与志愿者舞动着曼妙的身姿,迈着轻盈的舞步,展示着青春的活力;足球、篮球场上,同学们盯着球你争我抢、你追我赶,场下热火朝天、掌声如雷;活动室里,同学们与志愿者摆开棋局,大战三百回合;阅览室里,同学们、老师与志愿者们在安静地阅读。其实这是暑假中的校园,却跟开学时一样充满活力。

这项活动始于 2017 年 12 月,本节作者加入了广东省阳江市阳东区"学校德育工作研究群",接触到了"你好,寒/暑假!"有关项目活动。2019 年暑假前,研究群里发布了由李家成教授发起的项目招募。本节作者看到了刘海霞老师申报的"七彩假期"乡村公益活动,受到了极大启发,也激起了兴趣。7 月 5 日中午,区教育局蔡海霞老师针对我们拟定的方案给予了指导,下午学校就向全校师生、家长发出了活动通知。在这九天里,乡村班主任、学生、家长、义工队骨干共同策划、组织,14 日在学校会议室举行了公益活动的启动仪式,学校领导出席仪式并提出要做好相关的安全教育工作。

这次活动得到了家长、社会的普遍欢迎和好评,在他们的呼吁和要求下,原计划 14 天分两期举行的公益活动,持续开展了 40 多天。本节作者作为公益团体的活动项目负责人、乡村班主任,积极发挥组织者的作用,推动活动扎实有效地开展。另外,学校有 10 多位老师主动参加了活动,他们都是阳东红日义工队的注册队员。活动中,有特长的学生、家长和其他志愿者纷纷来到现场,为活动加油助威。

本次活动的开展,A 义工队共派出志愿者 500 多人次,为东城镇周边及那龙镇历屯村

---

① 本节作者李远兰。李远兰,广东省阳江市阳东区东城镇中心小学一级教师,班主任。

委会的农村留守儿童提供了超过 4 000 小时的志愿服务。20 多名来自不同乡村学校的留守儿童得到了志愿者老师们无微不至的关爱。孩子们不但增长了见识,丰富了知识,还领悟了许多人生哲理,树立了正确的人生观和价值观。

该活动自启动以来,分别在 Q 小学和区文化馆开辟了两个场地(见图 4-1),并且定期到几个乡镇村落开展活动。活动内容有安全教育、心理辅导、音乐美术瑜伽舞蹈等艺术分享、体育分享、学业辅导、手工制作、礼仪课程等,形成走动的乡村大课堂。志愿者陪伴孩子们到图书馆看书,指导写读书笔记,辅导作文,提高农村留守儿童的阅读写作能力。志愿者还带领孩子们参与各类社会实践活动,在 Q 小学周边的商场、市场、广场、小区以及乡镇村落派发关于文明安全、垃圾分类等内容的宣传资料。他们还拿起钳子到公园、广场、市场周边、乡村等地进行垃圾分类,增强孩子们的环保意识,助力乡村建设,推动绿色发展。在边远山村,志愿者陪同孩子们一起关爱慰问独居老人,传承尊老敬老的传统美德,与老人互学本领。同行的孩子与边远山村小朋友手拉手,互相学习,共同进步。在儿童福利院,志愿者陪同学生代表与小朋友互动做游戏,培养关爱弱小、关爱他人的良好品质,增强自信心、成就感,为创建全国文明城市添砖加瓦。

图 4-1　在 Q 小学与文化馆的集体照

有了前期的经验,2020 年寒假与暑假,2021 年寒假,乡村教师充分调动学生、家长、祖辈的积极性,指导学生、家长策划组织,在学校、志愿组织、团区委、市红十字会、区妇联、政法委等政府部门的协助下,开展了以"七彩假期·把爱带回家"为主题的关爱农村留守儿童、关爱留守困难老人的公益活动。同时,结合建党一百周年庆祝活动,邀请退役军人给孩子、志愿者们讲军旅故事,培养新一代建设者的家国情怀。

在公益活动课程与社会实践中,侧重隔代互学共学形式,由家庭的隔代互学拓展为社会性的隔代互学。自 2020 年 1 月 15 日至 20 日,本节作者开展了为期 6 天的线下实践活动,班级家委成员与优秀学生代表积极参加志愿服务,让留守儿童的寒假生活更"温暖"。

在家校社合作开展的乡村公益活动中,家庭阅读、社区阅读、隔代互学等方面表现突出,成绩显著。疫情网课期间,学生在乡村班主任的指导下,在家里坚持阅读、画画,参加社会机构的疫情防控立体绘本实操,还与乡村结对的小朋友书信往来,共读一本书,写读书笔记、读书感言。这些活动,缓解了学生疫情期间紧张焦虑的情绪,让学生在轻松的氛围中结束了假期,促进了亲子关系、祖辈关系的和谐发展。例如,Q 小学五(6)班留守儿童小婷与弟弟参加乡村公益活动后,性格内向的姐弟俩喜欢上了剪纸、画画、看书、写日记,主动跟奶奶学做家务,教奶奶学英语……疫情期间,志愿者老师邀请姐弟俩参加培训机构的线上立体绘本实操,小婷的两幅防疫作品还被选登在全国公众号"寒假生活与学期初生活研究"的电子书中。

2021 年暑假,结合庆祝中国共产党成立 100 周年的主题活动,以及考虑到当地疫情影响,家校社三方深化合作,根据上级部门和学校的要求,家委隔代互学小组长牵头,红日大学生志愿服务队的返乡大学生策划,联合阳江当地职院大学生共同开展了"献礼百年·七彩假期"公益活动,以关爱乡村老人、困难群众、留守儿童为主,同时围绕乡村环境治理,持续开展河小青项目。

几年来,家校社联合开展的乡村公益活动收到了良好的社会效果。我们成立了以小学生为主的隔代互学小组群(60 人)、以中学生为主的七彩假期群(189 人),以及红日大学生志愿服务队(208 人),义工队群由开始 100 多人注册,发展到现在有 1 000 多人注册,呈现出义工们踊跃参与乡村公益活动的氛围。

原理解析

一、关爱乡村弱势群体的需要

随着社会不断转型和城镇化进程的不断加快,大量年轻劳动力外出务工,导致乡镇、农村产生了"三留守"人群。

本节作者在实践探索中发现,留守儿童在生活习惯、学习表现、心理特点等方面表现不积极。在班主任组织策划的公益活动中,学生、家长与祖辈一起跟着志愿者老师学习,锻炼身体,形成共学互学的融洽氛围,促进了亲子关系、祖孙关系的和谐发展。此外,与本次探索类似,为了丰富同学们的假期生活,让大家度过安全、健康、快乐、有意义的假期,以共青团中央、中央文明办、教育部、民政部、妇联联合部署实施的"七彩假期"青年志愿者关爱农村留守儿童项目为契机,家校社共同开展了"七彩假期"系列公益活动。

实践证明,家校合作发挥了各部门各群体的优势,使农村留守妇女、儿童和老人困有所帮、爱有所依、居有所安。

二、践行国家教育政策的体现

2021 年寒假，全国妇联联合教育部、关工委等 12 个部门印发"把爱带回家"2021 寒假儿童关爱服务"四送"活动的通知。2021 年 7 月 15 日，全国妇联、最高人民法院、教育部等 12 个部门共同下发"学党史颂党恩　守护安全伴成长"2021 暑假儿童关爱服务活动的通知。从国家层面到地方，时时处处事事都体现着对乡村留守儿童身心健康的关爱。然而当前社会随着生活节奏不断加快，工作压力也越来越大，较多乡村父母不能长期陪伴在孩子身边，很少有足够的时间和精力去管教子女，亲子之间存在沟通不良、抵触情绪严重等问题。2021 年 7 月 9 日，教育部部署支持探索开展暑假托管服务，印发了《关于支持探索开展暑假托管服务的通知》（以下简称《通知》）。基于政策背景，案例中的乡村公益活动积极贯彻施行《通知》所提出的各项倡议策划乡村公益活动。从参与主体看，包含学校、教师、学生、家长志愿者等多元主体；从活动场域看，涉及教室、会议室、图书馆、体育场，区镇开放图书馆、体育馆等多处场馆；从开展的活动形式看，覆盖集体游戏活动、文体活动、阅读指导、综合实践、兴趣拓展、作业辅导等多样形式。乡村公益活动是对国家所发布政策的响应和探索，在促进儿童身心发展与营造良好文化氛围方面都产生了较好的社会影响。

三、乡村家庭向善氛围的体现

公益活动的开展是由许多个体、家庭、群体促成的。家校合作使得这个过程加入了学校的引领力量。家校合作开展的公益活动，一方面对于教师个人成长有很大提升，例如人际沟通、策划组织能力、专业技能等。另一方面，在活动过程中，能有效促进孩子的身体成长和智力发展，让孩子们在潜移默化中养成良好品格，激发他们与其他家庭成员的合作精神，将关怀他人的大爱引进家庭，培养出愿意为他人付出，想要帮助他人，想要为社会出一分力的新人。家校合作开展公益活动，也是在弘扬家庭美德，宣传学校文化，打造温馨向善的家风。

四、促进乡村社会可持续发展的需要

在联合国 2030 可持续发展议程的背景下，通过家校合作开展乡村公益活动，体现出多主体间的学习与发展，人与自然、地球的和谐共生。同伴之间的合作学习，亲子、祖辈间的友好学习，促进了农村的和谐发展，推动了农村文化建设。当下是建设高质量教育体系，巩固脱贫攻坚成果的时代，脱贫之后乡村建设的发展路向，是改善乡村物质生活，提升乡村精神生活，全面提升人民生活质量，致力于促进人民对美好生活向往的实现。

教师和中小学生、大学生、家长志愿者策划开展了"关爱清洁工""我是河小青""垃圾分一分,环境美十分""小手拉大手,创文一起走""清理海岸线"等家校合作公益环境治理活动。在这些活动中,志愿者走街串巷向人们宣传垃圾分类、保护水资源等知识,提高人们的环保意识,使大家自觉肩负起生态文明建设的历史使命,积极打造"河更畅、山更青、水更秀、岸更绿、景更美"的生活,推动乡村生态文明的发展,建设美丽乡村。家校合作的农村公益活动已然成为建设美丽乡村和美丽中国,甚至构建人类命运共同体的绿色动力。

近年来的寒暑假期间,本节作者所任教班级的学生、家长、祖辈在家庭里开展的隔代互学活动,已拓展为由家委成员、优秀学生等志愿者发起的家校合作的社会公益活动。例如以"七彩假期·把爱带回家"为主题,开展了关爱农村留守儿童、留守老人、困难清洁工等一系列公益性活动,兼顾创文巩卫、乡村振兴等项目,促进了学习型城市的发展,使受教育者在个人的品德、综合能力和综合素质等方面得到全面提升,营造了新时代文明、和谐、幸福的社会环境。

方法指导

乡村公益活动的内容很丰富,包括定期陪伴孤寡老人,整顿村容村貌,保护生态环境等。做好这些工作对于促进农村社会稳定、经济繁荣、全面发展具有十分重要的意义。以家校合作的形式开展乡村公益活动有利于乡村社会的健康发展,与此同时,家校合作乡村公益活动包含了家长、教师、儿童、老人和社区组织代表之间多重的人际联结,这些联结的建立有助于儿童的成长与发展,有助于家庭品质的提升。[①]

一、准备工作

(一) 乡村教师主动投入

乡村教育可能是中国教育改革最大的突破点、薄弱点。国家提出实施乡村振兴战略,促进城乡融合发展,但"产业兴旺、生态宜居、乡风文明、治理有效、生活富裕"目标的实现离不开乡村教育的鼎力支持。乡村班主任、科任教师对职业、对学生的爱,赋予了他们策划乡村公益服务的动力,他们想方设法让农村学生有实实在在的学习获得感、幸福感和力量感,让农村学生甚至农村人的思想和行为发生积极的改变。

(二) 学习项目经验

2016 年 1 月,华东师范大学学校、家庭、社区合作研究项目组和救助儿童会一起,针对

---

① 李家成,王培颖. 家校合作指导手册[M]. 北京:北京大学出版社,2016:214 - 215.

上海市外来务工人员随迁子女回家乡过年,开展过约1500个家庭参与的"健康小天使,亲子过寒假"活动,支持、鼓励孩子们回到自己的家乡,将自己所学的健康知识与技能传递给家乡的小伙伴和亲人们。"你好,寒假!"这一项目的开展给后期许多乡村公益活动的开展积累了实践探索的经验。

(三) 探索开展志愿活动

开展乡村公益活动前要对活动对象有一定的了解。例如,本节作者2013年10月加入义工队组织后,在调查走访的过程中了解到了农村留守儿童、贫困独居老人的基本情况。乡村教师一方面要增加对留守儿童的了解,建档立卡。例如本节作者所在学校处于城乡交界,留守儿童占学校的3.3%,困境、留守、随迁的"小候鸟"人数占全校的5.1%;但在本区边远山村学校留守儿童占全校学生的比例达到90%。另一方面,义工队在市、区两级红十字会的支持下,2015年启动了"情暖夕阳"公益项目,志愿者不定期全区性看望陪伴特困独居老人。这两类活动为后续公益活动的开展奠定了良好的基础。

二、活动策划

(一) 发现培养种子家长

家校社合力发现并培养种子学生、种子家长,可以助力乡村公益活动开展。在2019年暑假,2020年寒假和暑假,本节作者指导家长志愿者策划组织了关爱留守儿童公益活动;引导学生、家长开展了线下、线上的共学互学活动;学习了"联合国2030年可持续发展议程"中的17项目标并开展了相关实践活动。

2019年暑假乡村公益活动实施后,在2020年寒假,本节作者对本班55个家庭发放了调查问卷,以了解学生、家长假期里参与社会实践的意愿,回收有效问卷55份。其中,想参与公益组织志愿活动的占50.91%,想参与家庭组织的社会实践活动的占61.82%,其他占43.64%,想自己创设活动的占43.64%。想参与走进社区、走进乡村、走进特困家庭大集体公益活动的占全班人数的一半。一部分热心公益的家庭更主动申请加入志愿组织。最后,家委志愿者小兰妈妈执笔撰写了班级寒假社会实践方案,阳东红日义工队秘书长拟订了志愿组织活动计划。我们将两个活动方案结合起来,在阳东区团委、阳东区妇联的指导下,多次在学校、阳东区文化馆开展以"隔代共学互学"为主的"七彩假期"关爱农村留守儿童公益活动。在学校与家庭、社会组织、乡村街道搭建了互助平台,推动了乡村公益活动的开展。

这些非常积极、愿意投入的学生与家长,即种子学生、种子家长、种子家庭。这些学生、家长之后又联合义工队志愿者开展了一系列公益活动,如为农村留守儿童提供假期日间照料、课后辅导、心理疏导等关爱服务。还有开展探访老人活动,关爱环卫工人、进行环保宣传等社会实践活动。

（二）合作形成初步方案

家校合作，策划乡村公益活动项目。2020年"你好，寒假！"策划会在五（3）班拉开序幕。首先由班主任向家长及学生们介绍"你好，寒假！"项目活动的基本情况，让大家对公益项目有一个初步的认识；接着各小组讨论定主题、汇报，形成初步方案（见图4-2）；然后召开家庭会议，家庭间开展项目策划会；最后确定具体活动方案。一些小组、家庭设计的活动是与义工队联合开展的项目相关联，例如关爱特殊群体、创建全国文明城市宣传与实施、乡村环境整治等。老师、学生、家长、祖辈合作共赢，在开展公益活动中也渗透进隔代互学共学内容，探索出隔代互学的新理念、新路径、新方法，提高学生的综合素养，全面推动班内家庭教育的和谐发展。家庭之间、家校之间的高位互动式发展也促进班主任、家长和学生的共同成长。2020年暑假、2021年寒假本节作者都会指导本班学生、家长开展类似的乡村公益策划活动。

图4-2　班级里的策划会

三、开展活动

（一）社会力量提供保障

场地空间、义工、组织、社会关系等社会资源，对乡村公益活动的顺利开展有着重要意义，可以形成为人民服务的整体合力，保障乡村公益活动的资源需要。

只有家庭和学校两方开展乡村公益活动会显得较为薄弱。因此，要充分发挥社会力量优势，为乡村公益活动提供有力保障。在社区、体育场、图书馆等地方开展主题多样的继续教育活动，有利于提高学生与家长的个人素质与能力，丰富家庭学校生活，进一步增强社会凝聚力。

2020年8月8日，本节作者所在班级的学生、家长共同组织参与阳东红日义工队、阳江市红十字情暖夕阳志愿服务队开展的隔代共学互学活动。学生、家长、祖辈和热心人士来到 40 公里外的那龙镇历屯村。首先，同学们和当地留守儿童结对，与乡村老人一起学习有关交通安全、垃圾分类、环境保护、城市建设及国学文化的知识（见图 4-3）；然后，大家一起画画、唱歌，小朋友跟老人学习拉二胡，老人跟志愿者学习弹吉他，练习跆拳道。现场其乐融融，呈现出浓厚的学习氛围。小朋友与老人一起画画时，一位帮侄子看管鸡群腿脚不灵便的老人，很快画完了一只公鸡，乐呵呵地与大家分享。学生、父母家长、祖辈、老师、志愿者成为学习的主人，唤醒了学习自觉性，也提高了学习能力。

图 4-3　垃圾分类课堂与国学小课堂

在乡村公益活动中，市区两级红十字会、团区委、区妇联、文化馆等部门，以及社区、公益组织、家庭、学校等为乡村公益活动的顺利开展提供了有力保障。

（二）联合社区丰富公益活动

2020 年 7 月 24 日，本节作者所在班级的六组家庭一行 15 人前往伴山溪谷社区开展"垃圾分类在行动，助力创文进社区"活动。同学们与家长跟着主持人兴致勃勃地学习垃圾分类等知识。小吴兄弟、小雅姐妹走上舞台分别扮演四种垃圾"回收桶"，带领观众认识如何正确地进行垃圾分类。同学们与祖辈争先恐后地举手抢答，在一声声"回答正确"中欣喜地接过奖品。最后，同学们与小区老人还共同学习，完成了"创建全国文明城市"调查问卷（见图 4-4）。

2020 年 8 月 18 日、23 日、25 日，以及 2021 年 2 月 7 日，志愿者家长带领小朋友、祖辈分别前往边远乡村那龙镇历屯村、燕山社区、卜蜂莲花商场、龙山公园等场所开展有关垃圾分类、卫生、禁毒、疫情防控宣传，与老人、年轻人一起学习宣传资料，小手拉大手，与文明牵手，和卫生相伴，助力乡村振兴，提高立德树人的成效。如此，社区空间内公益活动设计的学习主体——无论其年龄大小、所受教育水平与类型以及学习的形式、空间与动机如何——都能获得学习机会，实现人的全面发展。

图4-4 社区的隔代互学

基于社区开展的乡村公益活动实现了学校、家庭、社区三方联动。活动带动了学生、家长和社会志愿者共同参与,将家庭义务劳动、活动与社会性公益活动融合,促进家庭和睦,促进多主体和谐发展,提升了乡村公益活动的综合性、层次性以及效能性。

(三) 联动城乡践行公益

家校社联合开展公益活动,可以积聚人力物力等资源,提高创文巩卫、乡村振兴效能。2019年暑假,该公益活动在学校启动后,志愿者们在Q小学周边的商场、市场、广场、小区以及乡镇村落派发关于文明安全、垃圾分类等内容的宣传资料。在文化馆上辅导课时,老师还指导学生分组讨论、研究怎样义卖车载垃圾桶。8月7日晚上,学生、家长、志愿者们齐聚龙山公园,开展了"七彩夏日·情暖童心"之"义卖车载垃圾桶,关爱环卫工人"公益活动,计划将义卖筹得的善款用来慰问特困环卫工。每一次的"七彩假期"公益活动,我们都会离开自己生活的环境,到边远山村探访独居老人等。在大自然间的公益活动就是学生、家长、志愿者的大课堂,老人家里、巷道间、大树底、村庄旁、小河边,都有志愿者们的身影。此外,乡村与城镇的互动也是公益活动重要的一方面。

一方面是从乡村走进城市。2020年8月14日,由中学生、大学生志愿者策划的"七彩假期·爱心筑梦"关爱农村留守儿童活动在阳江东汇城麦当劳店铺举行。班级一些学生、当地孩子与阳东区麻汕小学多名留守儿童、一些家长们在商场里一起参加活动(见图4-5)。大家一起学习动物表演艺术、文明交通安全知识;制作汉堡包,跟工作人员学习从机器接雪糕。还有祖孙一起开玩具小车、坐木马、投球、玩桌球……小朋友与祖辈们"大手牵小手、快乐做游戏",玩得开心又满足。

另一方面是从城市走进乡村。2021年2月2日和8日,"把爱带回家"2021年寒假关爱儿童服务"四送"活动拉开帷幕。班级一些学生、家长与阳东红日义工队志愿者、阳东区妇联、阳东退役军人服务中心工作人员走进阳东区麻汕小学、南龙小学,与多名留守儿童、一些祖辈家长们在学校里参加活动。大家一起做游戏、跳舞,欣赏吉他弹唱,听当地老军人讲故事(见图4-6)。

图 4-5 "七彩假期·爱心筑梦"在麦当劳前的大合照

图 4-6 "城市学生来农村"公益活动

在活动中,中小学生、大学生、志愿者、祖辈们都学到了多方面的知识,树立了终身学习的意识。城乡联动,两地小朋友与祖辈们、青年志愿者一起做游戏,表演,听故事,多元主体在乡村公益活动中都收获了进步与成长。

四、活动反馈

在活动结束后,教师可以主动借助各类新闻媒体进行相关报道。例如,本节作者所组织的活动,会发布在相关公众号上,多篇以乡村公益实践活动为主题的学生作文发表在报纸上,使得项目研究得到了更多人和更多部门的关注和鼓励。在这些宣传的加持下,阳东红日义工队被评为"全国敬老文明号","独居老人·暖心陪伴"项目被评为阳江市优秀志愿项目,"放飞七彩梦想·关爱留守儿童"项目被评为阳东区优秀项目,而红日义工队被评为2021年度阳东区新时代文明实践先进集体,"文明有我·情暖环卫"被评为2020年度阳东区优秀志愿服务项目,2021年阳东区红日义工联合会党支部被评为"阳江市优秀基层党组织",2022年获评"阳东区三八先进集体","朝夕相伴,其乐融融"志愿服务项目在2022年益苗计划项目大赛中被评为市级示范项目,并计划参加广东省项目大赛。这些宣传有效提升了乡村公益活动的影响力,产生了良好的社会影响。一方面,受到了社会各界的广泛关注,吸引了更多家长主动带孩子参与到乡村公益活动中来,推动了活动的进一步开展,为乡村公益活动探索了新途径和新空间。另一方面,这样的影响力有利于营造全社会学习的良好氛围,践行多主体的育人价值,促进新时代文明实践活动的开展,加快推动学习型社会建设。

另外,活动宣传还可以激发乡村学生、家长、志愿者参与公益活动的热情,开拓隔代互学的新思路。众多志愿者竞相报名参加活动,积极抒写活动感想,其中有十篇学生作文发表在《阳东》"文艺"版。家长们精心制作美篇进行宣传,涌现了一批最美小天使、志愿者家庭。

问题思考

由乡村教师和家长联合开展的乡村公益活动,涉及人员多、时间长、地域广。其中有特长志愿者(辅导课老师、表演志愿者)与后勤管理志愿者;有负责乡村公益活动的政府部门工作人员、村委会干部以及老人,小孩等服务对象。处理好多主体间的关系,顺利开展乡村公益活动,需要多方力量的支持。

一、如何让乡村家长、学生理解公益活动的价值?

近几年家校社联合开展的活动,在隔代互学共学、环境治理、文化传承方面有些收获,但乡村学校参加的学生、家长人数相对不多。如何使家长和学生理解并认同公益活动的教育价值,激发他们的参与主动性,推动他们自发投入公益活动的策划与实施中,仍然亟待探索。若能从外力驱动走向生命自觉,家长和学生在积极广泛地利用本地街道、村庄和社会资源进行乡村公益活动的同时,也可以将理念融入活动,吸引更多力量的参与。发挥志愿者的作用,领导乡村公益活动常态化开展,同时拓展"隔代互学"的组织形式和互学内容,使终身学习在乡村成为常态化,助力学习型社会的发展。

二、如何筹集乡村公益活动资金?

乡村公益活动资金来源,以我们家校社联合开展的"情暖夕阳"公益项目为例,2017年是阳江市红十字会指导,企业、热心个人、志愿者筹集活动资金。2018年开始,市红十字会组织企业、全市行政事业单位在每年9月7日—9日三天在"腾讯公益平台"上配捐,全国热心人士可以在"独居老人·暖心陪伴"项目捐款,这三天也被称为"99公益日"。在我们其他乡村公益活动中，目前大多为家长、学校捐款，如 2018 年与 2019 年的敬老项目基本是来自企事业单位、义工队内的志愿者捐款；2019 年的"圆梦之家"项目（受助对象是留守儿童）也是在阳江市教育局发起倡导下快速筹到预定款项，学校、家长的力量惊人。但是家长与学校的捐款并不是稳定的资金来源，会随着人员的变动、意愿的强弱产生变化。为乡村公益活动构建稳定的资金支持渠道仍是一个有待解决的问题。

三、如何拓宽乡村公益服务对象？

本节作者在开展的学生参与的公益活动项目中对公益对象的基本情况进行了调查（见表 4 - 1），其中关爱独居老人、退役军人占 54.55％，关爱贫困留守儿童占 61.82％，关爱环卫工人占 45.45％，创文巩卫、创森、法治宣传占 49.09％。除了这些之外还有许多群体未被涉及，如残疾人等。我们不能把公益对象与学生的学习、生活割裂开，要使学生领悟到公益的对象就在身边，公益更多是触手可及、举手之劳。因此除了上述提到的公益对象之外，怎样利用乡镇学生、家长、老师带动乡村的各项现有资源，进而辐射更多乡村群体，拓宽活动影响，是下一步要思考的问题。

表 4 - 1 乡镇学生参与的公益活动项目

选项	小计	比例
关爱独居老人、退役老军人	30	54.55％
关爱贫困、留守儿童	34	61.82％
关爱环卫工人	25	45.45％
创文巩卫、创森、法治宣传	27	49.09％
本题有效填写人次	55	

四、如何创生更多的乡村公益活动形式？

家校合作的乡村公益活动可以促进人的身心健康发展，促进乡村文化建设，形成多主题的新时代文明实践活动。但是目前家校合作的乡村公益活动形式较为固定，更多只是聚焦在学生与老年人之间。互动形式如何突破地域、人员的限制，进一步拓宽范围？如何发挥种子学生、种子家长、优秀志愿者的影响力，丰富乡村公益活动的形式？如何有效地开展联动城乡的乡村公益活动？乡村学校又该如何与乡村社区、政府部门、当地红十字会、社会志愿团体、校外教育机构合作，创新乡村公益活动项目内容？这些问题都需要我们进一步思考与行动。

未来发展

一、推动乡村公益团队规范建设

乡村公益活动团队是开展乡村公益活动的宝贵资源。一方面,要让更多乡村学生、乡村家长志愿者参与进来;另一方面,要让参与的乡村学生与家长提升对公益活动的认识,使乡村家长有意愿、有创意、有能力策划组织更多家校合作的乡村公益活动。学校应不断扩展活动对象,关爱更多留守儿童,注重城乡结合,多与边远山村的学校、老师、学生联系,发挥他们的才能,丰富乡村公益活动项目。

二、创设更多优秀的乡村公益项目

目前家校合作的乡村公益项目还需扩展研究内容。作为连接乡村人与公益的纽带,学校需要增设乡村公益项目内容,如让阅读进社区、驻乡村;让太极拳、武术操等体育锻炼进乡村校园;扩大乡村公益项目主体,坚持线上线下城乡联动,通过书信传情等方式开展对乡村弱势群体的关爱保护。除此之外,扩展乡村公益项目范围,学校还可以尝试策划远距离的跨市、跨省、跨国的乡村公益项目。多层次、多元化地创设优秀乡村公益项目,助推学习型乡村建设。

三、扩展与其他组织机构的合作范围

扩展乡村公益活动合作范围,助力实施乡村振兴,促进社会文明发展。例如主动与乡社老人活动中心等合作,体现公益活动的社会性,影响更多的人,造福更多的人。

2019 年 12 月,本节作者在"阳东区乡村班主任交流会"上作了主题为"七彩夏日·情暖童心"的分享。当屏幕上展现出四十多天的活动课程表时,全场老师、专家们发出一阵赞叹和惊奇之声。从上海来的李家成教授听完了汇报,评价很高。认为这次活动与刘海霞老师指导的"七彩假期"活动有异曲同工之妙。

2020 年 7 月 20 日,本节作者受邀参加江苏南京第 95 期"随园夜话"班主任线上沙龙,主题为"后疫情时代的班主任大家谈——班家合作新时空",本节作者以"隔代互学从家庭走向社会的探索"为内容作了线上分享。

2021 年,本节作者指导的活动成果"家校社合作,给孩子一个快乐假期"在"第五届阳江市阳东区班主任文化节"展出,各类讲座、课程被直播,上海、深圳、广州、茂名、云浮等地的专家、领导、班主任等也都来本地观摩、学习。

四、促进"X＋N"乡村模式的形成

"X＋N"乡村模式是指 X 个家庭与 N 个乡村社区、政府部门、社会团体的沟通合作,多层面、多主体地策划开展乡村公益活动,由学校作为其中的沟通桥梁,在学校的主导下将家校社三方资源与力量汇合,营造乡村学习氛围,共同推动乡村发展。

总之,家校社联动开展乡村公益活动,可以将家庭的小我与社会的大我融合在一起,践行"奉献、友爱、互助、进步"的志愿精神,培养家国情怀,建设和谐美好的幸福社会,建设绿色发展的中国,建设美丽的世界。

第二节　乡村环境治理的实践①

案例导入

"'绿泉'回收超市开市啦!"浙江省武义县泉溪镇中心小学的垃圾房门前聚集了各班的卫生监督员,这里正在进行校内垃圾回收超市置换活动。

各班的卫生监督员将自己班内回收的饮料瓶、纸盒子、旧报纸一一进行整理分类,大队部的干事和家委会成员排成一排,称重、计算、兑换物品,一系列工作有条不紊地进行着。各班的卫生管理员根据本班的实际需求,有的置换篮球,有的置换本子,有的置换笔……看着自己班级每周攒下的垃圾变成了一件件有用的物品,同学们的心里乐开了花儿。

"这是每周一次的绿泉超市开市日。同学和家长们把班内一周的可回收垃圾进行清洗、整理,置换成班级所需的物品,既增强了孩子们的环保意识,也增进了家校间的沟通协作。"时任校长吴洋介绍道,"我们学校地处武义县的工业重镇,经济飞速发展的同时,吸引了大批外来民工来此就业,成为新泉溪人。但在全民提倡绿色环保的时代,我们的很多乡民对于'环保'的概念,还仅仅停留在'不乱扔垃圾'就是环保的狭隘理解上。2020年4月24日,武义县首个乡村垃圾分类试点工作在泉溪镇正式启动,学校积极参与到'两定四分'垃圾分类试点活动中,以培养学生'两定四分'习惯目标为发散途径,联结家庭与社区,最终形成家、校、社互学共进循环"。

除了开设"绿泉"超市外,学校根据镇内"两定四分"垃圾房的建造标准,重建校内垃圾分类房,方便学生与校外生活相衔接。同时,班主任带领学生开展"两定四分"主题班会,学习分类知识,并且在班级内推选垃圾分类监督员,鼓励学生将垃圾变废为宝。例如,把废弃酒瓶做成漂亮的装饰品,把废弃轮胎制作成花坛等校园景观,把塑料瓶等制作成各种创意手工等。教师还利用周末时间,带领学生走进精品项目村,向当地村干部了解如何指导乡

---

① 本节作者为徐青莉、温巧敏。徐青莉,浙江省武义县泉溪镇中心小学高级教师;温巧敏,浙江省武义县泉溪镇中心小学高级教师。

民做好垃圾分类。通过各种形式的探索和实践,促使学生养成正确垃圾分类的良好习惯。

如何把垃圾分类教育渗透在生活的方方面面,使家庭成为环境教育最有效的教育场所?Q学校首先通过问卷形式,就乡村家长对于"两定四分"知识的了解及参与情况等进行调查分析,发现乡村家长对垃圾分类的意识较为浅薄。为此,Q学校组织家长通过亲子共学、隔代互学,了解"两定四分"相关知识,初步树立正确垃圾分类的观念。家庭内,学生和家长一起制订"家庭垃圾分类"计划,一起践行垃圾分类。参与的家庭都有一个记录表,记录下每日垃圾量、废旧物品的再利用、每日消耗垃圾袋数量等,并制作垃圾分类习惯养成卡,用不同的方式坚持打卡。同时,邀请家长一起制作环保手工艺品、自制家用垃圾分类桶,开展垃圾分类趣味活动。对做得好的家庭,在班级内进行成果展示。例如,三(3)班的小周同学自创垃圾分类游戏,每天与爷爷奶奶一起模拟实践;四(1)班的小吴同学利用废旧塑料瓶做成创意花盆,栽上花草。亲子共同努力,促进垃圾分类习惯的养成,使垃圾分类意识慢慢渗透到家庭生活中(见图4-7)。

图4-7　垃圾分类相关活动

环境教育在学校、家庭的顺利推行,为家校社教育合作共同体的打造奠定了坚实基础。2020年腊月二十四,以"两定四分"垃圾分类活动为契机,Q小学的学生、家长协同武义县文联、社区、文化站等多个部门,在泉溪镇社区服务中心开展了"春满乡社　互学共进"乡村环境治理实践活动。

活动时间选在泉溪镇赶集的当天。上午,Q小学宣传部的学生到学校附近的村庄发放活动宣传单,向乡民宣传环保知识,并通知活动时间。下午1时,泉溪镇社区服务中心汇聚了学生、家长、村民等近百人,同学们将之前拍摄好的乡村环境治理宣传片在服务大厅内循环播放,让村民们观看。服务中心的场地外,摆放着一幅幅乡村环境治理相关的海报,同学们一个个化身"小小讲解员"为村民们普及环保知识;另一边,垃圾分类的模拟游戏也在火热进行中,邀请家长志愿者、学生还有已经游戏通关的村民当裁判,让大家在游戏中收获垃圾分类知识,提高分类的准确性;舞台上,舞蹈社团的同学与家长一同表演了精彩的节目,宣传垃圾分类、禁燃禁爆等相关知识。书法社团的同学们邀请县文联的书法家们共同创作了多幅环保主题的春联并赠送给乡民。学校剪纸社团和木工社团的队员们还制作了精美的书签,倡导正确垃圾分类,保护青山绿水。活动不仅带来了浓浓春意,也送来了满满心意,愿乡民们度过一个文明和谐的新年(见图4-8)。

图 4-8　Q小学"春满乡社"乡村治理综合实践活动

"这次活动非常有意义,学生、家长、乡民都以饱满的热情积极参与到'春满乡社'的活动中,通过灵活多样的形式,普及了垃圾分类、禁燃禁放、五水共治等知识,提高了乡民们的环保意识,形成了学校、家庭、社区的乡村治理合力。"镇里分管教育的王委员拉着校长的手激动地说。参加此次活动的朱奶奶是泉溪镇老年协会的会长,她说:"孙女回来说学校组织'春满乡社'乡村治理活动,跟我讨论要用什么形式宣传垃圾分类时,我想到了平时跳的垃圾分类操,就主动说要帮他们排练节目。没想到同学们的积极性这么高,更没想到这把年纪也能为家乡的环境治理活动出一分力。"

原理解析

中共中央、国务院于 2017 年发文就加强和完善城乡社区治理提出意见。意见指出,城乡社区是社会治理的基本单元,城乡社区治理事关党和国家大政方针贯彻落实,事关居民群众切身利益,事关城乡基层和谐稳定。[①] 相对于城市社区而言,乡村社区治理又有着更特殊的乡村振兴背景,迫切需要在新时代积累新经验。中共中央办公厅于 2019 年 6 月又印发了《关于加强和改进乡村治理的指导意见》,要求推进乡村治理体系和治理能力现代化。

不同的自然地理特征,独特的人口、文化,经济发展的不平衡因素,共同形塑了多样的乡村,决定了环境治理实践的复杂性、系统性和长期性。要有序推进乡村治理工作必须从实际出发,充分发挥多元主体的治理优势,持续推进乡村环境治理的整体性和系统性,以及乡村的绿色发展。教育,特别是乡村教育承担着举足轻重的作用,乡村教育必须融入乡村社区治理之中,并在其中获得更多的发展资源与生态支持。

一、改善农村人居环境,建设新时代美丽家乡

党的十九大报告提出:要坚持农业农村优先发展,按照产业兴旺、生态宜居、乡风文明、

---

① 中共中央、国务院关于加强和完善城乡社区治理的意见[EB/OL]. (2017 - 06 - 12)[2021 - 08 - 06]. http://www. gov. cn/zhengce/2017-06/12/content_5201910. htm? gs_ws＝tsina_636329670877028988.

治理有效、生活富裕的总要求,建立健全城乡融合发展体制机制和政策体系,加快推进农业农村现代化。①《中华人民共和国乡村振兴促进法》也提出:各级人民政府应当建立政府、村级组织、企业、农民等各方面参与的共建共管共享机制,综合整治农村水系,因地制宜推广卫生厕所和简便易行的垃圾分类,治理农村垃圾和污水,加强乡村无障碍设施建设,鼓励和支持使用清洁能源、可再生能源,持续改善农村人居环境。② 而学校、社区、家长作为乡村环境治理的重要枢纽,家校社合作可以加快推进乡村环境治理,改善农村人居环境,建设美丽家乡。

二、发挥家长主体责任,提高家长共同参与能力

要切实提高家长的参与能力,充分发挥乡村家长在环境治理中的主体作用。学校的乡村治理教育,以假期小队活动为载体、以家庭活动为单位、以社区中心为辅助,在教师的启发下由家长带领学生参与多种形式的实践。在学生习得知识和技能的同时,也改变了乡村家长们的传统观念,将保护环境的行为落实到生活的点滴之中。同时,这也增进了家校间的对话,提高了家长参与学校活动的积极性和能动性。

如广东省阳江市阳东区红丰镇唐围中学就如何发挥学校教育优势,把环境教育渗透到家庭,通过家长会、亲子实践活动等形式宣传和践行乡村环境治理,取得较好的实效。③ 也有小学组建家长义工队,通过"爸妈和你一起学环保"环保课堂、"亲亲地球"环保回收日等活动,以"大手拉小手"的形式开展"家—校—社"联动环保行动,带动学生、社区共同参与。④

三、利用乡村教育优势,培养乡村社区治理的主人

乡村是个广阔的天地,前述案例中的泉溪镇,和全国许许多多的乡镇一样,有着丰富的教育资源,也有着社区建设的迫切需要,需要实现人人参与、人人尽力、人人共享。

乡村学校在乡村社区治理中既要培养能参与当前乡村环境治理的人,还要培养能创造未来乡村环境治理新局面的人。这包括学生与家长,甚至是留守老人。学生、家长对于乡村社区的理解与投入,其法治意识、道德水平、生产能力与生活智慧的发展水平,其参与"共建共治共享"的意识与能力,直接决定着乡村社区治理的水平。乡村小学在充分开发和挖掘教育资源的基础上,精心组织各类实践活动,邀请家长共同参与,促使更多的学生、家长、乡民加入乡村环境治理的行列,为乡村环境治理储备力量。

---

① 习近平指出,加快生态文明体制改革,建设美丽中国[EB/OL]. (2017 - 10 - 18)[2021 - 08 - 06]. http://www. gov. cn/zhuanti/2017-10/18/content_5232657. htm.

② 中华人民共和国乡村振兴促进法[N]. 人民日报,2021 - 05 - 20(16).

③ 廖小凤. 论促进乡村环境教育的学校-家庭-社区教育合作的共同体[C]//上海终身教育研究院. "乡村社区治理背景下的家庭、社区、学校合作"研讨会暨第三届全国乡村班主任发展研究论坛论文集,2019:18 - 27.

④ 治理案例|我和爸妈一起做环保——记石江"家—校—社"联动环保行系列服务[EB/OL]. (2020 - 04 - 28)[2021 - 08 - 06]. https://www. sohu. com/a/391943433_100015896.

方法指导

在乡村环境治理中有效发挥学校的教育优势,联合社区、家长共同参与治理过程,教师应从了解治理现状开始,通过调查家长及学生对乡村治理的认知情况,寻求解决问题的有效途径。

一、家校协作,共寻乡村环境治理契机

(一) 走访调查,了解乡村环境治理现状

就我国社区治理的发展现状看,较为成功的案例主要集中在城市社区,尤其是发达城市,针对乡村治理的研究相对较少。而且乡村与城市相比,地域辽阔、人员复杂。因此,要使乡村环境治理落到实处,首先要对当地的治理情况做一个摸底。以班级为单位,组织班里同学分别对所居住的村庄、相关部门进行走访调查,摸清当地乡村环境治理的现状。

一是走访村庄。班级学生以小队的形式,对所在村庄的环境治理进行实地走访并做好相关记录,形成一份简单的调查报告。

二是走访部门。乡村学生的接触面相对较窄,由老师带领学生到街道综合治理办、蓝天办、五水共治工作小组,通过参观学习的形式,了解乡村治理的各项法规及各村、社区乡村环境治理方面的现状。

三是问卷调查。乡村教师可以发动、组织学生、家长进行大规模的问卷调查,以更全面地了解家长对乡村环境治理的认知情况。例如,针对垃圾分类、五水共治等社会热点问题,Q 小学于 2019 年 3 月 20 日,通过发放《告学生家长书》向家长做了一次问卷调查。本次共发放问卷 1 730 份,收回有效问卷 1 634 份。具体数据整理如表 4-2 所示。

表 4-2 Q 小学家长对家乡环境治理的认知情况调查($N = 1634$)

内容	各类情况与所占比例
对家乡环境治理的了解程度	A. 很了解(21.5%) B. 了解(68.4%) C. 不了解(10.1%)
参与方式	A. 社区宣传(45.3%) B. 学校孩子传授(38.6%) C. 网络媒体(17.9%)
参与程度	A. 很积极(11.3%) B. 一般积极(38.6%) C. 不积极(51.9%)
参与的活动	A. 垃圾分类(51.3%) B. 五水共治(38.6%) C. 蓝天工程(51.9%) D. 门前三包(68.4%)

（续表）

内容	各类情况与所占比例
参与频率	A. 经常（21.3%）　B. 较少（38.6%）　C. 没有（40.1%）
是否愿意与孩子一起参与	A. 愿意（71.5%）　B. 没时间（58.4%）　C. 不愿意（10.1%）
喜欢的活动方式	A. 广播宣传（10.5%）　B. 志愿者服务（10.4%）　C. 亲子活动（80.1%）

通过分析数据，我们不难看出：家长对乡村治理的认知度普遍较高，且都有不同程度的参与。学校就"当下乡村治理的重要性""是否愿意和孩子一同参与乡村治理活动"这两个问题进行分析，有90%的家长认为当下推进乡村治理具有重要意义，还有约80%的家长表示非常愿意跟孩子一起参加乡村治理活动，愿为家乡的环境整治工作贡献一分力量。

而某乡村中学的一次调查结果显示，84%的乡村居民从未参加过与环境教育相关的活动；关于环保知识的来源，约60%的居民是来自当年的学校教育，41%的居民是通过环境教育活动而获取的，34%的居民是通过政府、村委会的宣传，31%的居民是来自网络、电视的学习，5%的居民是通过家中老人、孩子以及身边邻居、同事获取的。[1]

可见，乡村居民的环境保护知识、行动意识较为匮乏，而作为连接家庭教育、社区教育的学校，应该发挥其纽带作用，使学校、家庭、社区渐进式推进环境教育，从而打造一个坚实的教育合作共同体。

（二）内外互联，建立乡村环境治理资源库

学校与家庭、社区的共同合作是乡村环境治理的根本保障，通过三方合作不仅能给乡村学生的成长提供更多支持，助推家长胜任力的提升，还有利于推动乡村环境治理的可持续发展。

因此，学校可以充分发挥家庭、社区及其他部门单位的资源优势，建立内外联动资源库，为活动的开展提供可利用的资源。在内联资源库建设方面，Q小学为了更准确地掌握家长资源，有效地开展活动，编制了家长信息汇总表，要求每个学生填写，并对这份信息表进行筛选，形成可供乡村环境治理活动开展的家长信息，最终形成家长层面的资源库（见表4-3）。

表4-3　Q小学五（1）班家长信息

班级	学生	家长职业	可组织（提供）项目
五（1）	徐同学	城管	参与乡村街道治理

---

[1] 廖小凤. 论促进乡村环境教育的学校—家庭—社区教育合作的共同体[C]//上海终身教育研究院. "乡村社区治理背景下的家庭、社区、学校合作"研讨会暨第三届全国乡村班主任发展研究论坛论文集,2019:18-27.

班级	学生	家长职业	可组织(提供)项目
五(1)	应同学	垃圾清运工	了解垃圾分类信息
五(1)	卢同学	水库员工	了解水资源保护情况
五(1)	周同学	村委会委员	了解古树木保护情况

同时，学校层面组建外联资源库，联系如交警队、污水处理厂、环卫所、镇社区相关职能部门。有了这样的资源库，每次主题活动开始前，由学生、家长一同与相关部门联系，并取得相应的支持，形成学校—家长—社区—单位的联盟共同体。

二、设计活动，引领家长学生共同参与

乡村家长对乡村环境治理的了解还是比较透彻的，但是由于不少乡村家长在这方面的意识仍旧比较薄弱，部分乡民的思想还未转变，有放任宠物随处大小便、垃圾随意乱丢等现象。为此，Q学校发挥主体优势，通过前期的调查分析，结合热点问题，设置主题活动，引领家长共同参与。

(一) 谋划项目，设计活动主题

为了使主题更富有时代性和地域性，乡村学校或教师可以利用自己的优势，向广大家长和学生征集活动项目，并以班级为单位整理最亟待解决的问题、最喜欢的活动形式、最适合自己的活动主题等，然后由学校项目组统筹规划设计活动项目及主题，供各班级挑选参与。例如，表4-4中的项目就是Q小学通过发动、征集，于2019年4月形成的乡村环境治理主题活动。

表 4-4 Q小学乡村环境治理主题活动

项目	主题活动			
垃圾分类	趣味竞赛	低塑行动	环保小卫士	环保21天
五水共治	水质大调查	寻百泉	护水主题征文	节水先锋
蓝天工程	绿色出行	健步小达人	小小气象员	尾气大排查

虽然乡村家长的文化水平普遍较低，但是他们参与乡村环境治理的意愿仍然较为强烈。学校作为统筹部门，可以根据当地情况以及学生、家长的实际设计一些便于操作且有意义的活动，为乡村家长更好地参与活动搭建好平台。

（二）颁布征集令，挑选主题活动

Q 小学由学校大队部发布乡村环境治理活动征集令，共五大项目 16 个主题活动，项目公布以后，班级学生结合本班实际向学校提交意向申请书。同时，班主任通过微信群、告家长书等形式，告知班级所承担的项目，让家长和孩子共同商定自己所要参与的主题活动，并组建活动小组。比如：小丽同学家住清溪口水库边上，这里是饮用水基地，但也会有村民在附近游泳、洗漱等不文明行为，为了让附近的居民都能喝上健康安全的饮用水，他们父女俩就申报了"水质大调查"主题活动。

当然，很多活动是系列化的，有的需要家长和学生全程参与，也有的需要家长和学生分别参与。总之，在设计活动或挑选主题时，要以乡村学生及家长为中心，让他们选择适合自己的项目，使得人人有项目，人人都参与。

三、家校社携手，践行乡村环境治理新行动

《中小学德育工作指南》指出："加强节约教育和环境保护教育，开展大气、土地、水、粮食等资源的基本国情教育，帮助学生了解祖国的大好河山和地理地貌，开展节粮节水节电教育活动，推动实行垃圾分类，倡导绿色消费，引导学生树立尊重自然、顺应自然、保护自然的发展理念，养成勤俭节约、低碳环保、自觉劳动的生活习惯，形成健康文明的生活方式。"[1]作为教育单位，乡村学校要高度重视环境教育，使学生在校能接受到科学的环境教育，提高学生的环境意识。对于乡村居住环境与村民环境卫生意识，在《农村人居环境整治三年行动方案》里提道："强化村民环境卫生意识，提升村民参与人居环境整治的自觉性、积极性、主动性。"[2]作为教育工作者，能否发挥学校教育的优势，把环境教育渗透到家庭、乡村社区中去，从而提升村民的环境治理意识呢？

（一）学校层面：开展精彩主题活动

乡村环境治理主题活动，为学生提供了丰富的学习资源。在确定了活动主题后，学生、家长共同参与，助力乡村环境治理。

1. 趣味学习，理论充实

乡村家长普遍来说知识水平不及城市家长，很多乡村家长尤其是老一辈的乡民，几十年来在乡村生活，他们并没有多少知识储备，更没有乡村环境治理的意识。再加上现在很多村镇不仅仅只有本地居民还有很多外来人员，他们的环境意识更加薄弱。因此，助力乡

---

[1] 中小学德育指南[EB/OL]. (2013 - 05 - 10)[2021 - 08 - 06]. http://www. moe. gov. cn/jyb_xwfb/s271/201801/t20180116_324827. html.

[2] 中共中央办公厅　国务院办公厅印发《农村人居环境整治三年行动方案》[EB/OL]. (2018 - 02 - 05)[2021 - 08 - 06]. http://www. gov. cn/zhengce/2018-02/05/content_5264056. htm.

村治理首先要充实他们的理论知识,提高他们的环保意识。

针对前期调查过程中乡民们对垃圾分类等知识了解较少且存在误区的现象,有的学校通过"告家长书"、学校公众号推动等形式,试图让更多乡村家长了解相关知识;且很多社区也有通过宣传栏、广播等形式进行宣讲,但效果甚微。究其原因,主要是内容枯燥、形式单一,不能引起学生、家长的兴趣。为此,Q学校设计了一些有趣的知识学习型主题活动。比如:三(2)班同学在家长的帮助下,编写了100道和垃圾分类有关的知识题库,分享给大家一起学习,并通过班队会的形式开展垃圾分类趣味知识竞答,通过活动评选"垃圾分类小达人"。四(5)班的同学和老师一起编写垃圾分类儿歌,在家庭、学校、社区进行推广,方便大家学习。

图4-9 "垃圾分类儿歌"和"垃圾分类知识竞赛"

有趣的垃圾分类知识学习,弥补了大家对乡村环境治理相关知识认识的不足,让大家对乡村环境知识相关法律法规和政策有了进一步的了解,与实践活动相辅相成。

2. 宣传推广,家校共进

要将乡村环境治理工作由学校推广到家庭、社区,学校必须充分发挥联盟体的作用。例如:Q小学三(2)班在班主任的引导下,组织班级家长联盟共同体的成员召开了关于泉溪镇学校周边环境治理的会议。会中,各位家长及学生就校外所见提出亟待解决的相关问题。而后,成员们各抒己见,献计献策,最后确定了活动方案:由各小队成员根据自身特长采用不同形式,走进乡社开展宣传推广活动(小分队成员由学生根据自己的特长确定宣传方式)(见表4-5)。

表4-5 Q小学三(2)班宣传推广活动项目单

队员姓名	形式	内容
雨露小队	宣传单	五水共治
绿芽小队	手操报、舞蹈	垃圾分类
苗苗小队	小品、宣传画	蓝天工程
小树小队	小品、海报	文明如厕

家长和孩子们一起走上街头，分发宣传单，在社区公告栏里粘贴手抄报、海报、标语，走进千家万户口口宣传乡村治理的政策、法规，提高乡民们对乡村环境治理的认知度和参与度。

又如浙江省嘉兴市秀洲区印通小学的沈芳老师开设了角色模拟体验活动。结合社区中的一些岗位配置，让孩子们分别去体验保安、保洁、河长、讲解员等角色，在社区环境整治工作中，真正让孩子们体会服务他人的乐趣和劳动的艰辛。在社区讲解员的体验活动中，他们的小小讲解员们，向走进本镇，走进社区的领导、参观者、居民等讲解历史，宣传本镇、社区在推进美丽乡村建设活动中所取得的成绩。[①]

3. 主题节日，巧用时机

主题节日活动对于培养和提高人的思想、道德素养有着极其重要的意义，把乡村治理活动同主题节日相结合，既让孩子、家长有一种仪式感，也更能够让他们深刻地感知乡村环境治理的意义。如 2021 年 4 月是第 33 个爱国卫生月，当年的活动主题是"文明健康，绿色环保"。根据中国健康教育中心组织编写的《文明健康绿色环保生活方式手册》中提出的讲文明、铸健康、守绿色、重环保的要求，本节的案例学校通过微视频的方式向家长介绍如何在日常生活、工作和学习中积极践行文明健康、绿色环保的生活方式。孩子们邀请家长一起制作手抄报、绘制宣传画，切实增进乡村家长的节约意识、环保意识和生态意识，维护自己和家人的健康，实现可持续发展。

相关的主题节日还有"世界水日""世界地球日""世界环境日""中国土地日"等，我们可以巧用这些节日，宣传环境保护的重要性，呼吁更多的人参与到环境治理中来。

4. 评价活动，融入生活

前期的活动大多只停留在面上，且多数只着眼于某一项活动。只有将这些活动融入日常生活中，乡村环境治理才能发挥效用。因此，在设置项目活动时，我们可以设置一些具有长效性的评比活动、打卡活动，有了一段时间的坚持，习惯就能成自然。

如 Q 小学三(2)班同学通过前期的活动，用自己的方式了解了垃圾处理的现状、垃圾分类的意义及处理方法等。随后，在班主任的引领下，家长和同学共同设计了"最美家庭"评比活动。同学们一同在卡片上写下"家庭寄语"，其中徐同学写道："爸爸妈妈，咱们家以后丢垃圾时一定要把电池和矿泉水分开丢。"王同学写道："爷爷奶奶，吃剩的饭菜记得倒入厨余垃圾桶。"这是将垃圾分类工作与"最美家庭"评选活动有机融合，从而达到一举两得的效果。

本次"最美家庭"评比活动的所有环节都涉及垃圾分类。这是借助"最美家庭"来进行垃圾分类的主题推广，有效推进垃圾分类工作。这次活动中，以生态环境情况、垃圾分类讲解、垃圾分类小测评三条主线开展，让同学们和家长共同参与垃圾分类工作。此次活动，将

---

① 沈芳. 社区体验活动:提升乡村学生假期成长[C]//上海终身教育研究院. 乡村社区治理背景下的家庭、社区、学校合作"研讨会暨第三届全国乡村班主任发展研究论坛论文集,2019:60.

垃圾分类落到实处,走进各个家庭,让家长和学生都成为乡村环境治理的践行者。

　　环动活动涉及范围广,除家庭参与度最多的垃圾分类,还包括垃圾收集、运输与最终的处理。我们还可以联合社区、环卫所等部门,由家长带领孩子们一起参观访问垃圾处理厂,通过近距离接触垃圾,强化大家垃圾分类的意识。当孩子和家长形成一定的意识时,案例学校适时地推出"环保 21 天""绿色出行 21 天"等打卡活动,帮助学生养成垃圾分类的习惯,让乡村治理活动融入生活形成一种习惯并能常态化发展。

(二) 家庭层面,网格化管理落实新行动

　　家长参与的学校活动多数是以班级为单位。但是由于作息时间、生活习惯等的不同,很多家长往往不能及时参加学校的活动。因此,可以采用网格化管理模式,推选一名能力较强的家长为网格长,下设策划、组织、后勤保障等部门,以社区、村内为活动组织单位,保障片区内活动顺利开展。这样网格化的管理形式,相对其他班级活动,人员召集更便捷、活动时间更灵活(见图4-10)。

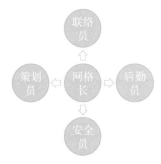

图 4 - 10　网格化管理模式

　　活动前,由网格长向学校德育处提交活动方案,学校审核各项活动流程并提供一定的支持,确保活动安全有序开展。活动结束后,以美篇、日记、绘画等形式展示活动成果,保证活动质量。

　　如在"寻百泉"活动中,网格员召集 16 名村内的学生及家长,晚饭后在泉三村内进行"寻泉"活动。在各协作家长的带领下,孩子和家长共同寻找村内的古井、古泉,号召村民一起保护水资源。活动后,学生及家长共同完成了"寻百泉,护水源"的美篇、小视频并在学校公众号上推广。

　　通过网格化的活动方式,提升了活动效率,又给同在社区、乡村生活的居民树立了良好的榜样,促使更多的乡村家长、乡民参与到乡村环境治理中。

(三) 社区层面,搭建平台推广再深化

　　乡村治理综合活动不仅在家庭、学生间推广,更重要的是要将乡村环境治理的理念和方式方法推广到乡村社区。为此,Q 学校联合乡镇、街道等部门,依托社区服务中心、村文化广场、村老年活动室等,开展了一年一度的"乡村环境治理进万家"的综合实践活动。活动前在各班级开展最精彩的节目、最实用的妙招、最优化的方案等评选活动,并要求参与活动的学生和家长将之前活动中的不足进行优化升级。活动当天,邀请他们至活动现场,有的家庭利用舞台演出形式宣传相关知识;有的家庭利用广播、电视等媒体讲解各项政策、法规;还有的家庭走上街头演示自己最妙的方法……以此,形成一家带动多家、一户推动万户的乡村环境治理模式,推动更多的乡民们纷纷加入环境治理的行列。

四、多元共评，家校社深化乡村环境治理

乡村环境治理面对的是学生、家长和社区，但是对家长和社区的评价以学校角度操作起来有一定的难度，因此，我们目前的评价主要以对学生的评价为主。但是，评价的主体除了老师，还有学生、家长和社区。在设置评价的标准上，体现学生的个体差异，实现分层评价。浙江省海宁市马桥中心小学的亲子微公益评价表就呈现了这样的评价方式，Q学校在此基础上做了一些修改，如表4-6所示。[①]

表4-6　Q学校亲子合力垃圾分类评价

亲子合力：垃圾分一分　家园美十分			
活动星级	活动要求	完成情况	
		自评	他评
☆	和爸爸妈妈一起观看垃圾分类公益宣传片，学会垃圾分类存放，把垃圾分类的观念传递给身边至少5人		
☆☆	利用双休日和爸爸妈妈一起到垃圾处理厂进行实地调查、走访，在此基础上写一份垃圾分类倡议书或制作一张垃圾分类手抄报		
☆☆☆	利用课余和双休日的时间，在所在社区当一回"垃圾分类劝导员"，把自己制作的倡议书或者手抄报向社区居民宣读，有条件的可以张贴在宣传栏中		
☆☆☆☆	以自己的实践经验，撰写一篇调查报告或者活动心得，发送给相关部门		

这样的评价形式，虽然主要针对的是学生，但是家长作为活动的重要一分子，也因此激发了内驱力，培养了责任感，同时也增进了亲子间的互动，传播了乡村治理的新思想。

问题思考

在家长和学生的共同参与下，乡村环境治理教育活动已经初显成效：学生在组织、策划、参与活动的过程中，综合能力得以提升；校园周边环境得到明显改善；家长参与学校活动的积极性普遍提高，家校间的沟通更加顺畅；学校、社区各部门的联系更加紧密。但是在活动过程中，还有一些问题值得我们深度思考。

[①] 张怡婷.亲子微公益："小红马"燃动乡村志愿服务新思潮[C]//上海终身教育研究院."乡村社区治理背景下的家庭、社区、学校合作"研讨会暨第三届全国乡村班主任发展研究论坛论文集，2019：50

一、如何更好建立活动评价机制?

教育活动的内容对于一个家庭来说应该是具体、实用的,例如,节约用水、节能低碳,都是与他们的日常家庭生活息息相关的,这样合作才能见成效。家长在共同体中是两个维度的合作者,既是家校共育的合作对象,又是社区群众。如何建立社区评价机制,使活动中积累的实践体验渗透到家庭生活中,让各乡村家庭充分认识乡村治理的重要意义、明晰治理价值,保持参与热情呢?

二、如何在活动中发展乡村学生的综合能力?

在家校社合作中,学生的参与度往往很高。在活动过程中,学生的执行力和自律性得到了锻炼,具有积极的德育意义。但是,面对乡村环境治理这样一个具有时代意义的教育资源,如何让孩子成为设计者、组织者或者是活动的评价者,并且能融入今后的学习生活,锻造其综合能力? 家长和教师都需要持续研究和探索。

三、如何协调各部门统筹参与活动?

基层的乡村治理中最基本的单元就是社区,如何发挥学校教育的作用,让社区工作活起来、实起来,是做好乡村环境治理的基石。同时,如何通过学校活动,让更多的部门单位、社区及企业发挥不同的作用,更好地为乡村环境治理服务? 这还需要我们建立更完善的资源库,筹划更合理的活动,为家长、学生提供更多选择。

未来发展

乡村环境治理能促进学生综合能力的提升,促进家校社的协同发展,助力美丽乡村建设。未来,我们可以从以下几方面继续深入探究,以使乡村环境治理工作更合理、更科学、更具长效性。

一、依托家庭活动,力争人人参与

乡村环境治理是一项长期性、系统性的工作,不是一朝一夕能做到的,也不是一个人或者几个人就可以改变的。因此,我们首先要以家庭为单位提高大家的认知和意识,让学生的个体行为扩展延伸到家庭每一个成员的共同参与。针对在广大社区群众里还有相当一部分没有被学校教育所涵盖的群体，以社区为大背景，发挥家庭的作用，做到知识点深入浅出、活动方式轻松有趣、新生代热情参与，促使社区其他群体主动地参与其中，形成全员参与的局面。

二、完善项目设计，力求系统可操作

乡村环境治理工作在城市已经全面铺开。本节作者所在学校虽然为乡村学校，但城镇化步伐在不断加快，社区职能部门也在发挥其应有的作用。但是，面对一些欠发达地区，乡村内多以老人和留守儿童为主，现下的操作模式还不能满足他们的需求。因此，在活动设置时，调查要做到更全面细致，活动时应根据不同项目制订活动方案，学生、家长参与实践活动，做好活动后期的反馈及改进措施，让每个活动形成一个完整的体系，其他班级、其他地区可以借鉴和操作。

三、部门合作，整合社会资源

在推进乡村治理过程中，校方、家长、学生的大力支持使得活动能顺利开展，同时社会力量的协同参与也为组织各项活动提供了强大的支持。例如：泉溪的清溪口水库就为学生提供了水资源再生的技术支持；综合治理办也为教育实践活动提供了资料、模型、教具等支持；在交通管理处，学生进入部门跟岗见习，了解其基本运作，为活动的坚实开展奠定了基础。因此，在我们合力打造"家校社"教育合作共同体的过程中，要不断深化各部门之间的联动，让多方形成良性的磁场，助力乡村环境治理不断前行。

第三节　乡村文化活动的开展[①]

案例导入

2021年4月13日,恰逢畲族盛大的节日"三月三",地处乡村的L小学隆重举办了首届畲运会。操场上,畲歌、畲舞、畲茶、畲拳、畲族体育竞技项目等让人眼前一亮,校园里充满了欢声笑语。

开幕式上(见图4-11),畲族同学身着民族服装、脚踩民族特色的鞋靴、手持民族特色饰物,井然有序地进入田径场。全校30个班1200余名学生集体表演了畲拳,孩子们响亮的口号、神采飞扬的脸庞,充分展示出新时代少年儿童朝气蓬勃、奋发向上的精神风貌。飘香的畲茶、嘹亮的畲歌、优美的畲舞《山哈女》、欢快活泼的竹竿舞……开幕仪式以歌舞等丰富的演出形式有滋有味地将民族文化传达给每位同学与前来观摩的宾客。

比赛场上,赶野猪、龙接凤、板鞋竞速、采柿子、摇锅、蹴石磉等畲族特色运动一一开展竞技(见图4-12)。不论是学生还是老师都乐此不疲,积极地参与每项活动,与常规运动会

① 本节作者为雷春伟、涂琳蓉。雷春伟,浙江省武义县实验小学教育集团栖霞校区校长,高级教师;涂琳蓉,浙江省武义县柳城畲族镇中心小学一级教师。

图 4-11　开幕式现场

不同的是,增添了更多的笑声与赞叹声。赶野猪、龙接凤、板鞋竞速、采柿子等项目考验更多的是团队的合作与分工能力以及队员之间的默契配合。这次活动不仅留下了孩子们精彩的瞬间,还赢得了现场观众的称赞。

图 4-12　活动(板鞋竞速、采柿子、赶野猪、龙接凤、摇锅、蹴石磉)现场

　　该校首届畲运会的举办,不仅为孩子们提供了发挥聪明才智、展现自我的机会,也让孩子们充分了解了畲族文化内涵和当地的风土人情,增长了知识,开阔了眼界。活动将体育运动与民族文化传承完美融合,不仅是一场运动盛会,也是一场优秀传统文化的盛宴,让孩子们能更清晰地认识自己的祖国,感受民族文化,传承民族精神。

　　参与这次活动的六(5)班家长说:"作为畲族文化的传播者,我在钟姜琳小的时候就会带着她到处表演畲歌畲舞等节目,这次畲运会给予畲族文化一个展示传播的大舞台,让传承从孩子开始,我非常感动。"当地的县前村杨书记也说:"在此次畲运会,我们共赏畲族风情,感受运动之乐,我看畲运会不仅可以在学校里开,还可以在村里开一开。"可见,由学校组织、发起的活动,事实上已经成为乡村的一个重要文化活动,而且可以促发乡村领导进一步思考乡村文化活动的组织开展问题。

当地的丰产村文书在参加了此次活动后说:"畲族的体育项目可真是丰富,没有这次畲运会,我还真不知道原来锅也可以用来锻炼身体。真是开眼界了!"

"身为畲族人,我都不知道原来畲族有这么多的传统体育项目!老祖宗还有多少东西是被我们给遗忘的啊,千万不能就此失传啊!"当地某畲姓村民如是说。乡村文化活动的参与者、受益者不仅仅是学生,还有村民。村民们也在本次活动中受益匪浅,对身边的传统文化有了新的认识,甚至产生了传承、推广、振兴自己民族文化的念头。

作为一次重要的乡村文化活动,此次畲运会受到了社会各界的广泛关注。"浙江蓝新闻体育最前线"予以评论:"此次畲运会将体育与民族文化完美结合,不仅是一场运动的盛会,也是一次传统文化的展现,让同学们感受了民族文化,体验了传统民族精神。"[1]

原理解析

城市有城市的长处,乡村有乡村的风景,乡村学校不应该过分地追求城市学校的高大上,而应该做适合乡村的教育。[2]《周礼》云:"以乡之物教万民,而宾兴之。"

一个人对故土的爱是需要从小培养的。这些年,乡土教育有些弱化,不少孩子一直过着学校和家两点一线的生活,直到离开家乡外出上大学,都对故土人文地理和风土人情不甚了解。不了解,爱从何来?唤醒乡土之情,播下乡村文化教育的种子,认识她,了解她是第一步。因此,挖掘乡土文化,实施乡土教育,开展富有乡村特色的文化活动就非常有必要。

一、是乡村学生在社区健康发展的需要

扎根中国大地,才能加快推进富有历史文化传承的中国特色学校建设,为中华民族伟大复兴培养更多优秀人才。《新时代爱国主义教育实施纲要》提出:爱国主义教育要坚持从娃娃抓起,着眼固本培元、凝心铸魂,突出思想内涵,强化思想引领,做到润物无声,把基本要求和具体实际结合起来,把全面覆盖和突出重点结合起来。[3]

乡土教育亟须唤醒学生的乡土记忆,养成其乡土情怀、家国情怀与教育使命。在小学阶段渗透爱国主义教育,可以着眼于乡村资源,通过乡情树人,奠定家国教育的扎实基础。

---

① L小学2020年开展畲乡炫风活动以来取得的巨大成果展示.
② 杨其山.建设田园课程:激活乡村教育的一池春水[J].中小学管理,2021(2):5-8.
③ 余双好.新时代爱国主义教育的时代升华——学习《新时代爱国主义教育实施纲要》[J].学校党建与思想教育,2020(13):4-10.

二、是乡村学校加强家校社协同育人的需要

有研究者认为："在乡村振兴的背景下，应该用创新的理念和模式破解乡村教育的老问题，推行面向农村学生的素质教育、为生活而教，重点加强农村学生非认知能力、综合素质的培养，开展健康教育和创业教育等，以学生为本，以乡土为根，将课本知识和乡土文化有机融合，开展植根乡土的教育、有根的教育、有机的教育、绿色的教育。"①

紧紧围绕组织共建、资源共享、活动共联的工作思路，家校共育、社会共育齐发力，才能更好地挖掘乡土资源，振兴乡土教育，助力乡村振兴。

三、是乡村振兴背景下社区发展的需要

没有乡村社会、乡村文化的复兴则难言乡村振兴。随着乡村振兴战略的推进，一批批生于农村、长于农村、了解农村、热爱农村的学子们，得益于教育走出大山，又因乡情萦绕回到大山，为家乡发展添砖加瓦，成为乡村振兴的坚实力量。② 乡村振兴的先进经验需要同本地实际情况相结合，振兴之路最终还得靠当地人民自己来走，乡土教育是最基本、最有效、最直接的途径。

方法指导

一、挖掘本土资源，播下教育的种子

武义县 L 小学是一所乡镇中心小学，1902 年建校，地处武义南部山区的风情古镇。该镇是浙江省 18 个民族乡镇中规模最大的一个镇，也是浙江省畲族主要聚居地之一，具有浓厚的民族文化积淀。目前学校有学生 1200 余人，教师 65 人。

一所农村百年老校，怎样才能充分发挥乡村地域优势，培养适应未来社会发展的人才，让更多的老师和学生对学校、家乡有更浓厚的乡情？学校进行了多方探索与实践，确定了以畲乡炫风活动为主线的校园体艺文化建设方向。

---

① 乡村振兴教育先行　俞敏洪称只有真正优秀的教育才能改变孩子和乡村命运[EB/OL].（2021－03－15）[2021－10－12]. https://baijiahao.baidu.com/s?id=1694280415773333299&wfr=spider&for=pc
② 教育赋能，为乡村振兴注入源头活水[EB/OL].（2021－03－16）[2021－10－13]. https://mp.weixin.qq.com/s/mG0KQ8P_aNwSCe30Ah9Cew.

挖掘灿烂畲族文化

L小学四个领导班子成员中，有三位是雷氏畲姓干部，占75%；学校有17位畲姓一线教师，占一线教师总人数的26%；160位畲姓学生，占13.2%，畲娃们背后还有畲姓家长。不论是学校领导，还是一线教师、家长层面，都有着得天独厚的畲族文化传承资源。但调查显示，目前畲文化所面临的"断层·碎片"现状不能不让人担忧，畲歌畲语也面临着流失、失传的险境。不仅是当地畲族儿童，学校的部分畲姓老师也不会说畲语，更不会唱畲歌；就连听过畲歌的，也是少之又少。传承当地文化、振兴乡村教育，成了该小学"十四五"规划中的重点任务。

2017年8月，柳城畲族镇被浙江省旅游局公示列入全省第二批旅游风情小镇培育名单；2017年12月被浙江省"千村示范、万村整治"工作协调小组办公室公布为省级美丽乡村示范乡镇；随后，又被省文化厅和省旅游局列为第四批省级非物质文化遗产旅游景区畲族风情主题小镇。

"武义县的柳城畲族镇致力挖掘畲汉民族传统文化，坚持举办传统节庆活动，实现文化活态的传承，去年就接待了超过50万的游客，旅游收入超过1个亿。"在2020年12月23日下午召开的全省新时代美丽城镇和特色小镇建设电视电话会议上，浙江省委副书记、省长郑栅洁在讲话中点赞了该县"畲乡美镇"。

历史悠久的柳城，非物质文化遗产底蕴丰富而深厚，畲族"三月三"歌会、畲族祭祖、畲族山歌、畲族婚嫁等畲文化传统数不胜数。小镇上，一帘畲梦服装店、畲族彩带技艺馆、畲族婚嫁民俗体验馆、畲族文化展厅等，为孩子们了解畲族文化提供了丰富的资源。

古老的民族，勤劳、智慧、朴实的畲族人民，独具特色的民族文化，学生对畲乡风情的了解一片空白，但充满着好奇。在学校的积极倡导，家长的鼓励带动下，少先队员们积极组织起来，根据自己的兴趣和意愿，组成"畲风荷韵"假日小队，从"品乡情""观乡貌""尝乡味""学乡艺"四方面入手，开展学畲语、唱畲歌、品畲茶、观畲舞、学做畲家美食等系列活动，走进畲乡的角角落落，寻找我们畲乡独有的魅力。

畲族文化传承活动从课堂延伸到了家庭，从学校扩展到了社会，学生的课余假日生活变得丰富多彩。畲文化的种子悄然种下，浓郁的乡情渐渐弥漫，学校独有的办学特色也越来越浓厚。

二、走进畲乡活动，增强畲族情感的连接

（一）厚植乡情，学在社区

畲族传统体育是伴随着畲族民众生产与生活实践而发展起来的一种民族体育文化形态，它的延续与发展，与畲族的语言习俗、岁时节日、生活习惯等紧密相连。在漫长的历史

进程中,畲族先民历尽艰难,开山垦田、结庐而居、以歌抒杯,磨炼了乐观豁达、勇敢坚毅的民族性格,同时也创造了绚丽多彩的民族文化和独具特色的民俗风情。无论是聚居的村落,还是传唱的民歌、传统体育项目,乃至传统服装和手工艺织品等,都成为一种至今"活"着的畲族"文物"。

2019年11月,由县委统战部和县人力社保局联合举办的畲歌畲语培训班在柳城畲族镇车门村开班。趁着此次契机,柳城小学畲研会工作小组也正式成立,17位畲姓教师及2位畲族活动传承的本校特约顾问教师,先后参加了为期一周的培训。柳城小学畲研会成员们在钟欣欣、蓝进平等畲族文化传承者们的带领下走进畲文化研学实践基地,全方位立体式了解畲族历史、服饰、茶艺、彩带编织、特色体育项目等,学习了畲族山哈话的基本知识,了解其使用情况。

2020年11月,柳城小学召开畲乡旋风专题学习会。畲研会成员在雷春伟校长的带领下,专门赶赴遂昌县金岸小学、遂昌县三仁乡畲族特色学校参观学习先进经验。在三仁畲族乡中心小学,随处可见的畲族编织带,展示馆内各色畲族农用工具,传承民族文化的畲族彩带编织,说畲语、唱畲歌、跳畲舞、练畲拳、玩畲戏等特色课程让大家感受到了浓郁的畲族气息。那么该如何结合具体的乡村文化开展特色校园文化建设?这是我们接下来需要思考的问题。

(二) 畲乡炫风,全员参与

柳城小学畲研会工作小组在2019年11月正式成立,雷春伟校长任畲研会会长,雷美萍、雷伟彩、舒华菲三位老师任畲研会的副会长,另有14位畲姓教师及1位畲族活动传承的本校特约顾问为畲研会正式成员。

雷春伟校长认为学校的发展要坚持"五育并举"的育人方针、坚持"爱莲说"传统文化基因、坚持"新柳城"红色文化精神、坚持"畲乡情"民族文化品格;以提升"新爱莲说"学校文化影响力为行动总体目标,以建构"红莲党建"思想文化、建设"小城故事"德育文化、创建"柳派课堂"教学文化、建成"畲乡旋风"行为文化、营造"荷塘月色"环境文化为分解目标;开展五大招牌行动:培养"又红又专"教师"红莲党建"思想文化实施行动;开展红色传播、讲述乡情、延续耕读、撰写"小城故事"德育文化推进行动;关注学生自主学习的"柳派课堂"教学文化建构行动;依托乒乓球、科技等校本拓展活动深化"畲乡旋风"文化行动;"荷塘月色"环境文化营造行动,实施"新爱莲说"学校文化转型建设。

其中"畲乡旋风"文化行动中新增"炫体操""巧编织""扬畲舞"三大支柱项目。"炫体操"以体育组为主要力量,传承各色畲族体育项目以及畲拳,最终以畲运会为主要形式对学生进行检验;"巧编织"以美术组为主要力量,传承畲族特色编织活动,提高学生的动手能力,最终以展销会为主要形式对学生进行检验;"扬畲舞"以音乐组为主要力量,传承畲族特色歌舞,发扬民族艺术,提升学生的审美水平,最终以一年一度的艺术节对学生进行检验。

三、振兴畲乡文化,遇见畲传承的美好

(一)畲乡教育别具一格

案例学校深挖校内校外畲族资源,在每周五中午开设"魅力畲族"播音节目,每班畲姓孩子先在家长的教导下进行学习,而后在红领巾广播站向全校学生普及畲语,讲述畲乡历史……通过学语言、知历史、明文化、深度了解畲乡风情;学校还邀请社会人士——六(5)班家长—帘畲梦服装店老板,开设畲歌畲语特长培训班,教孩子们学畲语、唱畲歌……学生根据自己的兴趣自主选课,再由学校集中授课。一年级钟吴珊老师的班级,每周开设1节畲歌畲语课,以畲族特色为班级特色,六年围绕"畲"主题进行班集体创建活动;大课间时间由本校特约顾问开设畲舞班;六年级雷仕莲老师的班级开设竹竿舞特色项目;学校还在学后托管时间开设畲族编织课程;通过多形式继承和发扬畲族文化。

此外,为传承和壮大传统畲族体育项目,做好基于民族特色的乡村体艺新项目的开发与实施,能全面贯彻国家的教育方针,加强学校体育艺术教育工作,促进学生全面发展,提高学生整体素质。学校决定在现有运动项目的基础上,结合畲族特色,在大课间时间开设跳竹竿、赶野猪、摇锅、抄杠、蹴石磉、采柿子、龙接风、板鞋竞速等畲族活动项目,以丰富大课间的活动内容。

为让学生了解、认识、并且会玩畲族体育项目,体育组的教师在全体教师会上先对教师们进行了系统的培训,介绍了各个项目的由来、玩法……教务处又拍摄了教学视频、展示照片,并制作了图文并茂的畲族体育项目展板摆放在操场入口处,莲芽儿们在进出操场时就能了解不同的畲族体育项目。

针对各年级学生的身心发展特点,柳城小学确定了各年级的畲族体育项目,分别是一年级赶野猪,二年级龙接风,三年级板鞋竞速,四年级采柿子,五年级摇锅,六年级蹴石磉,在大课间时间进行有序操练。

该校在传承畲乡文化,发展民族体育的同时,通过网络等途径进一步学习畲族拳操,并在学生中进行推广。畲族武术以畲拳最著名,棍术次之。畲族先民历史上在抗敌自卫、从事生产劳动实践、健身娱乐中曾自创一套畲族拳,至今已有300多年的历史。畲拳吸收少林拳精华,自成流派,主要动作有冲、扭、顶、搁、削、托、拨、踢、扫、跳等。畲拳具有南拳的步稳势烈,发力短猛,防守门户严谨,进攻多用指法、掌法的独特风格特点。为增强学生的身体素质,柳城小学全校师生统一在大课间时间齐打畲拳。

(二)畲乡情怀,日益增强

畲拳是流传在少数民族中的拳种,很少与外界交流,故仍保留着其古老的传统风貌。此拳种重在防身,不先动手,讲究礼让,后发而先制人。在畲族拳师中流传着这样一句话:

"练拳习武小修德,一练筋骨,二练技,三打不平,四养性。"

2021年6月,武义县首届武术比赛在东皋小学举行,柳城小学代表队以畲拳作为特色项目参加了此次比赛。40名同学在展示中大展畲拳风貌,畲族拳在演练中"眼似铜铃,嘴像狮形",讲究形象威武、雄伟彪悍、效仿虎之勇猛之形,豹之悍烈之势,并常配合稳健的步法,气势雄壮的阵脚,以威慑敌手,达到从心理上战胜对方的目的。发力刚猛是南派武功的主要特点。畲族拳十分重视气与劲的配合。其"千招易躲,巨力难防"之拳谚,正说明这一点。其发力动作要求气息吞吐浮沉的配合,发劲借助积蓄的"气"将"力"猛烈催发,即所指的"以气催力"。畲拳族的发劲常伴有"咳""嗨"的吼声,以助发力和拳威。"马"即步,也谓之"桩"。畲族拳的步法有八字马、不丁不八马、虚实马等。演练时步法稳健,固如磐石,很少有高踢和跳跃动作。为了达到步稳的目的,除了练徒手"坐桩"和"托桩"外,还加重物如肩顶石锁,身穿沙衣,脚系石磨等进行"坐桩"和"托桩"的练习,所以在套路练习和实战中就会表现出步如"落地生根"样的稳定。它通常用"推桩"的办法检验练习者功夫的深浅。畲族拳的手法极其丰富,其中以指法掌法最为多见,且招招实用。演练中有一指点穴、二指摸珠、二指锁喉、三指挑裆、四指插肋、五指抓拿等手法。武术,既可防身自卫,又可达到特有的健身效果,畲族拳尤为如此。通过普查证实,练畲族拳对强身健体起着良好的作用。在此次展示中,孩子们逐渐建立起对畲族文化的自信。

2021年4月14日上午,以"庆祝建党100周年,助推民族乡村振兴"为主题的金华市统一战线助力民族乡村振兴"同心·聚力"结对行动启动仪式暨武义县第八届畲族"三月三"风情旅游文化节,在柳城畲族镇隆重开幕。柳城小学畲舞社团的小姑娘们身着畲族服饰,为三月三助力。"民族一家亲,畲汉一家亲",在建党百年之际,畲娃们以独特的方式向党献礼!

问题思考

在武义县L小学首届畲运会获得四方关注、取得一定成效的同时,也凸显了一系列问题。

一、如何融合社会多方力量?

在畲乡教育路上,L小学构建了乡情馆、乡情站,创办了乡情院,同时还开展了四乡活动。在开展活动和构建乡情馆、乡情站、乡情院的同时需要社区的介入,活动需要在家长的带领下进行,乡情馆、站、院的建立光靠学校是不够的,还需要与社区联手以及社会人士的支持。畲乡教育培养文化自信需要全社会的关心支持,共同推动。

二、如何进一步深挖畲乡教育资源？

畲乡传承人并不多，年轻一代的畲民，对畲族文化知之甚少，畲歌畲语也面临着流失、失传的险境。如何在这岌岌可危的环境下，继续深挖畲乡教育资源，亟待解决。

三、如何拓展畲乡教育的学习空间？

课堂是教育的主阵地，畲乡教育虽重要，却很难在课堂中开展，并且由于时间和教育资源的限制，暂时无法面向更多的学生开设畲乡教育系列课程。当学生回归家庭时，老师也回归家庭，很难有足够的时间和空间指导学生深入学习。

未来发展

乡村教育是中国教育不可或缺的一部分。推动乡村教育发展，要利用乡村教育的优势来培养乡村孩子，回归乡村教育本源，做基于乡村的教育，基于大自然的教育，基于乡村亲情的教育，基于乡村传统文化理解的教育，并由此走向现代教育。同时，也要为乡村孩子开展面向未来的教育，这既需要教科书中、教科书外关于世界形势、科技、政治、经济、文化等的介绍，也需要利用现代化的工具，通过远程教育、远程互动的方式，让乡村孩子接触到和城市孩子一样的知识体系，使最终培养出的孩子既亲近自然，和中国传统文化有一种无缝链接，又和现代化、未来的世界有一种亲密的对接，这样教育出来的孩子，未来才会更加有竞争力。

回归乡村本源，不可只做基于乡村的畲乡教育。本节以畲文化为例，呈现的是如何深度思考乡村家校合作的文化根基与使命。因此，在全国各地的乡村，都需要增强这样的文化意识。而且，乡村家校合作还需面向世界，让孩子们在了解家乡的基础上，客观理性地认识世界形势，了解世界科技、政治、经济、文化等。我们要让乡村孩子接触到和城市孩子一样的知识体系，真正树立、提升民族自信与文化自信。

第五章 城乡联动：家校携手，互学共进

乡村学校是否具有自己独特的办学优势？乡村学校和城市学校能否具有交往的可能性？乡村家庭和城市家庭能否实现高质量的联动？本章聚焦城乡联动主题，以真实的教育实践给予肯定的回复！当城乡家庭通过屏幕实现互通，当城市学校走进美丽乡村，它们又会推动乡村的家校合作实现怎样的新发展？

第一节　依托互联网平台的城乡家校互联互通[①]

案例导入

2019年暑假前,在新疆支教的陈校长与浙江武义的程老师联系,希望通过远程互助的形式来帮助西部的孩子们。由于工作原因,本节作者程老师没有在暑假将活动开展起来。眼看快到2019年寒假了,这件事得抓紧实践起来了。在与陈校长多次联系沟通后,程老师决定开展一次城乡学校间的合作。

2019年12月2日,陈校长通过微信发来了一段短视频——《一张小课桌的故事》。当程老师将视频分享给孩子们时,孩子们纷纷表示希望向西部孩子提供帮助。在家委的协助下,孩子们立刻行动起来,12月25日完成了物品的捐赠,衣物、学习用品、体育器材,还买了一些魔方。东西不多更不贵,但两地的学生、家长和教师还是充满着期待……

2020年1月2日,新疆某小学的王校长联系了程老师,表示捐赠的东西已经收到。程老师当即表达了一起尝试利用互联网来实现远程城乡家校互通的想法。

王校长告诉程老师:当地乡村的孩子、家长许多说不了普通话,只能勉强听懂,与大家交流有点困难;如果需要双向的互通,可能要降低要求,同时互通的时间上也会有所局限,因为新疆的时区与浙江不同;再加上家中有电脑的孩子不多,家长中拥有智能手机的人数也极少。因此王校长担心这样的跨地域互通是否可行,能否达到预想的效果。最后王校长提出利用在校时间尝试使用学校已有的电脑进行远程互通。

而在浙江,当时许多孩子假期的大部分时间已被各种培训班占据,联系互通看起来困难重重。根据实际情况,程老师便提出"少数先参与,以少带多"的原则,让有时间有条件的家庭先参与进来,再带动其他家庭。达成共识后,双方互通了学校以及学生的相关信息,借助于寒假这一时段进行合作互联。

[①] 本节作者为程露、雷学军。程露,浙江省武义县实验小学一级教师,德育处主任,班主任;雷学军,浙江省武义县实验小学党支部书记,校长,一级教师。

通过线上交流,双方对于彼此的校情、生情有了一定的了解,共同决定将2020年浙江武义S小学与新疆K小学合作的主题聚焦为"依托互联网平台开展城乡家校的联系互通"。

然而,2020年2月底,新型冠状病毒疫情全面暴发,寒假因为疫情延长了近三个月,原先安排好的以学校远程硬件为保障的家校联系互通实践被迫停止。在与王校长商量后,以城区两户家庭与乡村一户家庭结对的方式,通过微信群进行学习以及健康生活方面的联系互通。

具体的分组安排为:

A组:陈同学、成同学家庭与M同学家庭;(交流主题:孩子学习行为与父亲的参与)

B组:王同学、朱同学家庭与N同学家庭;(交流主题:孩子健康生活方式与父亲的参与)

C组:凌同学、何同学家庭与Z同学家庭。(交流主题:孩子社会化学习与父亲的参与)

在经历一段时间家庭间的联系互通后,各家庭间都呈现出丰富的学习资源,表达出多元的体验感悟。以下引用陈同学家庭与M同学家庭、何同学家庭与Z同学家庭间在交流沟通过程中的微信对话为例。

陈爸:关于孩子的学习,以现在的寒假为例,我们大多还是尊重孩子的选择,让他选自己喜欢的兴趣班,关于作息时间也大多按他自己的假期作息习惯来安排。但是过程中,我是家庭中主要监督他完成学习任务的责任人。我会早起陪他跑步、打球,和他一起做科学实验等。我把这些都用美篇记录下来,既是成长记录,又是分享生活的好方法,我可以将这些都分享给你们。

M爸爸:那妈妈呢?

陈爸:妈妈性子急,孩子又处在青春期,容易发生冲突。况且爸爸的适度参与对于孩子的成长大有好处。

M爸爸:听起来,我真的是做得很不够。在新疆,女孩子的教育本就不够重视,虽然家里有好几个孩子,但是我还是希望她能走出新疆,看看外面的世界。

陈爸:是的,作为父母都希望自己的孩子能够过得更好。所以社会化的学习还是非常重要的。我家五年级除了学科的学习外,还喜欢策划或参与社会实践活动,班级里各级各类的活动展示,他都是主力。我觉得生活中的学习比学校里的学习更为重要。而我们家长的引导与陪伴,在这个阶段也起到了关键作用。

M爸爸:确实如此,小陈同学的生活,真的是丰富多彩,我们也可以试着用一些App来记录,请问有什么好的推荐?

陈爸:我们一般用美篇App来记录生活,也会用喜马拉雅App来分享他平时的阅读与朗读,我们程老师还会用微信公众号记录班级活动、小队实践,当然还会有学校教育分享、家庭教育指导,我都可以分享给您。

M爸爸:那太感谢了,马上学习。还请您手把手教我用一下美篇。

在两位父亲的对话中,地域间的家庭教育意识差异明显,这样城乡家庭间的对话,更能促进城乡家庭教育有价值的联系互通。之后的互通交流中,两个家庭就中国疫情与世界疫情的分析进行了记录与研究,进而对"中国防控疫情措施分析"这一社会化的学习主题有了不同的理解,从而主动加入疫情防控的队伍中。

而何同学家庭与Z同学家庭间的互通更是让城市的孩子重新看到学习的空间。

何妈:Z妈妈您好,我家儿子假期在家就喜欢玩手游,可能因为爸爸就是从事信息技术工作的,孩子对于信息类的知识与技能掌握得都非常快,玩个手游没几天就能成"高手"。但是平时我们都上班,他和奶奶在家,老人家也管不住,真的不知道该怎么办?

Z妈妈:小何妈妈,您好!我们家里只有我有智能手机,可能在我们这边孩子们都不会玩,也不太清楚怎么玩,甚至不知道"手游"是什么,所以不存在这样的问题。孩子们平时除了上学、回家做作业,就是帮着放牛放羊,他倒是非常喜欢,不如让他们俩交流一下吧。

......

在两周的时间里,两个孩子通过微信视频、语音通话等方式,分享了自己的假期生活。何同学开始在Z同学的影响下,关注起中国的地理,并通过自己娴熟的信息技术能力,将Z同学的牧羊生活制成了短视频,分享在班级群里。

2020年4月中旬,新疆的王校长发来一段文字:"程老师,您好!首先特别感谢您和您班里的家长朋友们,我们参与的几个家庭都表示在这样的联系互通中受益匪浅,妈妈们都说没想到教育孩子也是一门非常有学问的课程,对学校的教育也有了更深的认识。当然孩子们也发现,原来自己的家乡也有着城市所没有的文化价值,自己的生活也能影响城市的孩子。孩子和家长们开始更客观地认识城市与乡村。感谢您!"同时,浙江参与的家庭也在这样的联系互通中,感受到了不同地域的文化背景所带来的教育影响。

原理解析

在"互联网+"城乡家校合作中,大多以学校与家庭两方为主体,以教师的引领、家长的配合为主要形式。不同地域之间的家校合作能产生有意义的合作效应,特别是有可能实现乡村教育的提升与发展。

(一) 有利于发挥网络平台的教育价值

2021年7月,研究者在中国知网以"城乡家校合作"为关键词搜索到105篇文稿,无一篇是聚焦城市与乡村家校合作的联系互通。同时,研究城市教育对乡村教育影响的论文较多,而聚焦乡村教育反哺城市教育的少之又少。

当前的"互联网＋"提供了即时高效的互通平台,达成时时、处处、人人的城乡教育虚拟空间的互通。对于每一个个体而言,网络平台可以提供材料搜索、交往、购物、信息获取等功能,在社交 App 广泛使用的今天,个体在虚拟空间内的交往与沟通远高于真实空间。而城乡间的交流与互通,因为互联网平台的广泛运用,也跨越了时间和空间的局限,使得网络平台开始为教育教学乃至终身学习与发展服务。

(二) 有利于提升城乡信息互通的质量

伴随着科学技术的发展,家校合作的模式也在发生变化。"互联网＋家校合作"在教育领域形成了一种家校合作的新生态。① 线下学习给予学生的学习资源是有限的,但是学校可以充分利用互联网平台,丰富学习形式及学习内容。对城区的学生来说,乡村的学习生活具有极大的吸引力和新鲜感。这种交往,不仅有助于乡村学生发展,同样有助于城市学生发展。习惯了城市生活的孩子、家长,有必要了解乡村发展现状,感受不一样的乡土风情,而一直生活在农村与土地打交道的农业者,也需要与"城市居民"关联与互通。②

乡村教师也会因为自身知识储备及社会化学习的不足而遇到家校合作的瓶颈。此时便可以尝试转变联系与互通的主体与方式,利用互联网,实现城乡家校的"云"互通。教师可利用"互联网＋"的社交平台,让家长分享成功的教育经验,促进家长之间的互联互通。只有这样,家校沟通才能打破家庭孤立的状态,促进家长的文化认同。③ 这既能有效构建教育共同体,又可以促进良好家风和家庭文化的形成。

(三) 有利于改变乡村教育的弱势状态

乡村家校合作中,微信可以成为教师和家长线上互动的主要渠道。从教师和家长的微信互动情况来看,班级微信群主要发挥的是发布学校通知和班级活动的功能,私人沟通则主要是解决个别学生的具体问题,例如,成绩下降、作业没有完成或者状态不佳等。④ 这样的互通对于学生的成长、乡村教育的发展,作用是微乎其微的。

与此同时,乡村的学生、家长、教师相对于城区的学生、家长、教师在交流的主动性上明显处于弱势,他们在面对面交流与沟通的过程中总会表现出羞于主动发表自己的见解,或是怕自己表达水平不够而不敢主动展开互通的状态。而互联网在一定程度上保护了不敢面对面交流沟通的乡村学生、家长、教师,相较于线下互通,虚拟空间中的他们可以有效避免面对面交流沟通的尴尬与不适,不必因为无法进行即时性的反馈而陷入窘境,同时依托

---

① 谢荼花,尹积栋,鄢青,等."互联网＋"背景下小学家校合作模式问题及优化策略[J].电脑知识与技术,2021(8):144-145,151.
② 蓝美琴.回到绿水青山的怀抱[C]//上海终身教育研究院."乡村社区治理背景下的家庭、社区、学校合作"研讨会暨第三届全国乡村班主任发展研究论坛论文集,2019:238.
③ 黎丽."互联网＋"助力家校共育的实践探索[J].教育观察,2021(03):94-96.
④ 许滢.乡村小规模学校与家庭的互动研究——基于 Z 省 Y 小学的个案[D].上海:华东师范大学,2021.

互联网进行的城乡家校互通为乡村学生、家长、教师的互通提供了更多的主动权与可能性。乡村的学生、家长、教师完全可以基于自己的生活、学习经历发起有效的互通任务,如通过照片、文字、美篇、短视频等形式分享孩子的劳动实践,策划、实践、分享"中国农民丰收节""三月三家乡歌会""斗牛"等活动,这些都是城市学生、家长、教师无法单方面完成的实践体验。

在互联网的技术支持下,城乡家校的联系互通能改变乡村教师、家长在互通中的弱势状态,同时能有效地更新乡村家长的教育观念,助推乡村教育发展。

(四) 有利于实现乡村的文化振兴

有学者曾提出:传统乡村文化作为一种独特的文化韵味,正在于其中所蕴含的泥土般的厚重、自然、淳朴而又不乏温情的生存姿态。[①]

正因为如此,乡村文化的建设需要整个社会生存理念以及对现代化想象的转变。在以求富裕作为整个社会基本生存姿态、以城市化等同于现代化的基本追求为背景的文化想象之中,乡村文化的边缘化是无可挽回的。只有当我们逐步倡导、树立一种开放、和谐、自由、精神的富足重于物质的享受为基本理念的生存方式,乡村文化才可能作为独立的文化品格进入现代化的视野之中。[②] 而这些需要城乡教育共同努力。

方法指导

"互联网+"城乡家校互通虽无须考虑地域,无须界定教师、家长、学生受教育程度,却仍需"软件+硬件"的双重保障来推动。互联网支持下的城乡家校互通,是基于城乡教育共同体概念的解读,两者都是从城乡教育共同体基本样态这一理论维度向实践应用维度的延伸,它不仅强调互通内部参与要素之间的结构性关联,更加强调在互联网支持的虚拟场景中实现个体间、组织间不断互通深化发展的具体路径,其运行模式如图5-1所示。

"互联网+"城乡家校互通实践借助网络互通平台,建构家校共育课程,摸索协同发展的城乡家校互通互联的路径,凭借网络物联机制、家长发展机制、社区协调机制的三方保障,在互联网平台环境、微课程学习环境、人文社会环境中开展互通实践,以达成"互通互联,共学互学"的目标。

一、四力驱动,促成多主体互通

"互联网+"城乡家校的互通,需要教师、家长、学生、社区四力共同推动,多方联动促使

---

① 刘铁芳. 乡村的终结与乡村教育的文化缺失[J]. 书屋,2006(10):45-49.
② 刘铁芳. 乡村的终结与乡村教育的文化缺失[J]. 书屋,2006(10):45-49.

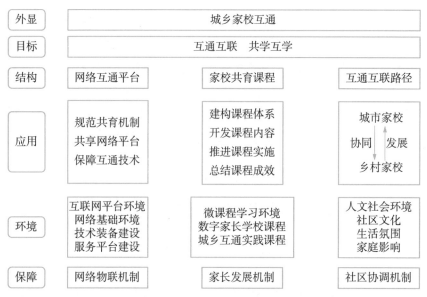

图 5-1　依托互联网平台的城乡家校互通运行模式

教师、学生、家长乃至乡村教育的多主体发展。

（一）教师的主动投入

其一，寻找互通对象。乡村教师需要借助于自身的教育资源，结合乡村学生的实际寻找志同道合的城市教育合作者。可以通过城乡同年级、城乡跨年级、城乡跨年段三种形式去寻找。抑或通过指导乡村家长、学生编写招募城市合作伙伴的美篇或电子文稿（见图 5-2），依托互联网来寻找互通对象。这一过程中应以学生为实践主体，充分发挥城乡家校合作的整个过程中"时时、事事、处处"的育人价值。同时，要注意尊崇双方学生的意愿，为未来持续持久的高品质合作发展奠定基础。

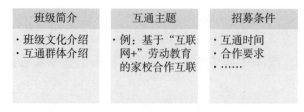

图 5-2　招募互通对象电子文稿的建议内容

其二，成立互通媒介。在找到互通对象后，教师需要基于双方便于操作的平台成立互通的媒介，如微信、钉钉群等。在媒介的选择上，一定要考虑乡村家长使用频率最高、最易于操作的平台。

其三，发布互通任务。教师需要结合互通的目的与班级实际情况，发布适切的互通任务。如通过分享链接,共看一部电影;通过天天跳绳 app 进行线上的运动比拼;利用假期,学会一项家务劳动,并在线上分享自己的心得等。

其四,参与互通过程。在这一过程中,教师需要全程进行教育观察,及时发现并引导家长与学生进行有价值的教育互通。如分享家乡的新春习俗时,建议思考"不同地区的不同庆祝方式是源自什么",如在疫情防控阶段,引导提出"不同地域对于疫情的防控措施区别在哪里"的问题。又如城市与乡村学生一天的作息时间安排差异在哪里?如何安排才合理?当然,教师在这一过程中还可以将全国其他地区、班级做得好的实践活动分享到群里,拓宽互通的广度。

其五,做好互通总结。在一个阶段的互通结束后,教师必须要做好总结工作。总结应重点放在:互通任务是否达成?互通的过程是否合理?互通的成效如何?互通还存在哪些问题?该如何改进或继续推进?

(二) 家长的参与推动

一是唤醒合作意识。在城乡家校合作互通项目实践过程中,家长既是教育者、参与者,也是学习者。这对于乡村家长而言,便需要有"为我所用""为他所用"的合作共赢的教育发展理念。乡村家长要意识到合作的价值和意义,努力使自己以及孩子具有强大的"吸引力",这就需要多种渠道的互动交流来夯实城乡家校合作可持续发展的根基。而种子家长的教育自觉便成为良好互通关系建立的催化剂。家长们在互通过程中,要看到自己的教育努力,肯定自身的教育价值。

二是促进主动参与。对于乡村学生来说,能看到爸妈们主动与城乡教师、家长互通是异常兴奋的。在浙江省 W 县 S 小学的"互联网+"微社群家校共读活动招募工作时,小强同学说:"我也想让爸妈一起来参与共读,这样他们才会真的知道阅读并不是一件简单的事儿。"而在共读活动后,小逸说:"我第一次看到妈妈跟着老师如此认真地读完一本书,真的是让我刮目相看。"小豆更是看到了妈妈在微信群里的分享,意识到自身存在的问题,端正了自己的学习态度。这样的主动参与是家校合作至关重要的一步,唤起了家长的教育自觉,还带来家庭学习氛围的改变。

三是推动互通创新。在城乡互通的过程中,乡村家长必须抛开对乡村教育弱势的固化定位,敢于尝试,真实地表达观点。如浙江省 W 县 L 小学的"'互联网+'亲子共谈会",在搭建好微信直播平台后,教师在家长微信群里发布了第二天召开"互联网+"亲子共谈会的通知,立刻就有 3 位外地家长主动报名要参加群聊。其中一位家长在群里回复:"很荣幸能参加这次活动,大家可以一起看看各地的孩子都是怎么过寒假的,回头给我的孩子也制订寒假计划。"[1]同时,这样的尝试也让其他家长看到了家校合作的另一种形式,唤起了"我也可以参与其中"的合作意识。当然,在城乡互通的同时,也建议乡村家长根据家庭及周围环

---

[1] 许滢,吴静超."互联网+"亲子共谈会——一次乡村家长会的变革实践[J]. 教育视界,2019(1):41-43.

境的实际情况,选择性地模仿学习城市家庭教育模式,有意识地大胆创新,探索具有新时代乡村家庭教育特色的新道路,为乡村教育振兴开辟新的发展领域。

四是鼓励教育分享。乡村家长在家校合作中总是处于被合作、被支配的角色定位中,乡村教师需要主动寻找、分析乡村家长羞于表达、分享的原因,如文化不自信、价值不自信等,帮助鼓励乡村家长建立文化自信、分享自信。如可以分享自己的感受,分享自己真实的想法,更可以分享自己平时看到、听到的有教育价值的人和事。

(三)学生的主体追求

无论是城市,还是乡村,学生对于知识、对于社会形态的追求无时无刻地存在着。我们可以引导学生通过"提出问题—寻求帮助—搜集资料—探究分享"的路径开展家校合作互通。

一是提出问题。鼓励学生围绕学习生活中的关键事件,提出互通的核心主题,如在2019年农民丰收节时,S小学(城市)的学生提出:国家为何要设立农民丰收节,这个节日对于小学生的教育意义何在? 又如新冠肺炎疫情期间,Q小学(乡村)的学生认为:为何城市与乡村的防疫措施会不一样? 国内外的防疫情况为何差异巨大? 围绕核心主题,学生也能提出关键性的问题,从而有助于开展城乡互动。

二是寻求帮助。在解决问题的过程中,家长、教师、社区工作人员都会成为他们寻求帮助的对象。这里的家长、教师、社区指的不是只局限于学生身边的,由于互联网平台的介入,学生可寻求帮助的对象不断扩大,网络远程端的每个端口都可能成为协同解决问题的对象。

三是搜集资料。在寻求帮助后,学生们会获取许多文字、图片、音频、视频甚至是创意想法类的资料,学生们可以合作完成对信息的筛选,以进行资料的有效搜集,梳理留下与主题相关或切合的资料。

四是探究分享。"互联网+"的探究与分享会更多元,各种有声资源、无声材料都能成为互通分享学习成果的外显层。此时互联双方需要稳定的线上交流媒介,突破空间与时间,实现虚拟空间中的"面对面"交流,并形成美篇、短视频、照片、文字等探究成果以分享。

除此之外,社区的牵线搭桥也是互通的保障。乡村的学生相对于城市的学生是自由的。因为他们总能在田间地头找到最原始的乐趣,还能从民风乡俗中感受别样的传统文化熏陶。如畲族的三月三歌会、七岁的开蒙礼、竹编大赏、祭祀大典等。一般一个月都会参加一两个以乡为单位的活动。我们可以借助于这些实践活动,邀请城市的学生线上观看、线下参与,组成伙伴团,一起学一起玩,边学边玩。

由此,我们可以清晰地感受到,依托互联网平台的城乡家校互通是城市与乡村共同双向互动,需要多主体的互动与投入(见图5-3)。

教师的主动投入	寻找互通对象、成立互通媒介、发布互通任务、参与互通过程、做好互通总结
家长的参与推动	唤醒合作意识——促进主动参与——推动互通创新——鼓励教育分享
学生的主体追求	提出问题——寻求帮助——搜集资料——探究分享
社区的牵线搭桥	……

图 5 - 3　多主体推动互联互通

二、媒介联动，实现多元互通

（一）城乡家校互通微社群

"社群所指的是在某些边界线、地区或领域内发生作用的一切社会关系。"①那么，"互通社群"可解读为以互通为目的的在某些边界线地区或领域内发生作用的一切社会关系的社会群体。"互通微社群"便可指较小规模的家校互通社群。在现实中，互通微社群可以由任何几位或十几位有共同学习目标或活动实践的个体组成。在日常生活中，家长社群的活动或交往已是常态，大多以与老师沟通孩子的教育问题为主。那如何能让家长们在同一社群中多主体互通将成为城乡家校合作的关键。

"'互联网＋'城乡家校互通微社群"的建设需要经历：互通任务的发起—互通伙伴的招募—微群体的建立—规则的制订—义务的明确—学习生活资源的分享—互通总结的撰写—互通经验的分享等阶段（见图 5 - 4）。

以 2020 年寒假浙江省 W 县 S 小学开篇的案例为例，基于城乡家校合作对象招募后，成立以微信为互通平台的微社群。

S 小学（城市）组：陈同学、成同学、王同学、朱同学、凌同学、何同学。

K 小学（乡村）组：M 同学、N 同学、Z 同学。

第一步：3 月 1 日，成立微信家庭共学组，以 2 对 1 的比例进行结对交流。

第二步：3 月 2 日—15 日，分家庭组就民族文化及生活、学习等方面进行交流互学。

第三步：3 月 17 日，微信群中进行互学分享，以家庭为单位。（成果汇报、心得感悟皆可）。

第四步：3 月 20—30 日，总结分析。

---

① 李家成，郭锦萍. 你好，寒假！——学生寒假生活与学期初生活重建[M].北京:北京大学出版社,2018.

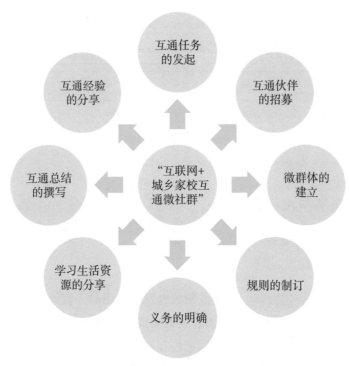

图 5-4 "'互联网＋'城乡家校互通微社群"的建设路径

在实践过程中,可根据具体的操作情况进行调整,特别要结合乡村家长的实际情况与问题进行指导与操作。

首先是微社群互通规则的制订。明确了互通任务,创建了线上群体之后,最重要的是互通规则的制订,这是需要群体内的所有成员共同商议的,在家校合作互通群中,更多的是来自家长们自主的分享与学习。

其次是微社群义务的明确。群体内的联系互通过程中,我们需要不断地提醒参与的教师、家长该做什么,要做什么,哪些是必须做的。家长们需要在分享的同时,关注其他伙伴的分享,从中获取自己可用的资源,真正地将群体内的互通发挥出最大效益。

最后是微社群中资源的学习与分享。对于同样的交流主题,在微社群中不同家长、教师、学生会基于自己的学习、工作、生活经历进行自我解读,我们就可以通过不断的互通,来深化互通的价值与意义。既然有了任务、有了沟通的过程,那必然要进行评价总结,否则便是无效的,或者说收效甚微。

(二)家长微课程

狭义的"家长微课程"特指家长结合自身工作岗位、兴趣爱好和专业特长等资源优势,参与建构的校本课程。课程主体是家长,受益者是家长和孩子。它的开发,借助了"互联网"的优势,既有助于家校形成良好的互动,提高家校合作的层次,也有助于丰富校园课程资源,为学生提供更丰富的教育资源。[①] 每一节微课程都有一个主题,聚焦的都是当前乡村学生或家长最迫切想要解决的家校合作的难题。

乡村背景下的"家长微课程",可以由乡村教师、乡村家长提出需要学习或亟待解决的核心问题,借助于城市学校、教师、家长的丰富资源进行录制与分享。

(三) 其他网络媒介平台

随着微信、美篇、微信公众号等网络社交软件的广泛使用,很多班级建立了微信群,开通了班级微信公众号以保证家校沟通的顺畅。因线上教学、线上家长会的需要,家校沟通方式还出现了借助腾讯会议、企业微信、钉钉等网络平台的方式。

借助社交软件的家校沟通打破了传统家校互动的时空界限,方便教师和家长就学生的一些共性问题进行讨论和交流。而乡村家长工作地点与性质的不稳定性,总没有时间参加家长会,则是传统家校沟通不畅的另一制约因素。[②] 同时,虚拟情境中的交流与沟通能避免出现气氛尴尬的情形。虽然网络沟通不及面对面交流的效果,但能照顾到不善于口语表达的家长的情绪和感受,进而能激发这部分家长参与家校沟通的兴趣,实现教师与家长真正的零距离交流。此外,教师还可以借助线上家长会,突破时间、空间条件的限制,减轻家长的负担,促进有效家校沟通。

教师可以将全国各地优秀的教育经验和教育方法通过相关的媒介平台分享给家长,帮助家长更新教育理念。依托网络平台,教师还可以用文字、语音、视频与家长交流,就学生成长过程中将遇到的问题以及需要注意的事项与家长进行及时有效的沟通。总之,借助网络社交平台,教师和家长可以实现高效的家校沟通,既能让家长了解孩子的在校情况,又能让教师与家长合力解决学生出现的问题,促进学生健康成长。

三、自上而下,共建虚拟互通空间

(一) 统一规划,形成互通"合力"

第一,教育领导者需要明确"推进农村教育现代化就要推进农村家庭教育和家校合作教育的现代化,建立以学校发挥主导作用的学校和家庭、社会托管机构共同承担责任的农村家校合作的教育共同体"。[③] 教育领导者对城乡家校合作的推动至关重要,保障互通的形成及顺利进行。省市县区的相关教育直管领导需要从政府层面促进"结对帮扶"。比如深圳对接河源、汕头和汕尾,又如武义 S 小学利用浙江的之江汇平台对接古竹小学、新宅小学等。

---

① 曾晓兰. 开发"家长微课程",培植共育新生态[J]. 天津教育,2021(7):103-104.
② 黎丽."互联网+"助力家校共育的实践探索[J]. 教育观察,2021(3):94-96.
③ 郝文武. 建立以校为主的农村家校合作教育共同体[J]. 当代教育与文化,2020(4):11-15.

教育领导者可以依托网络平台,通过文件下发的形式落实互通的要求与需达到的成效;可以在条件允许的情况下,对偏远山区提供相应的互通硬件与技术支持,或是政策上的倾斜;还可以发动社会力量,保障城乡家校互通的稳定与顺畅,如请移动公司或供电系统给乡村的网络进行升级,又如请专业技术人员给乡村家长、教师免费提供线上的使用教程等。

第二,乡村校长是鼓励士气的组织者,要充分认识到家校合作的重要性,并做好组织引导。学校领导对家校合作的宣传、指导、鼓励和支持,能让教师对家校合作充满信心和热情,并以积极的姿态主动参与;使家长积极参与家校合作,因而家校合作才会进展顺利,收到实效。

因此,乡村校长可以借助网络平台全面了解全校所有家庭的情况与合作意向,以此成立学校层面的家校合作委员会,与家校合作委员会中的成员共同商议责任分工,让成员们能真正地参与学校教育教学工作的管理与监督。乡村校长可以借助家校合作委员会的力量成立数字家长学校,依托互联网更新乡村家长的教育观与学习观。此外,还可以结合学校发展规划,因地制宜地开发校本课程,深挖农耕文化,聘请相关的乡村家长,通过拍摄短视频或纪录片分享的方式,推动田间地头、社区祠堂的文化走进学校,走进课堂,走近学生。

第三,乡村教师是家校合作过程中的主要人物,发挥着重要作用。家校合作具体活动的策划与组织依靠教师得以完成。教师可以为家长提供对应的教育资源,组织和落实某些合作活动,将具体合作活动推行开来。教师可以扮演家长的指导者、活动的咨询者、学生的教练。教师可以作为亲子间的协调师,解决家长与学生在学习活动过程中产生的矛盾与问题。教师还可以是城乡家校互通过程中的牵线者、技术指导、心理导师等。

第四,乡村家长也是家校合作的一支必不可少的力量。只有家长认识到家校合作的重要性和紧迫性,才会采取积极的态度,及时关注、回应、反馈并积极、热心参与学校教育管理活动,与教师齐心协力使家校合作真正成为教育的合力。[①] 在互通过程中,乡村家长必须解开自己固有的被动枷锁,主动地参与其中,真实大胆地发表自己的见解,并将自身所拥有的知识与技能转化为有益的教育资源进行分享。

(二) 巧用平台,搭建互通"网络"

每个时代都有与这个时代相适应的教育形态。"互联网＋"时代要充分借助"互联网＋"思维来构筑城乡家校合作的新形态。我们在借助网络平台进行家校"云"合作的同时,也要具体情况具体分析,因人因事因时因地制宜,采取线上线下相结合,网络实体共推行的家校合作方式。

---

① 谢茶花,尹积栋,鄢青,等."互联网＋"背景下小学家校合作模式问题及优化策略[J].电脑知识与技术,2021(8):144 - 145,151.

微信平台适用于小群体或 200 人以下群体间的交流；微信公众号平台适用于优质互通资源的分享；美篇、简书适用于个体学习生活的成果分享；浙政钉适用于线上的群体会议或直播课堂；之江汇适用于学生分享大容量的学习资源，形成学习圈等。

（三）制定规则，规范互通"行为"

城乡家校合作互通平台建立以后，还需制定相应的制度和运行措施加以保障。首先，在建设之初，要了解各平台各个项目功能之间的联系，进行规范指导和运用等。其次，在"云"互通阶段，制定相关制度保障系统的顺利进行。如：互通双方要明确阶段性的家校合作任务及个体的职责；在此基础上，学校或班级要联合多方面专业人员，组建家校互通专家委员会；对相关人员进行图像处理、视频编辑、VR 影像编辑、声音处理等先进技术的培训，使平台更具趣味性和交互性；对平台要求有家长、老师的回复功能；通过平台数据统计，调查家长近期关注的问题和心理动向；根据调查数据，学校和教师调整切实有效的家校合作措施。如目前浙江教育系统推广使用的"浙政钉"就涵盖以上所有功能。对于参与者来说，在互动群体固定，老师和家长互动平稳的情况下，具有吸引力的、高质量的活动，才会使城乡家校互通更高效。

问题思考

信息技术的发展、教育的数字化转型创新了学校教育教学方式，促进了家校之间的沟通与合作。但研究者在实践过程中，依然发现在城乡家校合作互通的探究过程中，还存在以下一些问题。

一、如何依托网络平台进行适切的家校互通？

乡村教师需要获得家长的支持与配合。要想达成家校共育，学校和教师一定要获得家长的理解、支持与配合。对此，学校可以通过线上与线下相结合的方式，详细地向家长介绍家校共育的目标、途径和方式等。

但要注意的是，乡村教师不要过于频繁地在社交平台发布信息或分享资料。无论是教师还是家长都不能随心所欲地发送消息，搞"消息轰炸"。因此教师在与家长交流时，要注意自己的言语应简明扼要，不与家长说无关的事。

二、如何实现"互联网＋"城乡家庭间对等的互学互鉴？

在实践中，城乡的家校合作学习，大多会显现出明显的以城带乡的局面。然而事实上，乡村家长有着城市家长所没有的文化知识背景,有着丰富的中国传统劳动人民的优秀品质,而乡村更有着城市所没有的田野资源⋯⋯

如利用乡村家庭资源,拍摄劳动短视频,让城区的孩子学做家务;利用乡村的农场,分享乡村学生参加生产劳动的美篇;城区的孩子可以利用人文资源,分享相关文字,深化乡村学生开展环境保护知识的学习与实践等。在互通的过程中,需要充分挖掘乡村家庭中的资源,以真正达到互学互鉴。

三、如何借助互联网,实现城乡家庭的长期互通?

在某一集中的时间段内,在教师的协助和支持下,城乡的家校合作学习会呈现出非常好的发展样态,然而如何让"互联网+"城乡的家校合作互通成为一个可持续发展的项目,是需要教育者思考的。

以嘉兴王江泾镇实验学校汪加荣老师提出的构建家庭学习共同体,开展"绘本亲子共读项目"为例,研究者认为可以借助城区学校或家庭丰富的阅读资源,引导城乡就亲子共读项目进行互通,内容可以围绕一本书进行阅读的分享,也可以围绕一类书进行阅读的推荐。城乡家校间的互通可以是家长之间、家庭之间、孩子之间就所面临的家庭教育问题、学习问题、时事政治等内容展开学习和讨论,通过合作学习和共同探讨,从而最终有效地解决相关问题。以合作促发展,以持续的群体性合作促持续性发展。

四、如何充分利用资源,促进城乡家庭的深度合作?

乡村的自然环境为孩子们提供了丰富、开放、天然、有趣的活动场所,一草一木、一花一石、一鸟一虫、一山一水,无不是孩子们发现和探索的对象,也为孩子们的成长提供了取之不尽、用之不竭的资源。如植物资源、动物资源、其他自然物质资源等都能丰富孩子们的学习。[①] 城市与乡村给予学生的学习资源是不同的,两者并不存在优劣,各主体间该如何选择相应的资源展开基于互联网的合作实践,需要继续积累经验。

未来发展

在"数字中国"的战略背景下,伴随着数字化转型的加速,城乡家校合作的互联互通能在很大程度上促进乡村教育的发展。

---

① 李家成,赵福江.中国乡村班主任发展研究(第二辑)[M].上海:上海交通大学出版社,2019:4.

一、拓宽空间范围，开展"互联网＋家校合作"活动

我们可以尝试扩大互联互通的范围与群体，实现各群体相互间的倾听、对话、协商、共事，在共同的情境中共同学习、相互学习。同时，城乡间的家校合作学习，主体更为多元。这样的互联互通，不仅可以发生在课堂、班级、校园、家庭、社区中，甚至也可以是富有专业性的教研活动中，借助"互联网＋"形成跨越具体时空的联系。

二、整合乡村资源，开发"线上家校合作课程"

"线上家校课程"的开发，旨在将家校合作规范化、体系化。不仅仅是城市的教育资源可以分享，乡村的教育资源也需要深挖，我们要将独特的乡村教育资源随着互联网走出大山，走向全国，甚至走向世界，让互联网真正为城乡教育助力。

三、加强组织合作，深化城乡家校合作成果

在城乡家校合作学习的实践过程中，每一个主体都在助力孩子的成长，而孩子同时也影响着家庭中的其他成员，乃至其他家庭中的每一位成员。鉴于这样的理解，教师、家长需要以大境界、大视野、大爱心投入家校合作之中。在此过程中，教师需要更大程度地借助线上资源与家长、社区形成真正的"虚拟空间的教育共同体"，拓宽城乡家校合作学习的价值，发展学生、家长，乃至自己。

总之，"互联网＋"城乡家校互通有着非常广阔的实践天空，我们可以从教育实践与研究者的视角出发，增强教育的命运共同体意识，以成就自己和他人的美好生活。

第二节　基于真实情境的城乡家校共学互学[①]

案例导入

在 2019 年"你好,寒假!"项目研究中,武义县 Q 小学涂老师班的"探秘古村落活动"深深地吸引了远在上海的董老师。带着对"探寻古村落文化"的同一热情,两位老师有了跨时空的线上交流,相互提问,一起探讨,董老师提出了进一步深化开展活动的建议,两位老师更产生了跨省研学的设想。

2019 年 7 月初,两位老师开始了活动策划。一次次活动方案的制订、讨论、修改,让她们对合作研学有了更加深入的思考。计划赶不上变化,原定 8 月 10—11 日的研学活动,因台风"利奇马"的到来而延期。她们又把时间定在了临近开学前的 8 月 24—25 日。

8 月 24—25 日,武义 Q 小学"小水滴中队"和上海 L 中学"七色花中队"合作开展的"探寻古村落文化"研学旅行活动在山下鲍村如期举行。静谧的小山村,因为有了远道而来的孩子们、两地的家长和教师而变得热闹非凡!

山下鲍村位于浙江省金华市武义县南部大溪口乡,是一个不起眼的历史古村落。文物是不可再生的资源,这里的一梁一柱,一碑一刻,一砖一石,无不凝聚着先人的智慧,留存着沉淀了千百年的历史价值。这样的古村落,对于上海的孩子来说,完全是陌生的体验,所到之处,都让他们感到好奇,挡不住他们探秘的热情,老房子、小溪边、田地间……到处都是他们活跃的身影。这样的村庄对于城市的家长来说也是新奇的,他们拿着手机不停地拍照,收藏沿途中最美的风景。来自乡村的家长不停地向城市的家长、学生、教师介绍着当地的风俗人情,一群彼此陌生的人因为研学活动走到了一起,有了全新的交流互动。

在村干部的推荐下,学生们拜访了村里 89 岁高龄的涂爷爷。涂爷爷耐心地为孩子们答疑解惑。水碓是借水力春米的一种工具,农村的孩子都未必见过,来自城市的孩子们更是

---

① 本节作者为董雪梅、涂淑莉。董雪梅,上海市临港实验中学正高级教师,班主任;涂淑莉,浙江省武义县泉溪镇中心小学高级教师,班主任。

闻所未闻。孩子们异常兴奋地用力踩水车,一边惊叹古代农具的模样,一边赞叹古人的勤劳与智慧。学生、教师、家长们沿着崎岖的山路徒步前行,来到村中的古靛青塘遗址,据说山下鲍人就是靠这个制作染料发家致富的。涂氏宗祠是这座古村落中最具代表性的建筑,在涂老师的介绍下,孩子们了解了农村过年祭祖的习俗。第二天,他们一起去攀爬金华市第一高峰——牛头山,一路上大家相互鼓励、相互支持,终于顺利到达山顶,完成了人生中的一次挑战。

本次研学跟以往的活动有所不同,参与的人员来自两个省份不同班级、不同年龄的孩子及家长,可谓是"多主体跨时空合作学习"。研学期间,孩子们跟老师、家长一起,开阔了眼界、增长了见识,在研学中相互提升,共同进步(见图5-5)。

图5-5　浙沪两地跨省研学活动剪影

研学活动不但让我们看到了学生的变化,更看到了家长们的蜕变。他们主动学习的意识不断增强,活动策划能力、写作总结表达能力不断提高,特别是爸爸的参与明显增多,许多爸爸第一次来参加活动。他们认识到工作固然重要,但是适时放下手中的工作,陪孩子一起长大更重要。因为孩子的童年需要陪伴,更加需要父亲的支持。他们表示会把更多的精力聚焦在孩子身上,与孩子共同学习,共同进步!

原理解析

一、真实情境下的牵手合作,有利于促进城乡学习共同体的形成

2021年4月,第十三届全国人民代表大会常务委员会第二十八次会议通过了《中华人民共和国乡村振兴促进法》。第二条:全面实施乡村振兴战略,开展促进乡村产业振兴、人

才振兴、文化振兴、生态振兴、组织振兴,推进城乡融合发展等活动。第六条:国家建立健全城乡融合发展的体制机制和政策体系,推动城乡要素有序流动、平等交换和公共资源均衡配置,坚持以工补农、以城带乡,推动形成工农互促、城乡互补、协调发展、共同繁荣的新型工农城乡关系。

建立新型的城乡关系非常重要,而振兴乡村学校教育,补齐乡村教育短板,也需要用城乡互动、合作、融合、共生的思路来进行。

乡村教育的发展,不能脱离与城市教育的互动,而学生的参与、老师的联络、家长的资源、社会的协助、家委会的推动,可以共同促成真实情境下的城乡合作。城乡教师和家长在互动合作的过程中,对城乡合作项目的主题和内容进行整体把握,不断整合、开发、利用教育资源,有利于促进城乡学习共同体的形成,也有助于发挥城乡教育合作的意义和作用。

这样的城乡互动、合作能产生多重价值。如:福建Z县教育局、福建Z中学在上海市福建商会、闻闻文化推广中心、潮音文化传播有限公司的牵头下,把上海班主任带头人D工作室的四位老师,以及上海L中学的部分学生和家长邀请过来,以城乡联动的方式开展"师师结对"和"生生结对"活动。校长组织协调城乡结对帮扶工作,老师动员组织城乡互学共学结对,家长配合支持学校开展城乡联动,使"共同参加升旗仪式""共同组织牵手结对""共同开展游戏互动""共同游历洋中老宅"等"文化浸润生命,研学助力成长"城乡合作项目能够顺利有序地进行。城乡两地的老师、学生和家长,通过活动过程中的交流和协作,加深对彼此的认识和了解。在真实的情境中,师师之间、生生之间、师生之间互学互鉴,在"人人皆学、时时能学、处处可学"的学习型社会建设理念的指引下,组成"城乡学习共同体"。

二、真实情境下的问题生成,有利于提高解决问题的能力

城乡教育合作原本就客观存在,但对其合作过程的深入研究往往不够,尤其是对于合作中如何促进乡村教师、家长和学生发展的研究非常稀缺。

城乡之间因地域文化差异而形成多样化的教育资源,对于教育资源的整合与开发,是摆在乡村教师、家长和学生面前的实际问题。怎样充分发挥乡村文化的独特优势,在城乡合作中起到文化浸润和资源辐射的作用?笔者建议可以采用"学校、家庭、社区的合作与创生"方式,让村里的老人、村中的有识之士、村里的大中小学生,进行深入研究、系统建构和广泛传播,建立起城乡合作、互学共学的桥梁,以"红领巾义务小导游""乡村文化宣讲团""家风家训的传承与传播"等形式,让乡村教师、学生、家长都参与其中,在教育资源的整合与开发、乡村文化的积淀与创生中,提高乡村教师、学生、家长对地域文化的理解和认同,培育"热爱家乡、服务家乡、建设家乡"的家国情怀,培养学生的创新精神和实践能力。

由于城乡之间缺乏足够的沟通和交流,因此真实情境下的城乡合作,在活动过程中出现的问题往往会让我们始料不及。城乡两地教师的随机应变和学生的临场发挥就显得尤为重要。活动过程中所生成的教育资源,既考验着老师的专业水平,也考验着学生和家长解决问题的能力。在城乡联动中,师生共同寻找解决问题的方法,生成解决问题的方案,形成城乡合作的实践经验与教育智慧。

以前文介绍的沪浙两地"探寻古村落文化"研学旅行活动为例,乡村教师切身体会到,学习能力在锻炼中形成,交往能力在活动中发生,认知能力在合作中发展。在人际交往和互动合作中,学习得以真实发生;在"城乡学习共同体"中,学生、家长和教师的综合能力素养得到有效提升。

三、真实情境下的活动延续,有利于城乡教育资源的优势互补

城乡牵手结对活动,能引导学生学会观察生活,增强学习过程中的体验和感受,促进书本知识和生活经验的深度融合,这样的合作学习值得延续下去。

前文提到的城乡共学互学活动中,上海 L 中学的董老师通过福建 Z 中学的陈老师具体了解到了乡村学生对于这次活动的真实感受(见表 5-1)。

表 5-1 乡村学生的活动感受

乡村学生	活 动 感 受
汤同学	我们互换礼物,结识新朋友,进行游戏互动。这次活动使我更深刻地认识到团队合作的重要性,更深切感受到了集体荣誉感
黄同学	令我印象最深刻的是"阅读分享"环节。分享阅读感受的同学博览群书,言谈举止落落大方,还是个幽默风趣、讨人喜欢的人。我在惊叹的同时,心生惭愧,不过,这也激起了我多读书的欲望
谢同学	此次交流学习,使我们开阔了视野,拓宽了思路,更新了知识,明白了"只有团结一致,才能做到最好"的道理
黄同学	这次活动也是一堂有意义的实践课,教会我们与人合作与交流的意义,彼此沟通是缩短距离的前提,分工合作是提高效率的途径
江同学	我感受到上海同学们的热情,也感受到跨越两个省份的友情。这次两地结对活动,传递着人与人之间的感情,也连接起了我们的友情
阮同学	我感悟到了中华文化博大精深,现在就应该好好学习。只有现在好好学习,以后才能参加更多交流活动,对外传递,对内感悟

董老师结合城市学生抒写的活动感受做了统计分析,参与活动的 33 位同学中,有 75.75% 的学生表示此次研学旅行活动"收获满满、恋恋不舍、还想再来"(表 5-2)。

表5-2　城市学生的活动感受

城市学生	活 动 感 受
张同学	远处的山云雾缭绕,被晕染成淡淡的墨绿色。在群山环抱之中,偶尔见到房屋的影子,为凝固的山水画平添烟火气息,令人陶醉
陆同学	清晨,在鲤鱼溪边,我们跟随老师学习陈氏太极的基本功和经典国学的诵读,真切感受到中华传统文化的博大精深
丁同学	在同一面国旗下,两地学生同行注目礼,唱起让人热血沸腾的国歌。鲜红的五星红旗飘扬在天空中,我们"不忘初心,牢记使命!"
曹同学	山,安安静静,恰如一位安详的老人。车平稳地行驶在山路上,竟有一种和谐之美。这就是人与自然和谐相处的生动诠释吧
刘同学	洋中老宅的飞檐、挂瓦、木雕,展示着前辈工匠精湛的技艺,见证了岁月沧桑变迁,蕴藏着丰富的文化积淀和历史痕迹
徐同学	在茶文化体验中,我们前往山上采茶,又下山参观了茶叶的制作过程,不禁感叹要付出何等艰辛的劳动才能换来清新的好茶
汤同学	参观红色革命纪念馆,同学们的感触很深。革命先烈为了人民、为了国家而奋不顾身。我们要珍惜眼前的幸福生活,把不怕困难、勇往直前的精神传承下去
毛同学	读万卷书,行万里路。这样的切身体验完全不同于课本学习的感受,我不禁期待起下一次城乡合作的研学之旅

　　在义务教育阶段,在学生的人生观、价值观形成时期,持续不断地开展多种形式的城乡合作项目交流活动,必将给城乡两地的老师、学生、家长带来教育观念和学习观念的转化,甚至处事方式、人生格局也会因视域的开阔而发生变化。

方法指导

　　乡村学校有乡村学校的优势,城市学校也有其自身的特点,怎样促进两个陌生的群体从相遇、相识到相知,再到他们之间的合作学习和家校互动呢? 要解决这些问题,应从"城乡建立联系"开始,通过教师之间、学生之间、家长之间,以及家长与教师、家长与孩子之间的多方联动,寻找"城乡家校合作"项目开发的契机,引领他们相互学习,共同勉励,互相帮助,共同进步。

一、城乡建立联系

　　乡村教师要发展,必须有长远的眼光,主动寻求新的突破,向优秀的教师学习,特别是向城里的优秀教师学习先进的带班理念,主动建立城乡联系,促成自己和班级更好的发展。

建立联系的方式可以有以下五种。

(一) 主动邀约式

乡村教师及学校或者城市教师及学校因为某个方面的需求，主动邀请对方进行交流互动，这种建立联系的方式称为"主动邀约式"。这样的方式是基于问题解决且目标明确、效果明显，可以理解为优秀教师下乡授课、开展讲座，带动乡村学校和教师的发展。

如广东省深圳市南山S学校王怀玉老师在湖北省神农架林区S小学马毅校长的邀请下与该校王尚英老师的班级结对，他们的城乡联谊以"两地共读"为内容，为活动的序列性、延伸性奠定了基础。也正是在共读过程中，彼此分享、彼此滋养，实现了两地师生的共同成长。[①]

(二) 家长牵线式

"家长牵线式"可以理解为个别有善举的家长(个人或单位、某些公益组织等)与某地既有的个别对接进而转化为对接一个班级或一所学校，带动学校及教师的发展。这样的方式主要来源于家长的组织协调能力以及公益行为，存在一定的局限性。当然，不可否认这样的方式是真实存在的。

(三) 项目联谊式

在具体的项目学习中，学校之间的联系主要靠教师之间联系而形成。因某些项目的机缘，比如城市教师的故乡情结、阅读推广者的活动需求、某个学习机缘中的相识等。在具体的项目中，教师之间相互吸引，因为项目而建立联系，引领着自己以及学生和家长的发展。

如武义县Q小学的涂老师和上海L中学的董老师就是因为在"暑假生活与学习期初生活重建研究"微信群里，被对方的研学活动吸引，进而组织开展了浙沪两地"探寻古村落文化"研学旅行活动。该活动受到诸多学者和同行的密切关注，还得到了当地乡政府、村委会的大力支持。

(四) 专家搭桥式

因为高校专家有目的的牵线和搭桥，促成两所学校之间的联系。这样的联系方式，取决于高校专家的主观愿望与领导力、已有项目的成熟度、城乡教师与相关专家的合作状态。一般而言，有专家的引领，对城乡学校、家庭的发展都有着积极深远的意义。

(五) 政府帮扶式

政府层面的"结对帮扶"，促进各个地区教育的均衡发展，援藏、援疆就属于这样的方

---

① 王怀玉. 城乡教师成长共同体何以成为可能——从一次非官方城乡结对经历说起[J]. 江苏教育，2018(12)：49-51.

式。由发达地区派出优秀教师去西藏、新疆等地中小学进行为期 3 个月到 3 年不等的支教工作,把优秀的教育教学经验带入欠发达地区,以促进当地教育的发展。

有报道显示,兰州市教育局在《关于进一步做好全市城乡学校结对帮扶工作的通知》中指出,全面落实十九大及全国教育大会精神,以办好人民满意的教育为目标,采取"合作交流、共同提高、统筹资源、组团帮扶"的模式,充分发挥城区学校优质教育资源的辐射带动作用,充分利用信息技术优势,对薄弱学校在校园管理、师资培训、教育质量等方面进行指导和帮助,切实提高薄弱学校的办学水平,促进城乡、区域、校际的教育均衡发展。[①]

乡村教师和城市教师基于以上方式建立联系,确定合作的愿望。两个陌生的群体因为某个特定的活动紧密地联系在一起,他们相互了解,相互沟通,相互创生,共同探讨合作的愿景。当然,城乡家校合作学习的方式还有很多,等待更多的乡村教师一起去探索,去创造。

二、建立城乡共同体

乡村教师通过特有的联系方式与城市教师建立联系,形成良好的合作关系,接下来就会用他们的实际行动影响他们的家长、学生,甚至学校的发展。具体可以从以下几个方面建立相互合作关系。

(一) 相互分享活动

在"暑假生活与学期初生活重建研究"这个特定的微信群里,来自全国各地的乡村教师与城市教师都会把自己班级或者学校开展活动的照片、视频、美篇分享到研究群里。教师们也会根据自己班级的实际需要,积极转发其他学校的活动,给自己班级的家长及学生提供学习素材,并引领他们参与策划、创生相应的活动。

(二) 调查了解家长学习意愿

乡村教师要适时了解家长以及学生参与活动的意愿,调动其积极性。通常可以采用问卷调查、家委会讨论、"种子家长"引导、微信群回复等方式。

如 2019 年 7 月初 Q 小学的涂老师和上海 L 中学的董老师开始了线上交流。7 月中旬,涂老师在班级群里发出邀请,鼓励班里的孩子和家长积极报名参加"探寻古村落文化"活动。对于山下鲍村,涂老师班的家长和孩子们早已不陌生,他们曾经两次走进山下鲍开展活动。本想这次报名参加活动的人可能会很少,可是活动一发布,名额很快就被"秒杀"。涂老师还欣喜地发现,有好多孩子和家长都是前两次活动的参与者,这让她对活动的成功

---

① 兰州市教育局.关于进一步做好全市城乡学校结对帮扶工作的通知[EB/OL].(2020 - 06 - 29)[2022 - 01 - 20]. http://jyj.lanzhou.gov.cn/art/2020/6/29/art_351_894895.html.

举办更加充满了信心！她们一起约定 8 月 10 日那天开展"探寻古村落文化"跨省研学活动。

（三）组建学习群

为了进一步提高活动质量，乡村教师在组织家长报名的同时，根据本班参与活动的实际情况组建相应的学习群。学习群可以由两地的家长、学生、教师以及参与活动的其他人员组成，及时公布活动方案和注意事项，让大家都能够快速清楚地了解活动全过程。学习群可以是基于互联网的，也可以是真实情境下的学习群体。

三、开展城乡结对活动

基于真实情境的城乡合作共学，在乡村教师和城市教师的前期努力，以及有关部门的通力协作下，真实而高效地发生了。这样的学习对于乡村教师和乡村学生来说是第一次，城市教师和城市学生来到陌生的环境与陌生的"熟人"第一次见面，这也是一个挑战。他们在相识中了解，在相知中熟悉，多主体合作学习在真实情境中创生。

如前文中的跨省研学活动在当地乡政府干部的协助下，活动地点就安排在镇政府二楼的会议室，工作人员还亲自为他们布置了活动宣传背景，城乡学生、家长和老师围桌而坐。两校的师生在进行简单而隆重的结对仪式后，一起观看了古村山下鲍发展变化的视频短片，使他们对古村的历史有了进一步的认识。在活动现场，所有老师、孩子、家长都认真地观看视频，会场格外安静。跨地区、跨学校、跨年龄的合作学习正在发生。

又如 2014 年 5 月，武义县 X 小学三、四年级的学生走进 H 小学，开展了为期一周的"走进百年壶小，成就精神远航"壶小生活体验。此次活动给武义县 X 小学提供了一次很好的学习机会，孩子们怀着兴奋与忐忑的心情来到了一个从未踏足的城市，感受城市与 H 小独特的风貌，这不仅仅是一次身体远行，更是一次精神远行。很多孩子都是第一次离开大山离开父母，独立面对陌生的环境和陌生的人群，这需要一份勇气，更需要一份韧劲。有些孩子哭了，因为不习惯而哭；有些孩子忐忑了，因为陌生、孤单、无助而忐忑；有些孩子伤心了，因为即将要与新结识的同伴分离而伤心；有些孩子高兴了，因为同伴与陌生家长的关怀而高兴。是啊，哭过、忐忑过、伤心过、高兴过、感动过，孩子们不就成长了吗？"宝剑锋从磨砺出，梅花香自苦寒来"，比起言语与书本的教育，孩子们更需要这种不确定环境中的历练。

（一）生生结对

生生结对是指乡村学生与城市学生通过一定的方式结成学习伙伴，他们在活动中相互学习、相互照顾、相互创生。在活动中，他们相互合作，出色地完成前期规划的任务。

2017 年秋季，广东省深圳市南山 S 学校王怀玉老师所带的三(4)班与阳江市 N 学校林冬梅老师所带的三(2)班结为联谊班级。近一年来，两地学生主要通过共同阅读、互写书信等方式进行交流。两个班的孩子们在经历了半年的纸质书信交流，历经数本书的共读之后,有了首次视频共读交流会! 他们的活动由两地班级共读,推动两班家庭阅读,促进亲子阅读,促成两地亲子、师生、生生之间借由阅读而生发的多维互动连接。[①]

乡村学生与城市学生相互结对,成为相互的朋友,乡村文化与城市文化在此交融,孩子的心灵在此交汇,友谊彼此滋养,其乐融融,好不欢愉。

(二) 师师结对

乡村教师和城市教师因为某种机缘相识相知,他们相互学习、相互合作、相互影响,在城乡合作中不断创生新的学习样态。他们都愿意为了孩子的成长而不遗余力。他们都认识到两个班的联谊,首先是两个班的班主任之间的"联谊",只有两位班主任有着共同的价值取向,才可能在两个班的联谊中有基于学生立场的各种教育资源的开发与整合;也只有在这个前提之下,家长才能看到孩子在活动中获得的真实成长,方能激发其更大的参与热情。乡村教师和城市教师结对,通过挖掘不同地域孩子各自成长环境中的自然及社会资源,通过基于真实情境中的多方互动,彼此滋养,让两地孩子多维度地感受天地之美、人情之美、学习之美。

如前文中的涂老师与董老师因为 2019 年"你好,寒假!"项目而结缘,更因为 2019 年"你好,暑假!"而相遇相知,相互促进。虽然她们是初次相见,但是却像多年不见的老友,有着太多共同的话题。地处乡村的涂老师惊叹于董老师的语文功底,更惊叹于董老师所带的学生也是如此优秀。活动之后,她们一起谈论如何写作,董老师毫无保留地给涂老师提出建议和改进方向,使涂老师有了一条清晰的思路,为完成论文写作奠定了基础。

(三) 亲子互动

城乡联动的家校合作学习中,不但可以看到学生、教师之间的相互学习,也能让他们看到彼此的成长,更能看到家长们的蜕变。他们为了自己的孩子,放下手头的工作,主动参与到班级的各项活动中来,与孩子一起投入学习。

杜妈妈说,这次的牛头山之行不仅仅是对杜同学的一次锻炼,更是对她自己的一份考验。来到山脚下,她下意识地望望山顶在哪,因为她是个从来不运动的人。刚开始爬的时候,她的心情还是很愉快的,一路上和家长们有说有笑,边爬山、边欣赏沿途的山清水秀,渐渐地她感觉自己的步伐越来越吃力,有点喘不过气来。她便停下来休息,让他们先走。等她休息完,想找大部队的时候,发现他们已经离她远去了,杜同学也已没了人影。她一度想要放弃,坐在半山腰等待他们下山。这时后来的登山者不断地给予她鼓励,让她加油登顶,不要放弃,又想起儿子出发之前对她说:"妈妈,我在山顶等你哦。"她决定咬咬牙再坚持下去。

---

① 王怀玉.携手创生城乡班级联谊新生态[J].新课程评论,2018(7-8):68-74.

接下来的每一步对她来说都特别艰难，但是每爬一步阶梯，她就觉得又一次战胜了自己。直到爬到山顶，看见山峰在云间耸立，向下望，看见山脚下努力攀爬的人都如同蚂蚁一般，这是她从未见过的景象。她终于体会到了杜甫诗中"会当凌绝顶，一览众山小"的豪迈。

这时儿子特别兴奋地跑向她，露出惊喜的表情说："妈妈，我没想到你也爬上来了，你真厉害。"得到儿子的认可，她内心十分欣喜，觉得一切辛苦都是值得的。感谢老师们组织的这次活动，拉近了与孩子的距离，让她与儿子关系更亲近，希望以后能多参加这样有意义的活动。

四、搭建继续学习平台

一项活动结束了，并不意味着学习也结束了，乡村教师和城市教师彼此联系、继续学习，不断学习对方的长处，创生更多新的联谊方式，创生更多高品质的活动。他们将会促进学生之间、亲子之间对自然万物的更多关注，彼此心意相通，形成城乡学习共同体，积累更多城乡互动学习的经验。

同样以研学为例，城市的学生可以到乡村来，乡村的学生也可以在乡村教师和家长的陪伴下到城市去，与城市学生一起游览城市景观、体验城市生活，继续搭建更大的学习平台，创生优质的跨省研学活动。

(一) 制订研学规划

城市教师可以把介绍该城市的文章、报道发送到研学微信群里，引导乡村学生、家长、教师浏览学习，并且组织讨论选择适合乡村学生研学的地点和路线，提前做好相应的规划。乡村学生也可以在乡村教师以及家长的帮助下，提前做好研学攻略，组建学习团体，尝试设计研学路线，做好研学的各项准备。

(二) 选择研学方式

为保证活动的顺利进行，乡村教师可以根据本班实际引导乡村家长与相关的旅行社取得联系，与其合作，在其帮助下开展相应的研学活动；乡村教师也可以组织相关的研学成员，自行出发开展研学活动。研学方式不同，收获也会不一样，这可因地制宜、因时制宜，更可以因情制宜。

(三) 策划研学活动

乡村教师、学生、家长在城市教师、学生、家长的引导下策划研学活动，他们一起走入城市的各个展馆、景点进行学习，感受优秀传统文化的博大精深以及充满活力、快速发展的城市风貌。他们开阔了眼界，增长了见识，丰富了学习经历与生活体验。

如 2021 年暑期，武义 Q 小学的涂老师和上海 L 中学董老师开始讨论策划 2022 年寒假的研学活动，他们将在乡村研学的基础上带领乡村学生、家长到上海临港开展研学活动，这样的活动将创生新的学习样态。

（四）整理研学收获

研学活动对于参与的各个成员来说都是一种新的收获，乡村教师要善于引导他们进行反思和总结，用美篇、日记、绘画等方式进行整理，呈现不同的学习收获，并且及时分享在学习群中，与城市的学生、家长、教师进行交流互动式学习成长。

随着信息技术的不断发展，乡村和城市的家庭之间也可以通过互联网、互相结对等方式继续保持联系。作为教师和家长，我们不妨松开紧紧抓住孩子的手，让他们去体验一次独立自主的旅行，让他们多一些和同龄孩子单独相处的经历，多一些自我空间和尝试机会。

在乡村教师和城市教师的引领下，两地学校也可以发动更多老师积极参与，让更多孩子和家庭参与进来。在活动中发生的学习，对孩子的生命成长会更有意义。人人皆学、时时能学、处处可学，在相互促进中共同发展。

问题思考

一、如何发挥城市家长和学生教育参与的力量？

长期以来，人们往往认为城市代表先进和富足，乡村代表落后与贫穷。这种城乡二元对立思想在教育中有较强市场。这种以城市教育为中心的思想，会不自觉地对乡村及乡村文化的存在漠视，有时甚至是一种居高临下俯视的态度。

我们需要承认并接纳城乡的差别，并充分利用乡村特有的资源，走城乡教育差异化的道路。乡村独有的自然乡土文化，可以成为丰富而生动的教育资源。乡村教育文化的不自信，会造成乡村教育影响力的弱化。乡村教育应当建立文化自信，注重教育资源的整合与开发，因为乡村教育振兴和乡村文化发展可以挖掘的教育资源有很多。

乡村地域文化是一座蕴藏无限生机和活力的教育资源宝库。构成乡村文化整体的，有乡村独特的自然生态景观，有村民们自然的劳作与生活方式，更有乡村生活中不断孕育和传递的民间故事、人文情怀等。正是在这种有着某种天人合一旨趣的文化生态之中，乡村表现出自然、淳朴而独到的文化品格。文化的核心与实质乃是一种生活方式。传统乡村文化作为一种独特的文化韵味，正在于其中所蕴含的泥土般的厚重、自然、淳朴而又不乏温情的生存姿态。

所谓城乡合作，一定是基于对本土资源和自身能力的理解和认识，而采取合作的方式整合开发乡村教育资源,共同发挥"城乡学习共同体"的创生、积淀、传播和转化作用。

二、如何凸显乡村教育的独特优势?

乡村孩子具备很多城里孩子所不具备的天赋及能力。他们出生后更多看到的是青山绿水和日月星空。大多数乡村孩子对自然、对生活的感受力较高;他们从小生活在田野间,活动多、劳动多,所以一些孩子的运动天赋好,动作协调能力强;又因为村里有大事小事相互帮忙的传统,所以从长辈那里乡村孩子习得了良好的合作、交往能力。

乡村教师、家长、学生对于乡村生活的熟悉和了解,是城乡合作过程中的独特优势。乡村教师、家长和孩子可以提前进行活动研讨,围绕"去哪儿""怎么去""学什么""怎么学""评价什么""怎么评价"等方面展开讨论。乡村教师和家长可以引导孩子进行活动方案设计、横幅设计制作、游戏互动设计、活动任务分工等,让学生的领导力得到充分锻炼,也能让城乡合作的老师、家长和孩子能尽快融入环境、融合关系、融通教育。

乡村教师、家长和学生在城乡合作中应当主动作为。通过城乡之间的介绍和体验、传播和感受等方式,扩大乡村环境、乡村教育、乡村文化的影响力,让城乡两地师生在大自然中亲近土地,了解生物多样性,学习如何与人、与环境和谐相处,成为思想健康、精神愉悦的人。通过城市教师、家长、学生的正向反馈,激发乡村教师、家长和孩子"热爱家乡、服务家乡、建设家乡"的美好情感和人生愿望。

三、如何推动城乡家校之间的继续合作?

涂老师与董老师因为2019年"你好,寒假!"而结缘同行,更因2019年"你好,暑假!"而互学共进。董老师对待工作严谨认真,注重对学生自主能力的培养。她放手让学生自己查阅资料,做成精美的研学手册;启发学生准备礼物,慰问老人与儿童。这样的安排是涂老师未能想到的,如此周密的安排,明确的分工,清晰的任务,都需要细细地去体会、去学习、去转化。

涂老师一头对接上海临港,一头对接浙江武义。她主动联系大溪口乡政府、山下鲍村委会,使活动紧凑、高效,具有很强的教育性;她精心准备"千层糕""欢迎宴""水果铺",给浙江武义亮出一张"新农村、新风尚"的名片;她身体力行、求真务实、以己垂范,让城乡合作项目的深入开展有了优质高效的前提和保障。

城乡合作项目应当不断拓展和延续,如果城乡之间由于时空阻隔而中断彼此的联系与合作,就会非常可惜和遗憾。城乡合作项目的前移后续,都要经过认真仔细地规划,应当特别注重过程中的交流和沟通,可以用微信的方式,也可以用研学群的方式,或以真实情境下的互动交流方式,促使城乡合作项目不断创生和发展下去。

总之,在全员、全程、全方位的互联互通中,汲取城乡两地特有的人力和物力资源优势,使城乡联动更丰富、更全面,更有合作意义和精神价值。

未来发展

一、继续探索,深入挖掘乡村优秀文化

乡村往往有自然文化、宗族文化、非遗文化、建筑文化、革命文化等宝贵资源。乡村教师和家长要把乡村丰富的教育资源挖掘并整合起来,在互相交流中,把独特的地域文化转化成城乡合作共学的内容。城乡合作互学共学,既能向城市学生展示乡村独特的文化意蕴,又能激发乡村学生"知家乡、爱家乡"、长大后"建设美好家乡"的家国情怀。

例如,城里的孩子可能从来没有走过崎岖的乡间小路,可能不认识番薯、生姜、大豆,他们对于农业农事知之甚少,乡村孩子可以引导城市孩子认识生物的多样性,了解它们各自的特点和习性,甚至可以下田劳动,体会农业生产的艰辛与收获。这也是乡村教育反哺城市教育的一种具体体现。

城乡合作,既可以从"感受自然文化、探寻古村落文化、探寻非遗文化、体验茶文化、感受革命文化"等角度,深入挖掘和体验乡村文化内涵;也可以从"人与人、人与自然、人与社会、人与自我"的关系探究角度,深入体会联合国教科文组织提出的"学会生存"的实践意义与精神内涵。

文化的传承要从娃娃抓起,城乡牵手合作是新的尝试和开端,继续深入开展城乡交流活动,挖掘更多、更丰富、更有意义和价值的乡村文化内涵,让城乡两地的学生在亲近自然社会、热爱传统文化、关注生态环境、激发兴趣爱好中,逐步明晰自己的理想和追求,并为实现梦想做出坚持不懈的努力。

二、多维合作,在互相影响中优化生命

在真实情境下的城乡学习共同体,强调"生生结对、师师结对、多维协同、差异互补",通过城乡合作模式的实践探索,实现城乡义务教育的内生式可持续发展。例如,城市学校将名师课程带去乡村学校,乡村学校则将特色实践课程反哺城市学校,城乡之间基于优势互补的合作能发挥各自最大的效用,优化整体资源配置,进而推动参与人员的相互促进、共同进步。

"城乡学习共同体"以"尊重差异、协同育人、互利共生"为思想统领,强调在对话交流、合作创生、意义建构中达成"共同目标"和"共同精神"。尊重每一个参与者的个性特点,保障其自身的生态式发展。满足参与者主体的差异化和个性化的生命发展需求,在多主体的

"互学互鉴"和"协同作用"中进行多维互动,实现多元发展。在资源共建、过程共享、效益共通中,实现城乡合作的整体化发展、真实化发展、个性化发展和协同化发展。

基于城乡合作"人人参与、事事可为,我们都很重要"的认识,实现城乡学生"自动化管理"和"自主化发展",使城乡合作达到"多元发展,幸福成长"的新境界。"多主体跨时空合作学习"的城乡合作还可以继续深入下去,带着乡村的孩子去城里看看,开阔学生眼界,提高综合素养,通过城乡之间多频次、全方位、立体化合作,促进城乡家长、学生、教师的共同发展。

三、家校社协同,实现资源配置优势互补

城乡合作中的教育参与,可以有哪些力量的共同加入? 例如,当地教育局、教师进修学校等教育部门,当地文旅局、文化服务中心等职能部门,当地镇政府、村委会等政府部门,都能为城乡教育资源的流动和互补提供帮助,产生社会协同、部门整合的力量,使当地的优质教育资源能在很大程度上得到充分利用,发挥城乡合作共生的资源补给优势,让物质文化、精神文化的力量汇聚起来,服务于学生的成长与发展,促进城乡的资源均衡和教育公平。

在城乡合作共学中,重点关注学习时间的长度、探寻空间的宽度、人际交往的厚度、内心感知的力度、学习方式的灵活度和生活重建的能见度。高度关注学生、教师、家长、社区的合作,让城乡两地师生在社会大课堂中,真正有所学、有所思、有所行、有所得,以触摸自然和文化的方式,成为学校教育的补充和延续。

四、成果表达,促进生命质量优质提升

人,是社会中的人。让城乡不同主体之间的社会交往、情境体验、思考感悟成为不同生命个体的成长点。在真实情境下的资料搜集、信息筛选、交流互动中,扩大每一个生命个体的视域与心域。在不同主体间的合作学习中,进行学习成果的积淀、创生、传播和转化。例如,城乡两地的家长、学生和老师,用活动感受、美篇制作、论文表达等方式,进行城乡合作的实践探索和理论创生,因此得到《中国教师报》《教育导报》"中国教育新闻网""中国财经今日报道""Z县电视台"等多家媒体的高度关注。

在认知与实践中,我们可以创生新的学习样态,呈现出生命蓬勃向上的发展态势。多主体跨时空合作学习,使两地师生切身体会人与人的信赖、人与自然的依存、人与社会的融合,实现多主体跨时空合作学习的美好愿景。

第三节　返乡家长与候鸟儿童的教育参与[①]

案例导入

2019 年 2 月 9 日,"蜜蜂"班寒假活动策划群展开了野炊活动大讨论,一来要考虑阴雨绵绵天气条件制约;二来要考虑场地的大小与炉灶的配备;还得考虑到费用、出行等问题,经过两天的讨论最终定于 11 日于东垄村开展,报名参与活动的人员中不但有自己班的候鸟儿童[②]和返乡家长,以及语数英三位任课老师,还有一位备受小朋友们喜爱的雷老师,共计 52 人。

活动前,在"蜜蜂"班返乡家长曹妈妈的建议下把参与活动的人分成三个大组,组长提前制订本组分工细则,准备好组员通讯录。活动时,三位组长给组员分工安排洗菜、烧火、烧菜等工作,组员们在组长的安排下有条不紊地展开各自的工作。准备菜品时,本节作者惊讶地发现蓝同学居然会熟练地包饺子。在谈话中了解到蓝同学是一组组员,这次野炊活动他负责的是包饺子,所以在寒假劳动体验时,蓝同学就有意识地跟妈妈学习包饺子,这才有了熟练地包饺子的技术。同样是一组的一位腼腆男生吴同学,他在活动中与二组三组两位男生一起负责烧火。吴同学烧火的动作明显比其他两位男生熟练。在与吴妈妈的聊天中,吴妈妈告诉我:吴同学在这个寒假改变了很多,他不但不和爸爸、奶奶顶嘴了,而且很喜欢帮助长辈做家务,烧火就是在这个寒假学会的。

经过两个多小时的劳动,三个组的菜火热出炉,家长、老师、孩子们围坐在拼接的大桌子前,品尝着孩子们亲手制作的美食,感受到的不仅仅是食物的美味,还有内心的温暖。吃完中饭,三组同学分工整理,一组扫地、二组洗碗、三组整理,活动一结束,三位组长带头制作了活动美篇,另外两位美篇组同学也用美篇记录下了这次集体劳动。

---

① 本节作者为吴静超、雷莉芬。吴静超,浙江省武义县实验小学一级教师;雷莉芬,浙江省武义县柳城畲族镇中心小学二级教师。

② 候鸟儿童一般指在城市打工的农民工的子女,平时他们在老家学校读书,寒暑假从家乡"迁徙"到城市与打工的父母短暂相聚。假期生活结束,这些"小候鸟"又将告别父母回家读书。

在此次"蜜蜂"班野炊集体活动中,返乡家长一改以往不闻不问的情况,与候鸟儿童一起策划活动地点、时间、人员分工、食材购买,全程陪伴,为孩子们提供人力、物力和智力支持。活动最成功的地方就是调动了返乡家长的积极性,形成了一个具有向心力的积极家长群体,如同创造了一个正能量的教育漩涡,把所有家长和孩子都卷入其中,在不知不觉中发生转变:返乡家长变得更关心孩子,给予孩子更多的支持;孩子变得更加自信,幸福感大大增强。

以上案例来源于"2019 你好,寒假!"劳动体验项目。自 2018 年 5 月开始,吴老师以 L 小学"蜜蜂"班为例,聚焦寒暑假乡村候鸟儿童的发展研究,持续开展"2018 你好,暑假!"之"小候鸟"过暑假项目研究、"2019 你好,寒假!"劳动体验项目研究。利用"互联网＋"平台,通过线上指导与线下活动相结合,开展乡村候鸟儿童寒暑假生活变革家校合作项目,实现了家长和学生的主体参与,真正回归儿童立场,提升学生寒暑假生活质量,促成教师、学生和家长的三力驱动,共同成长。

原理解析

20 世纪 80 年代初,随着工业化、城镇化的快速发展,大量的农村劳动力开始向城市转移,这些劳动力以中青年居多。囿于经济、户籍等条件的限制,他们的子女被迫留在农村和爷爷奶奶、亲戚一起生活或者独自生活,候鸟儿童出现并呈骤增之势。在农村,候鸟儿童长期与父母分离,加之缺乏有效的亲情关爱与监护,导致他们在学习、心理健康等方面容易出现问题,有时会做出一些极端行为,需要全社会的关爱。

家校共育作为关爱与保护农村候鸟儿童健康成长的方式之一,在农村候鸟儿童的健康成长中发挥着重要作用,国家政策、法律方面也越来越重视家校共育的重要意义。以 L 小学"蜜蜂"班为例,"蜜蜂"班共有 38 位学生,其中 24 位同学的父母长期在外地工作,候鸟儿童比例高达 63％。寒暑假生活,既是一年中难得的闲暇时光,也是学生学习、生活中不可缺少的一部分,暑假生活的质量对促进学生的健康成长起着不可忽视的作用。同时,对于长期生活在农村的候鸟儿童而言,大多数父母会返乡或者会跟随父母去城市生活。因此对于返乡家长和候鸟儿童来说,如何充分实现寒暑假独特的教育价值与生命意蕴显得十分重要,需要教师、学生与家庭的共同努力。

一、有利于更新返乡家长的教育观念

在传统的乡村家庭中,教育多依赖于口耳相传的经验来进行,有些经验甚至违背了儿童身心发展的规律。在候鸟儿童出现问题时,部分家长不分青红皂白,对孩子横加指责,甚至做出一些过激行为,这无疑给候鸟儿童的身心带来不利后果。在隔代家庭中,祖辈要以理智控制情感,分清爱和溺爱的界限,爱而有度,恩威并重。近年来,外出务工的部分家长受经济利益驱使,产生了"教育无用论"的思想,受此影响,他们对儿童的教育了以漠视。还有一些家长角色定位错误,缺乏主体和主人翁意识,认为教育完全是学校的责任,他们只负责孩子的生活,而且这种观念已经在部分农村家长思想中根深蒂固。因此,返乡家长应当更新教育观念和方式,摒弃错误思想,认识到自己对于子女教育的重要性,更加关注乡村家校合作的重要意义。返乡家长只有重新树立起教育子女的责任感和义务感,主动学习各种知识,积极参与家校共育工作,才不会让爱迟到、让爱缺席,才能让候鸟儿童成为"天天向上"的儿童。

二、有利于开发候鸟儿童的学习资源

对于"小候鸟"而言,寒暑假是难得的与家人团聚的时间。因此,在这期间让他们体验感受到父母工作的辛苦,深感赚钱的不容易,不仅能改善亲子关系,还能促进自身成长。此外,"小候鸟"通过记录自己实践体验的过程,也懂得了更加细心地去观察周围的事物和人,他们的思想在记录的过程中得到了良好的自我锤炼,对生活、对身边的人、周围的事物要给予更多的理解和关爱,这是平时难以学到的。

三、有益于丰富家校合作的方式

现在是互联网社会,返乡家长的信息素养能力已经慢慢提升了,微信对于他们而言不仅是聊天工具,还可以是判断、获取、评价和利用资源的平台;其次,返乡家长的家庭教育理念需要及时更新,对比以往只知一味安排孩子做作业、补习等"唯学习论"的传统观念,通过线上分享、讨论、学习,培养孩子的劳动能力和关注孩子的成长需求的教育方式更新刻不容缓。

对于乡村家校合作而言,平时由于地域距离限制,很多候鸟儿童回家之后就不能和老师及时沟通,班级工作有时候很难开展下去。在寒暑假期间,由于家长与孩子团聚,家长能利用网络对孩子指导,还能与老师进行交流。因此,在这期间开展线上家长、网上打卡等方式,参与度将大大提高,通过这样的新方式,乡村家校之间的沟通也会变得更有效。

方法指导

一、调查研究:打下活动坚实基础

在研究之前,应该先做好一系列行动前的必要准备,围绕问题进行前期问卷调查和深入访谈工作,把农村小学候鸟儿童的家校共育状况作为调查研究的重点。然后在研究过程中,对农村小学候鸟儿童家校共育问题背后的原因进行深层次的分析与挖掘。

（一）前期调研

为了更好地开展活动,本节作者前期进行了多项问卷调查工作。例如在"你好,暑假!"活动中,我们主要开展了"小候鸟"暑假去向分布和"小候鸟"暑期生活现状的调查(见表5-3、表5-4)。而"你好,寒假!"活动中,我们采用五点量表问卷,从四个维度设计了学生和家长问卷:学生及家庭基本情况、对寒假的认识、学生寒假生活状态、学生对寒假生活的评价(见表5-5)。教师问卷主要分为教师基本情况、教师对寒假的认识、教师对学生寒假生活情况的了解以及教师对学生学期初的评价。下面以学生问卷为例。

表5-3 "小候鸟"暑假去向分布

总人数	候鸟儿童数	在家过暑假	金华	宁波	上海	镇江	苏州	杭州	嘉兴	无锡	台州
38人	25人	13人	10人	2人	4人	1人	3人	2人	1人	1人	1人

表5-4 "小候鸟"暑假生活现状

"小候鸟"数	完成作业为主	上辅导班为主	玩为主	没有计划	有计划安排
25人	13人	7人	5人	17人	8人
所占百分比	52%	28%	20%	68%	32%

表5-5 暑期"小候鸟"活动问卷

一、学生及家庭基本情况	（一）学生基本情况	姓名、性别、寒假去向
	（二）家庭基本情况	是否为独生子女? 是否与自己长期生活? 暑假是否有家人在家陪伴?
二、学生对寒假的认识	（一）寒假定位	1. 是否与学习完全对立? 2. 是否是个人学习、了解社会的一个阶段? 3. 是否是个人走进自然、了解自然的一个阶段? 4. 是否是家庭、学校、社会对个人进行教育的特殊阶段?
	（二）寒假与学期初的关系	1. 延续与补充 2. 独立 3. 兼有
	（三）价值体验	寒假对自己的重要程度 (排序)
		去年寒假与往年是否不同
		对寒假的期待
三、学生寒假生活状态	（一）寒假计划	是否制定? 谁制定? 是否执行?
	（二）空间	地点
		人物
	（三）内客	学习巩固、发展提高、劳动、娱乐
	（四）组织主体	社区、学校、家庭

（续表）

四、学生对寒假生活的感觉及评价	（一）自身	自身行为、与同学比较、总体感受
	（二）家庭	家长安排
		亲子活动
		亲子沟通
	（三）学校	假期活动
		总体评价

（二）分析了解真实需求

通过选择或开放式的问卷，家长和学生会在问卷中呈现他们心中所想，表达真实需求。以"你好，寒假！"项目为例，学生问卷一共发放 38 份，回收 38 份；教师问卷共发放 7 份，回收 4 份；家长问卷发放 38 份，回收 28 份。下面分别从对寒假的认识、寒假生活评价中选取典型题目进行分析和比较。

1. 对寒假的认识

认识决定行动，家长、学生和教师对于寒假生活的不同认识也影响着他们对于寒假生活的规划。在"将以下寒假生活的重要程度进行排序"问卷调查中，家长、学生、教师给出了不同答案，如表 5-6～表 5-8 所示。

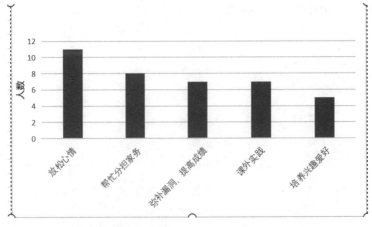

选项 ⁑	比例（按从高到低顺序）
放松孩子的心情	
增加孩子的阅历和见识	
培养孩子的兴趣爱好	
弥补孩子的知识漏洞	
孩子帮助分担家务	
为亲子团聚提供机会	

图 5-6　家长关于孩子假期生活主要内容的选择

图 5-7　学生关于寒假生活对自己重要程度的选择

图5-8　教师对学生假期学习生活发展的期待

结果显示,教师、家长和学生都将放松心情视为寒假最重要的作用,其次家长认为寒假的作用在于增加阅历见识和培养兴趣爱好,最后才是提高成绩和分担家务劳动。而学生则将分担家务,提高成绩视为寒假第二和第三重要的作用。教师特别提及寒假的第一作用应当是锻炼身体,这也与我们后来在访谈中,不少教师提到开学初学生的肥胖率、近视率明显增高的问题相呼应;教师同样也认为寒假的作用应在于培养兴趣爱好和开展课外活动。可以看出,家长和老师都不将寒假局限于提高成绩,而更看重寒假对发展学生兴趣爱好和放松身心的作用,因此学校与老师有责任组织适当的互动,变革以往乡村学生传统的寒假生活。大部分乡村学生因为长期与父母分离,更能体会父母的工作辛劳,因此都很希望在寒假帮家长分担家务,建议在后期增加体验家务的实践活动。

2. 对寒假生活的评价

在调查学生对自己以往寒假生活的满意程度时,只有1位同学认为自己的寒假生活非常丰富多彩,并表示十分满意;23位同学认为自己的寒假生活并不丰富,并渴望改变这种生活状态。在问到他们最想改变什么时,投票率最高的是希望有更多的机会和父母、同伴一起游玩,这也反映了长期与父母分离的候鸟儿童们对于亲情和友情的渴望与期待。再问到家长最希望怎么改变孩子的寒假生活,超过半数的家长希望孩子少接触电子产品、多了解家乡,放松心情。这也与家长与学生对于寒假作用的认识相一致。这也从侧面反映了目前学生的寒假生活存在使用电子产品过于频繁和生活形式较为单一的问题(见图5-9)。

根据家长与孩子的意愿,我们初步拟定了四个基本活动项目:体验家务劳动、体验不同职业、亲子阅读和走进家乡。

二、家校合作策划:从教师单一力量到教师家长学生三力共趋

(一) 从家长代表到"互联网+"变革家长会

随着科技的发展,社交软件在日常生活中起到了重要作用。教育工作者在体验到新型社交软件的便利之余,第一时间将这些新技术运用到了教学之中,QQ群、家长微信群、家校

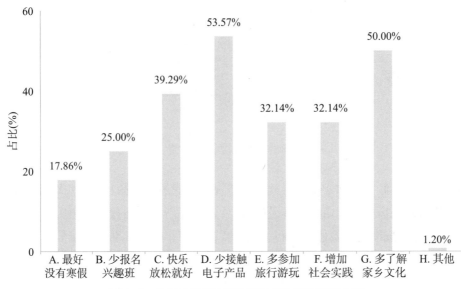

图 5-9　父母最希望改变孩子寒假生活的哪些方面

帮、家校互联等应运而生。在返乡家长的教育参与中,我们也可以进行变革,将传统的家长代表会升级成"互联网十"变革家长会。

例如在 2018 年"小候鸟过暑期"活动策划中,考虑到班级 65％的家长都在外地经商务工,因此展开了以"暑期生活"为主题的微信群讨论会,并参考了 8 位家长谈到的希望孩子"乱花钱、不爱劳动"等不良行为能得到改善的活动建议。分析问题的根源,很大程度上是孩子们不能体会父母工作的艰辛,所以我们将体验父母工作纳入暑期实践活动项目之一。

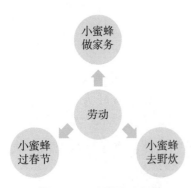

图 5-10　寒假活动主题

在后期访谈问卷中,多数家长反映活动要求多,作业难度大,很难坚持下去,究其主要原因还是暑假活动的前期策划工作准备不足,忽视了更多家长、学生的主体参与,没有在暑期活动中真正实现家长、学生与教师三频共振的合作。因此,基于互联网的新型家长会,共谈会应运而生,正如本书第一章第三节中提到的"互联网十"平台下的亲子共谈会。

共谈会上,家长、教师、学生三方最终确定了以劳动体验为核心的寒假活动(见图 5-10),而劳动体验项目恰巧与前期"你好,寒假!"亲子讨论稿呈现的实践活动排序中"家务劳动"居高位的结果吻合(见图 5-11、5-12)。

(二) 由教师指导到学生自主策划

学生是家庭、学校、社区合作的主体,学生的需求与智慧发展是寒假生活重建的核心,实现学生积极参与和利益最大化是活动开展的初衷及教育目的。因此在活动的开展过程

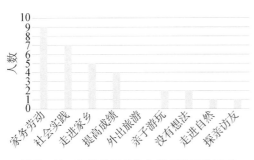

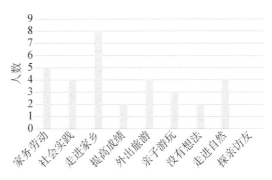

图 5-11 家长希望学生在寒假进行的活动　　　　图 5-12 学生希望参加的寒假实践活动

中,应充分尊重儿童的主体意愿,鼓励孩子说出自己的想法,与家长共同策划自己的寒暑假生活。

　　以"你好,暑假!"策划为例,我们已经初步形成了儿童立场,但考虑孩子们是第一次参加寒暑假活动,因此在策划过程中,学生主要还是围绕教师给出的"小候鸟过暑假"实践项目的初步思路,展开分组讨论并确立具体的活动形式。

　　有了暑期的活动经验,1月15日,"蜜蜂"班举行了寒假活动学生策划会,围绕家务认领、呈现形式分组、野炊菜系安排等工作展开。宣传委员负责会议标题,班长维持纪律和统计结果,其他同学按座位依次到黑板上写下自己在寒假想要认领的劳动项目,如:综合劳动、招待客人、贴写对联、烧饭……所有劳动项目和组别均由学生自己拟定,自由选择。依据自主原则,活动形式呈现与劳动认领一样,"蜜蜂"们在黑板上写下自己喜欢的方式,自由选择组别。班长统计发现,"蜜蜂"们都集中选择使用视频和照片来呈现活动内容,而选择使用美篇记录的只有2人,文字记录则没有人选择。这样的结果与前期"对寒假生活的评价"板块中学生希望学科类作业少些,以及家长问卷中父母最希望孩子在寒假生活中少接触电子类产品的高票数吻合。

图 5-13 学生策划会

　　学生策划会改变了教师"一言堂"的参与状态,让学生成为同伴、让家长成为学校教育的"合伙人"。家校协同合作,利用学生的内在潜力,激发他们自主策划、实施寒假活动的能力,培养学生的思维组织能力和创新精神。

(三) 由单一学科到多学科融合

在"你好,暑假"之"小候鸟"暑期项目实践时,作为语文教师,会更多地将重心放在语文知识的运用,如活动记录、活动反思等,但是对其他学科知识的运用关注不足。

当意识到这一问题后,在"你好,寒假"活动策划阶段,我们就找到了"蜜蜂"班的数学、音乐、科学、英语四位老师,征得他们的同意后,1 月 17 日"蜜蜂"们分组制作邀请信,1 月 18 日、19 日各科课代表给相应教师送去邀请信,邀请他们一同参与班级活动。1 月 18 日当天收到邀请信的英语老师便在课上教授了"英文新年祝福语";音乐老师和科学老师分别在1 月 21 日、22 日的课堂上开展了"新年祝福歌"和"食物搭配"教学活动。多学科融合开展的活动,加强了活动与学科间的整合互动,从而有利于活动的顺利实施以及学生综合素养的不断提高。

三、资源有效利用:"互联网十"引领寒暑假生活

寒暑假没有固定的上课和下课时间,没有确定的教材与教学,没有稳定的师资力量和发展指导,甚至连"班级"也要"散了"。另外,寒假正值春节,又较为短暂,孩子容易沉浸在吃喝玩乐中;返乡家长忙着走亲访友、接待客人,没空管孩子做作业;开学收作业,看着孩子潦草、马虎的应付,老师只能摇头无奈或者苦口婆心地说教。学生的寒假生活不仅仅是学校教育中出现的"断裂",更是教师、家长、社会人士缺乏教育介入而出现的终身教育意义上的"空白"。

因此,一方面为了在寒假期间弥补教育的空缺,更多的是实现与返乡家长沟通交流,实现家长从旁观到参与的转变,让返乡家长从作业的旁观者变成寒假生活具体的倡导者、设计者、组织者、实施者、参与者,在学生的活动中发挥重要的协助作用,尤其是做好学生的安全保障、后勤保障,另一方面为了弥补暑假活动的不足之处,实现活动的延续性,我们在返乡家长与候鸟儿童教育中开展了一些劳动教育活动。

例如在李家成教授的牵头下,"蜜蜂"班与华东师大研究团队合作开启了"你好,寒假"项目的系列活动。在华师大研究生的帮助下,我们将"你好,寒假!"亲子讨论稿进行分类编码、变革传统家长会……确立了"小蜜蜂做家务""小蜜蜂过春节""小蜜蜂去野炊"劳动体验的寒假活动项目(见图 5-14)。

一个寒假下来,在"小蜜蜂做家务"活动项目中共有 28 人次参与劳动打卡,根据前期策划中"蜜蜂"们选择的记录方式,寒假活动微信群中有的发劳动照片、有的发劳动视频、有的制作劳动美篇……学生们通过各种形式分享自己的寒假生活时,收获到了来自班级群里其他家长和孩子,以及老师们的欣赏。

为了更好地燃起候鸟儿童发自内心的劳动自觉进而引发其行为的跟进,我们利用班级公众号定期更新劳动打卡照片与视频记录孩子们的成长足迹,同时在记录过程中不断催

活动名称	学期末	寒假中	学期初
小蜜蜂做家务	任务认领 自主分组 准备礼物 报名菜目	每日打卡 记录感受	自由组合不同的小组（如美篇组、绘画组、作文组、摄像组）总结成果，邀请父母一起参与成果分享会。 大家一起在分享会上评出前三名
小蜜蜂过春节		我在除夕做了…… 我家的年夜饭/我家的团圆照分享 亲子互赠新年礼物	
小蜜蜂去野炊		游戏热身 分组比赛 共同分享	

图 5-14 寒假活动项目安排

化、强化学生的劳动动机与兴趣,也让返乡家长看到教师对孩子成长的关注,久而久之,孩子们也就建立与养成了劳动习惯。

问题思考

聚焦农村小学候鸟儿童的家校合作是一项系统性的工作,不仅需要教师发挥主导作用,家庭在家校合作中亦应发挥主体作用。返乡家长作为家庭的核心,应当融入角色,积极投身其中,以"2018 你好,暑假!"之"小候鸟"过暑假项目研究、"2019 你好,寒假!"劳动体验项目研究为例,与以往单一的书面为主的寒暑假作业不同的是:返乡家长从作业的旁观者变成了寒假生活具体的倡导者、设计者、组织者、参与者,在候鸟儿童的活动中发挥了重要的协助作用,成为孩子的劳动记录者与劳动分享者。另外,他们也从以往毫无目地放养孩子,被动地接受学校任务转向主动参与活动策划。与此同时,在活动过程中,也突显出一系列值得思考的问题。

一、如何提高"乡村候鸟儿童"的主动策划能力

预留给候鸟儿童的发挥空间足够大,才能最大限度地调动他们参加活动的主动性和积极性,达到策划能力的大幅度提升。但由于候鸟儿童长期缺少相关支持、缺乏关爱,自主能力往往较弱,这一点也在几次开展活动中体现出来——虽然"小候鸟"对于活动的畏惧心理已经不复存在,他们渴望参与活动,但是在活动中,他们依然依赖于教师、家长;活动中能主动参加的孩子不多,大多孩子需要在家长的督促下完成,并把劳动作为自己的任务而非自

觉行为。因此如何提高"小候鸟"的执行力和自觉性需要进一步讨论与思考。

二、如何丰富实践活动的项目内容？

候鸟儿童既要在校园与家庭接受教育，也要在社会中不断提高自己，增强社会服务意识。由于地域限制，很多返乡家长比较分散，以劳动体验为主的活动项目较单一，主要以家务打卡为主，外出实践机会较少。候鸟儿童的发展还需要考虑开展一些户外活动，让学生走进乡村各个地方参加户外活动，提高合作团结能力，增强对社会的感知力。但是组织户外活动还需要外界社会组织的广泛参与，还需要我们进一步考虑。

三、如何发挥互联网的平台优势？

目前 QQ 群、微信群、钉钉群的功能都十分强大，为家校合作与互动提供了更多元的选择。老师可以在上面布置作业，学生可以在线提交，家长可以查看候鸟儿童每天的作业，避免有些孩子出现撒谎"今天没作业"的状况发生。通过互联网，教师与家长的沟通更为全面与深入。但是由于一些乡村地域返乡家长的文化水平较低，不太会进行手机的操作，这就使得一些候鸟儿童容易受互联网一些不良信息的影响，或者沉迷于互联网，以致耽误了学习、弱化了独立思考的能力。因此，如何真正借助互联网加强跨地域的教师与家长交流，还需要进一步思考。

未来发展

返乡家长和候鸟儿童的教育可以为乡村文化振兴奠定基础。首先，候鸟儿童在实践中具备了继承和发展乡村文化、发展和振兴乡村文明的价值初衷和文化属性。其次，乡村学校家校合作将促使各方利益主体、教育要素和教育中介，在一定范围内的"熟人社会"中，形成基于亲缘、道德、伦理、地缘等因素之上的稳固关系结构。教师与返乡家长在生活上相互合作，天天联系，更容易建立起联结。最后，返乡家长的教育还能提高家长素质、增进家校理解、增加乡村凝聚力，传播先进治理模式等潜在价值，为引领乡村文化振兴打下基础。

由于乡村教育的特殊性，返乡家长和候鸟儿童的教育，因材施教是关键，很多活动要从家长和儿童的实际出发，考虑可行性和有效性。展望未来，可以从以下三方面继续努力。

一、加强返乡家长的家庭教育指导

乡村候鸟几乎都面临着隔代教育。王极盛教授将"隔代教育"归结为四种类型：一是过分关注型,祖辈监护人对候鸟儿童的事情全权包办、越俎代庖,候鸟儿童缺乏锻炼;二是过分监督型,对候鸟儿童时刻进行提醒应该做什么,不应该做什么,儿童形成一种依赖心理与自卑心理;三是严厉惩罚型,信奉"棍棒底下出孝子",经常责骂、批评候鸟儿童,造成孩子叛逆与自卑;四是民主、温暖和理解型,农村中能做到这点的家庭比较少。① 大多数农村候鸟儿童面临着前三种隔代教育类型,而这三种类型的弊端显而易见。因此,对返乡家长进行如何做智慧父母、如何与子女沟通、如何助力子女成长等方面的课程培训十分必要。通过培训对返乡家长的错误意识、落后观念和行为方式进行改变,使乡村家庭教育与学校教育保持高度的一致,发挥教育合力的作用,促进学生发展。

二、建立候鸟儿童"互联网＋学习"制度

互联网学习有利有弊,候鸟儿童属于未成年人,心智还不够成熟,面对互联网的种种诱惑,很容易受一些互联网不良因素的诱导,甚至沉迷于互联网中,以致给学习、生活及身心健康带来不利影响。为此,老师要加强对其上网的正确引导,返乡父母要加强对候鸟儿童上网的有效监管。在网络平台使用期间,建立"互联网＋学习"制度,让学生在学习过程中提升自主学习能力,加强返乡家长对候鸟儿童的监督管理能力,从而提升互联网学习的有效性。

三、提供更多的社会支持和保障

乡村儿童教育问题实质是社会问题在教育上的投射,有些问题仅仅依靠学校和家庭还不能很好地解决,必须依靠社会的保障与支持。在返乡家长和候鸟儿童教育方面,我国与国外相比,缺乏相应的法律法规做保障,所以也需要相应的部门制定乡村家校共育的法律法规,对乡村家校共育工作给予必要的指导与监督,明确返乡家长、学校与社会各方面相应的职责。目前家校共育工作虽然也受到了国家的重视,但由于没有相应的规章制度,无章可循,目前的家校共育层次较低。在今后,相信会有更多的法律、法规与制度保障,更多的返乡家长也会意识到家校共育的重要性,让乡村家校共育成为一种根深蒂固的教育理念与方法。

---

① 李径宇. 中国特色的"隔代教育"[EB/OL]. (2004 - 06 - 17)[2022 - 07 - 02]. https://news. sina. com. cn/o/2004-06-17/10162831506s. shtml.

第六章　主体发展：生命自觉，终身学习

关注乡村家校合作之于社会发展的重要意义,需要关注作为具体的人在家校合作中的发展与成长,当乡村的家校合作成为一种常态,当乡村的家校合作成为高质量的教育力量时,乡村教师、乡村家长、乡村学生又会有怎样不同的发展? 他们的发展又对于乡村家校合作有着怎样的推动力?

第一节　乡村教师的发展[①]

案例导入

2017年11月20日,武义县召开了首届全国乡村班主任发展研究论坛暨优秀班集体建设经验交流大会。来自W中学的乡村班主任李老师第一次站在了全国性的学术论坛上,和现场与会的专家、教授、校长、家长、班主任老师们分享自己独特的班级管理模式,并获得了大家的普遍认可。作为一个只有两年班主任工作经历的乡村教师,是什么让如此年轻的她站在这样的舞台上闪闪发光?

时间倒回至2015年……

在刚接手新班级时,李老师在某一次家校活动中和家长就学生的作业问题展开了讨论。但是在交流的过程中,李老师发现自己的语言表达存在很大问题,也许是由于教学经验和管理经验的缺乏,自身也没有足够的理论知识来支撑所要表达的观点,在和家长的交流中,很多观点不被家长认可。在家长看来,这位新老师还人年轻,没什么班级管理经验,故而对孩子的作业问题没有足够重视。在那一次的家校交往中,李老师突然意识到自己的合作能力、语言表达能力和实践经验等的缺乏,也深刻地认识到专业学习的重要性,无论是自身的理论知识,还是班级管理的实践经验,都需要得到专业性的学习和发展。随后,李老师在与乡村家长的家校合作中不断发展自己,开始了个人的蜕变之路。

2017年9月,通过层层筛选,李老师有幸加入了"武义班主任精英培训班",与其他各个学校的优秀班主任老师们一起学习专业理论知识,分享班级建设经验的动态。首席导师华东师范大学李家成教授倡导"做、听、说、读、写"的教师成长方式,让年轻的李老师坚定了学习的信心。她和学习伙伴们认真研读精英班的必读书目,如《班级日常生活重建中的学生发展》《领导力》《家校合作指导手册》等理论与实践相结合的教育著作,不断地补充自己匮

---

① 本节作者为李静雪、李冬梅。李静雪,浙江大学教育学院硕士研究生,浙江省武义县武阳中学英语教师,二级教师;李冬梅,河南省济源产城融合示范区天坛路小学党支部书记、校长,"河南省名师""中原名师"称号获得者。

乏的理论知识。同时,精英班的每位学员结合班级管理工作实际与个人兴趣特长,聚焦问题,确定一项班级管理研修项目,做到学、研、训相结合。围绕一个研究项目,打出一口深井,成为这一研究领域有实践经验与理论深度的班级管理研究型的专家。[①] 在这样的学习与交流分享中,李老师进步很快,她把精英班上所习得的内容运用到自己的班级建设和家校合作中,和家长分享自己的学习感悟,并虚心向一些有经验的家长交流教育理念。一年半时间里,李老师在简书软件上留下了近13万字的读后感(见图6-1)。家校合作,引发了乡村教师学习意识的觉醒,也带来了班级管理的变革。在消除家校合作隔阂的过程中,教师自身的教育理念也得到了快速提升。

图6-1 李老师的阅读记录

同时,因上次学生作业问题而引发的思考,也让李老师养成了及时记录问题的习惯,逐渐形成了科研意识。在班级建设层面,特别是家校合作层面,李老师都会在随身携带的本子里实时记录,反复思考解决问题的最佳方案。尤其是在家校合作的过程中,李老师特别留心自己的短板,经常提醒自己组织好语言和家长沟通,不断地练习语言表达。李老师还

---

① 雷国强.融通整合资源,立足项目研修——促进乡村班主任专业发展[C]//上海终身教育研究院."乡村社区治理背景下的家庭、社区、学校合作"研讨会论文集,2019:170.

学习用问卷星设计和发放调查问卷,快速收集和分析数据,帮助自己更好地进行问题研究,也提高了自己的实践能力。2018 年 9 月,李老师将自己这一年的家校合作研究整理成文,撰写了关于如何提升乡村班主任科研素养的论文,并受邀参加在北京举行的第二届全国乡村班主任发展研究论坛,做了专题发言(见图 6-2)。也是通过家校合作的契机,李老师不断地学习和研究记录,培养了自己的科研意识与专业素养,并取得了巨大的进步。

图 6-2　李老师在第二届全国乡村班主任发展研究论坛做专题发言

　　为了更好地开展家校合作,李老师将之前和家长进行的周末共读活动延伸到了寒假。与此同时,李家成教授在"2019 寒假生活与学期初生活研究"微信群中发起了"家校共读一本书"的活动。[①] 李教授在《你好,寒假!——学生寒假生活与学期初生活重建》一书中说:"家长学习与发展的方式与渠道有很多,如专家讲座、家长的经验分享,但要实现家长的持续发展,还需要一些具引领性的话题或主题活动。"[②]根据李教授的建议,结合家长目前在专业阅读经验上的空白以及家校合作中的短板,李老师和乡村家长一起,开展了"你好,寒假!"家校共读活动(见图 6-3)。

　　在此次家校共读活动中,乡村家长通过与教师一起阅读专业书籍、每日阅读打卡、互相学习与分享,收获了不同于以往寒假的别样体验。通过每天线上、线下的交流,李老师拉近了与家长之间的距离,也从他们身上学会了如何坚持、如何更有耐心、如何认真做好一件事、如何换位思考等,自身的合作能力与语言表达能力得以快速提升。

　　三年时光,通过与乡村家长之间的真诚投入与交往,李老师不仅培养了自己的学习意

① 李家成,林进材. 学习型社会建设背景下的寒假学习共生体研究[M].上海:上海交通大学出版社,2019:222-228.
② 李家成,郭锦萍. 你好,寒假!——学生寒假生活与学期初生活重建[M].北京:北京大学出版社,2018:128.

共读启动仪式

期初展示评价

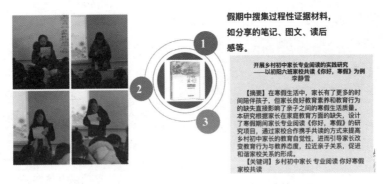

图 6-3　2019"你好,寒假!"家校共读活动的开展

识,还在阅读、实践、总结中提升了自己的学习能力、科研能力和合作能力等,取得了长足的进步。与此同时,家校合作给教师带来了丰富的情感体验,特别是身为教师的自豪感与教育教学工作的成就感,让教师的教育情感也得以升华。从李老师的身上,我们可以看到,一次家校合作成为乡村教师专业发展的契机,而持续不断的家校合作也成为一名乡村教师专业发展的重要路径,从此走出乡村,走向更高更宽广的舞台。

原理解析

有学者提出:"在当前,无论是国家还是地区,无论是教育系统还是文化系统,都在大力倡导家校合作,都在强调学习型社会建设。而这都会启发我们:这个时代需要并造就新的家校合作形态,乡村家校合作也是其中的内在构成。"[①]可见,乡村教师与乡村家长之间的合

---

① 李家成.实现乡村学生、家长、教师之间的互联互通、互学互鉴——基于对乡村家长家校合作之复杂性的理解[C]//上海终身教育研究院."乡村社区治理背景下的家庭、社区、学校合作"研讨会论文集,2019:78.

作，作为家校合作领域不可或缺的一部分，因其所在乡村区域的特殊性，有其独特的价值和意义。同时，"在家校合作中，教师将因与家长的直接合作，获得更丰富的发展——不仅仅是专业发展，而且是作为一个完整的人的发展。"[1]因此，除需关注乡村家校合作之于社会发展的重要意义，还需要关注作为具体的人在家校合作中的发展与成长，那么家校合作之于乡村教师又有怎样的独特意义呢？

一、有利于促成乡村教师教育情感的升华

乡村教师同其他社会人一样，也是有情感需要的。通过与乡村家长的直接接触，可以加深对乡村家长的理解；通过与乡村家长的密切合作，可以生成具有丰富内涵的乡土情感；通过与乡村家长的持续交往，乡村教师也对自己的职业意义有了更为丰富的体验。乡村教师在职业生活领域与孩子有较多的交往，而和乡村家长的交往能够给教师带来丰富的情感教育资源。

受乡村传统文化的影响，家长对教师的尊重度和信任度普遍较高。家长在具体合作中的真情投入与真诚交往，会带给教师丰富的情感体验。尤其对于年轻的乡村教师而言，与不同乡村家长的合作，从家长丰富的人生阅历中可以习得很多知识。通过家校合作，乡村教师可以和家长建立更直接的情感交流关系，乡村家长也能对教师的教育教学和生活提供有意义的帮助。这些积极的反馈和作用，能促成乡村教师教育情感的升华。

二、有利于促成乡村教师学习意识的觉醒

有研究认为："通过与家长的合作，教师能够感受到来自家长的直接期待乃至于压力，整体上有利于教师角色意识的形成和发展愿望的积淀，进而能够意识到自我的有限性和发展的永恒性。这将直接促进教师自我意识的觉醒，并学会在日常生活中学习，包括向家长学习。"[2]乡村教师可以通过在家校合作中遇到的问题引发学习意识的觉醒，并根据自身所处乡村教学之所需，取长补短，从理论和实践两个方面向他人学习，主要是专业性理论知识的学习，也包括乡村家长提供的教育资源、案例等，从而完善自己的短板，提升自己的学习能力。

在专业学习的过程中，乡村教师通过观察和记录，利用巨大的、潜在的乡村教育资源，就当前所遇到的教育问题与乡村家长进行交流、学习和分享，进而不断地更新和完善自己的教育理念，从而补上教育理念落后的短板。而正是这一系列的学习和合作，也从另一面促使教师进一步思考自身在教育教学中存在的问题，进而推动记录与反思，以便探寻解决

---

① 李家成，王培颖. 家校合作指导手册[M]. 北京：北京大学出版社，2017：6-7.
② 李家成，王培颖. 家校合作指导手册[M]. 北京：北京大学出版社，2017：8.

问题的对策,这实质上也是研究意识的体现。通过对问题的思考、记录和解决,乡村教师在这一过程中完成了教育教学研究,也有利于促进自身科研能力的快速提升。因此,家校合作的开展,促成了乡村教师学习意识的觉醒、教育理念的更新以及科研意识与能力的提升。

如来自浙江省武义县的涂老师开展了寒假的班集体实践活动,她基于"学生立场",在活动的申报、选择、组长的认领、活动的策划、家长的参与、过程的记录等过程中与时俱进,不断地更新自己的教育理念,确认自己的教育观,解决活动中遇到的问题。除了传授学生知识,培养他们的创新能力外,她还善于利用乡村资源、乡村家长的资源,与家长们开展深入的合作。在"你好,寒假!"项目中,她的教育理念得到了很好的更新,在提高自己学习能力的同时,也在记录和思考的过程中,提升了自己的科研能力。①

三、有利于促成乡村教师家校合作能力的提升

相比于城市,乡村家长的学历水平普遍较低,文化素质不高,这给家校合作的开展带来了一定的挑战,也对教师的家校合作能力提出了更高的要求,乡村教师的家校合作能力也成为其专业发展的重要内容。无疑,家长参与学校教育是教师发展自身家校合作能力、教育交往能力的一次机遇。家长参与学校教育最为核心的领域——教学领域,成为教师的教学助手,甚至参与到最具专业性的教研活动中,这一举动是教师合作意识、开放意识的彰显,对家长建议的判断、分析、评价过程,也是对学科知识、教学技能的更新、拓展与深化过程。② 通过家校合作,乡村教师与家长之间有了更深入的教育交往,教师的实践经验在此过程中不断地积累,合作能力也得到快速的提升。正是在和乡村家长的真实交往中,教师不断提升着自己的合作能力,包括语言表达能力、沟通能力、活动组织能力、过程性评价能力等。

如来自黑龙江省 H 小学的焦老师在进行乡村班主任研究者自述时提及:"作为学生和家长的专业指导者,在活动中,我主动与家长沟通,明确活动目的,调动家长参与的积极性,从而逐渐提高我的家校合作能力。同时我主动学习关于自然课程的理论知识,结合地域特色、校情、学情、家庭情况,策划、开展自然主题实践活动,家校合作无形中提升了我的专业学习与活动组织能力,这让我受益终身。"③

方法指导

家校合作对于学校、教师和家长来说都是一个值得深入研究的课题。在学习和研究

---

① 李家成,林进材.学习型社会建设背景下的寒假学习共生体研究[M].上海:上海交通大学出版社,2019:210.
② 李艳.家校合作对教师发展的价值研究[D].上海:华东师范大学,2016:40.
③ 白芸,李家成.扎根乡村大地的教育研究:乡村班主任研究者的自述[M].上海:上海交通大学出版社,2020:49.

中,作为家校合作主体之一的教师,不仅能够提升自身的专业能力,也能促进自身的教育反思和教育理念更新。在上述的案例中,来自武义县的李老师跟随李家成教授的团队,在"做、听、说、读、写"和"学、研、训"的系统培训下迅速成长。可见,乡村教师通过自身的努力完全可以探索出一条适合乡村特色的家校合作途径,从而推动自身专业理想的建立、专业知识的拓展、专业能力的发展和专业自我的形成。在全国各个乡村地区还有不少教师加入了家校合作的队伍,并取得了一些成效。本部分将结合河南省济源产城融合示范区的乡村学校——T小学的教师培训经验,阐释乡村教师如何通过家校合作,促进自身的专业发展。

一、学习专业知识,提升家校合作胜任力

教师在与家长进行家校合作之前,必须弄明白家校合作的内涵和意义,梳理与家校合作相关的政策、法规、文件,学习家校合作方面的书籍,储备充足的知识和能力。在家校合作时,要以乡村家长喜闻乐见的方式指导家长,合作才有实效。

哈佛大学家庭研究计划小组认为,为了有效地开展家校合作,教师需要掌握七方面的专业知识。[①] 这是一个庞大的知识体系,不是某一个乡村教师可以独立实现的,因而必须发挥团队的集体智慧,协同合作,促进相互交流,激发教师学习的热情,确保家校合作方面的学习能够持续有效。

(一) 组建家校合作研究团队,形成聚力

乡村教师比较分散,不易集中学习,学习动力不足,组建家校合作研究团队,建立网络共读平台,便于教师自由学习、及时汇报和交流学习收获,帮助教师养成坚持学习的习惯。2019年6月,T学校在镇工会和中心校的支持下,吸纳全镇关心家校合作工作的25名优秀教师,组建了"T学校家校合作研究团队"。主持人李老师向大家阐述了家校合作的教育观念和内涵,明确了团队的主要目标和工作安排,并在微信上建立"T学校家校合作共读平台"交流群,为大家阅读积淀家校合作基础理论知识提供了支持和保障。

(二) 了解家校合作相关政策,明确发展趋势

在"T学校家校合作研究团队"启动仪式上,主持人李老师为大家梳理了家校合作的相关政策、规定和文件。明确了教育部已于2019年将"实施家校协同育人的攻坚计划"列为基础教育的四大任务之一。同年,河南省教育厅首次把"推动家长学校建设"写入年度工作要点。通过了解相关政策,T学校的教师清醒地认识到,家庭教育前所未有地引起了社会的

---

① Shartrand, A. M., Weiss, H. B., Kreider, H. M., et al. New Skills for New Schools: Preparing Teachers in Family Involvement[R]. Cambridge, MA: Harvard Family Research, 1997.

普遍关注,占据了越来越重要的位置。家校共育、家校合作越来越受到党和政府的高度重视以及社会各界的广泛认同,前所未有地被提上了教育部门的重要议事日程,成为现代学校制度建设的重要力量,已是历史发展的趋势。

(三) 阅读家校合作专业书籍,积累丰富知识

T 学校采用了"分散阅读,线上汇报,集中研讨"的形式,指导督促教师阅读家校合作方面的书籍。主持人李老师根据学校家校合作工作的进度,适时地安排教师阅读相关书籍(见表 6-1),使理论与实践并行,便于教师学习交流和吸收内化。

表 6-1　T 学校家校合作共读书目

阅读时间	书　籍	作者
6 月	《合作的力量:家校合作调查报告》,江西教育出版社	吴重涵,王梅雾,张俊
7 月	《家校合作》,教育科学出版社	马忠虎
8 月	《家庭教育》,商务印书馆	陈鹤琴
9 月	《家校合作指导手册》,北京大学出版社	李家成,王培颖
10 月	《国际视野与本土行动:家校合作的经验和行动指南》,江西教育出版社	吴重涵,王梅雾,张俊
11 月	《你好,寒假!——学生寒假生活与学期初生活重建》,北京大学出版社	李家成,郭锦萍

每本书阅读结束后,教师汇报阅读感悟并提出疑惑,大家自由交流,由一人对大家的感悟和交流进行总结。

通过理论知识的系统学习,乡村教师打开了家校合作的视野,愿意做出尝试;以前工作盲目无章法,而今教师学习、探索的积极性大大提高;以前在家校合作方面略有探索的,看到了家校合作的广阔空间后,大胆革新,工作更加得心应手。教师的家校合作意识和能力得到了不同程度的提升,部分教师逐渐向学习型、研究型教育者过渡。

二、注重教、研结合,提高家校合作质量

有了足够的理论知识以后,教师在日常教育教学中,逐渐学会了积极观察,深入分析,及时总结经验教训,有能力开展各种研究,不断尝试、创新家校合作形式,提高家校合作的成效和个人业务素养。

(一) 革新传统的家校合作形式

家长会和家访是家校合作的常用沟通方式,能够有效促进家校交流、家家沟通,建立良

好的家校合作关系,但家长和教师在沟通过程中都是被动的,而且沟通效率很低。例如,家长会虽参与人多,但不能兼顾到每一个家庭和学生;家访虽针对性强却比较耗时,拉长了家校交流的周期。

对此,有些学校积极研究、革新了传统的家长会、家访模式。山东省海阳市第一中学结合学生具体情况有针对性地召开小型家长会,如根据家长的知识水平和职业特点召开专题家长会,根据学生的发展水平召开分层次家长会等;[①]洛阳市宜阳县 S 中心校将家长会开成培训会、摸底会、辩论会、观摩会、体验会、感恩会等众多形式,获得了家长的好评。[②] 在某乡村学校,由学校德育处牵头负责,组织校长室、班主任及部分骨干教师一起参加,统一安排近便几个村的已入学或将要入学的学生的家长到其中的一个村委会集中,进行集中家访的"大联访"活动。该探索增强了家校合作的实效性,增强了家校合作的意义感,也增强了家校合作的达成度。[③] 本节作者之一所在的 T 学校借助十年校庆的契机开展了"百名教师大家访",要求教师对家访进行精心备课,制订详细计划,并改变以往班主任"独自作战"的局面,转而与学生、任课教师甚至是校长进行团体家访,使学校管理更加贴近师生实际(见图 6 - 4)。

图 6 - 4 T 学校开展"百名教师大家访"活动

T 学校王青青老师在微信朋友圈发表感言:这两天,我和小燕、妍桢,还有张圆主任,一行四人,穿街走巷,聆听家长心声。走访了 20 个家庭,家境不同,地域不同。有的雅致自然、清新淳朴;有的书香四溢、赏心悦目;有的贫困拮据、纷乱拖沓……深入不同的家庭之中,你才明白家校合作的意义!此次家访增进了家校之间的互动交流,使学生、家长、老师的心更近了,我也在家访中学会了倾听、观察和思考,懂得因材施教、因人而异的重要性,在不知不觉中成长。

(二)开展深层次的家校合作活动

不断创新家校合作形式,开展深层次、有针对性的家校合作活动,更易打开家长眼界,获得家长对家校共育的认同。T 学校会定期通过各级家长委员会搜集学校教育教学管理方面的意见,分类整理后,召集教师代表进行分组研讨,探寻切实可行的解决办法,并努力将其与家校合作有机融合。比如:针对务工子女家教问题,学校在家长开放周上邀请了心

---

① 程显龙. 家长会,该拿什么吸引家长[J]. 现代教学:思想理论教育,2014(3B):76 - 77.
② 王红顺,夏书芳. 学生家长会,还可这样开[J]. 教育人,2015(5):6 - 7.
③ 史基宏. 大联访:乡村家校合作新机制[J]. 教育视界,2020(07)36 - 38.

图6-5　T学校在家长开放周邀请心理咨询师程丽
　　　　为家长做讲座

理咨询师为家长讲解(见图6-5),并帮他们制订了"亲子约定"表格,帮助家长与孩子一起养成好习惯;为方便和深化家家沟通,学校建立班级"家校漂流日志"(见图6-6),积累优秀的家庭教育案例,供家长学习参考;为培养乡村孩子的良好习惯和品行,学校扎实开展认星争优活动,提倡家长带孩子参加公益、环保、爱国主义教育等活动,做好孩子锤炼品格的引路人;学校还尝试让家长志愿者参与到学校的少年宫授课、基础设施建设、安全监管等方面,及时提出合理化建议,完善学校的教育教学管理。

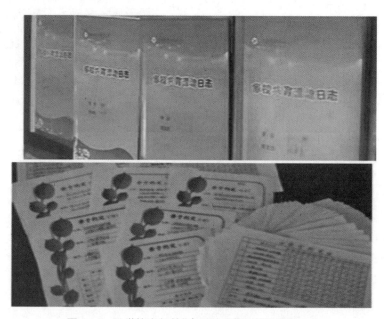

图6-6　T学校实行的"亲子约定"和班级漂流日志

　　在搜集家长意见、研讨交流和开展活动的过程中,教师积累了成功的家校合作案例,真切体会到了家校合作的现实意义,看到了系统研究教育问题对自己的促进和改变,激发了教育的热情和理想。

(三) 开展丰富的家校合作研究

　　为了使家校合作更有效,方法更科学合理,T学校鼓励教师积极申报家校合作课题研究(见图6-7)、课程开发、课例研究、案例研究等,促进教师系统学习研究家校合作,寻找更符合乡村学校和师生实际的家校合作途径。

务工子女家校结合操作体系

理论研究
"教师互助组"学习相关理论文献
汇编家长培训读本
开展课题组团队活动

培训家长
通过"家校结合互助群"推送文章
通过"家校结合记录本"家长反馈学习情况，教师指导

实践运用
通过"亲子约定"家长学以致用
通过"亲子活动"巩固合作成效

图 6-7 T 学校开展的家校合作课题研究

T 学校系统、有针对性地开展家校合作研究,提高了教师家校合作实践的科学性和实效性,积累了许多优秀案例,总结了不少家校合作的经验,先后于 2018 年、2019 年、2020 年结项了两个省级课题和一个市级课题,教师在家校合作方面的科研意识和能力开始觉醒。

除课题研究之外,T 学校还提出:教师应多关注日常教学中的问题,增强问题研究的敏感度。T 学校李老师在平时的教学中发现乡村孩子普遍不爱阅读、藏书少,孩子往往不善交际和表达,阅读与写作成为"老大难"。2018 年 12 月,恰逢济源产城融合示范区教育体育局倡导全市所有教师"网上晒书房",李老师眼前一亮,有心以此为契机,开启"师生共建家庭小书房"活动,进行"你好,寒假!"[①]的实践研究。她与同事商议后精心策划了活动的五个阶段:调查研究、活动发起、网上晒书房、师生互访(见图 6-8)、期初重建。[②] 经过两个月的努力,拥有家庭小书房的学生比例达到 85% 以上,孩子们的阅读兴趣被激发,产生了强烈的读书欲望。师生互访实现了家庭间的结对和联动,使优质的家庭教育资源得到开发、共享,教师自身的学习意识、发现意识、教育敏感性等也有了很大提高。

乡村教师在教学过程中发现了许多问题,并尝试以家校合作的形式解决问题,积极开展各类家校合作研究,努力寻求有效的家校合作形式,很好地巩固了学校教育的成效,提升了师生的专业素养。

三、丰富教育资源,创新家校合作形式

通过学习和研究,乡村教师具备了家校合作的能力,实践的意愿和信心更足,不少教师

---

① 李家成,郭锦萍. 你好,寒假! ——学生寒假生活与学期初生活重建[M].北京:北京大学出版社,2018.
② 白芸,李家成. 扎根乡村大地的教育研究:乡村班主任研究者的自述[M].上海:上海交通大学出版社,2020.

图 6-8　T 学校师生互访家庭小书房

敢于大胆实践,在反复实践中不断完善和提升自己。济源产城融合示范区的许多乡村学校面对家校合作中专业人才缺乏、家长观念和能力不足的问题,扬长避短,积极发现乡村家校合作的优势:乡村家长有质朴憨厚、勤劳节俭、尊重教师等优良品质,乡村生活体验培养了孩子吃苦耐劳等优良品质,乡村家长具备丰富的乡土知识和生活技能……越是在乡村,越存在一些具有地域特色的乡土文化资源,如传统乡土礼仪、当地民俗或各类民间传说、家谱宗祠、某些自然景观或建筑的由来、民间技艺的传承。① 有了这个思路,乡村教师的家校合作就有了更广阔的空间,这样的家校合作更能让学生与生活和社会接轨,成长为全面发展的人。

　　T 学校围绕"我们的节日"实施"劳动教育",开展了"舌尖上的美食、采摘季、认识职业"等一系列综合实践活动。Y 小学将节气和美食结合开发了"食育"课程,帮助小学生了解节气传统文化,珍惜粮食,热爱生活。S 小学以农耕文化为主题开展"田园教育"。M 小学则依据本地名人和史记,结合研学旅行,开发了以"茶"文化为主题的人文教育资源。J 学校以济水文化历史为源头,开发了"善"文化教育资源。

　　S 小学段老师说:"在家校合作中,我们和学生跟随家长一起体验了农耕的快乐,了解了基本的农耕文化,培养了生活技能。家长参与家校合作的积极性被点燃,丰富的田园文化资源得到开发。通过这样的活动,师生们开阔了视野,更加热爱生活。教师在与家长沟通和组织活动的过程中,增强了领导力和家校合作的自信心。"(见图 6-9)

　　J 学校的崔老师说道:"在学校建校时,我们邀请家长和孩子们参与学校文化的建设,在师生和家长研究济渎文化的过程中,挖掘并开发了学校文化——'善'的教育。在参与的过

---

① 王怀玉.乡村家校合作的再审视及其发展可能[J].福建教育,2017(Z4):41-43.

图6-9 S小学学生们在"百草园"晒出自己种植并收获的蔬菜

程中,家长们充分发挥了在家校合作中的作用,孩子们善学、善思、善行,老师们善教、善导、善研,让我们真正感受到了家校共育的优势。"

总之,"做、听、说、读、写"的学习方式和"学、研、训"的个人成长规划,培养出了一批优秀乡村教师,他们在当地已纷纷发展成为家校合作的先进代表,正影响鼓舞着更多的乡村教师加入家校合作的队伍,为乡村教师队伍建设扬帆助力,让乡村教育焕发活力、与时俱进。

问题思考

尽管乡村教师已经在家校合作领域做出了诸多创造性的探索,在一定程度上提升了教师自身的家校合作能力,提高了家长对家校合作的认识,但是就乡村教师专业发展和家校合作的关系,仍存在以下一些亟待思考与研究的问题。

一、乡村教师如何在开展家校合作中提升研究意识?

乡村教师的家校合作研究意识和能力直接影响着家校合作的成效,但实际上乡村教师的理论素养及独立从事科研的水平有限,开展的家校沟通往往只针对学生学习和卫生纪律等问题,以电话、约谈、微信的形式进行,比较随意、小众、单向化,不成体系;组建的家长委员会多用于安全提醒、疫情防控、法制宣传等;开展的家长会主要用于考试反馈、卫生创建、签订安全承诺书等工作,再加上本就不轻的教学任务,以及更为繁重的非教学任务,这使得教师身心俱疲,学习和研究家校合作的精力有限,热情不高。乡村教师对家校合作问题的敏感度、研究能力成为亟待提升的问题。

二、乡村教师如何参与家校合作事务的决策？

乡村教师作为家校合作的主体之一，更了解乡村家校合作的实际，因此学校推进家校合作决策的全过程，离不开教师的参与。乡村教师也不应只在学校的要求下被动开展家校合作活动，而应主动策划、积极参与，寻求最佳的活动形式和更严谨的活动安排，使学校的规划更合理。那么，乡村学校就需要尊重和重视乡村教师，放权教师，研究教师参与学校决策的制度、领域和方法，帮助他们树立学校教育的主人翁意识。

三、乡村教师如何做到家校合作与教育教学工作的融合？

乡村教师比较分散，甚至有的教学点出现了几个老师教十几个学生的现象，包班教学也很常见。再加上各种宣传教育涌进了学校，第一线的中小学教师们，尤其是班主任，常常被淹没在琐碎的学校事务中。面对繁杂的日常工作，乡村学校和教师更需要努力将家校合作与日常教育教学和管理有机融合，不搞机械组合，不增加教师负担，从而促进乡村教师的发展。

未来发展

乡村教师能从多角度触及教育的要义，探寻教育的法门，实现家校共育的合力，达到教育的最大优化。为了更好地促进乡村教师在家校合作中的专业发展，可以从以下三个方面开展实践。

一、榜样引领，建立乡村教师学习共同体

针对乡村教师家校合作理论缺失、科研水平有限的问题，学校可以充分发挥区域内优秀教师的榜样引领作用，建立乡村教师学习共同体，以阅读和科研两块为突破口，提升乡村教师的专业素养。

首先，改变"一刀切"的阅读管理模式。采用分层次管理，家校合作能力较强的优秀教师着重讲解自己的阅读感悟，其他教师以学习讨论为主，降低多数教师的阅读难度，增加思维深度，激发阅读兴趣。其次，开展丰富的研究项目。鼓励乡村教师组成团队做课题、课例、案例等研究，先摸索实验，并为他们外出学习、参观考察提供充分条件，帮助他们攻克课题研究的难关，并在成果推广中不断改进完善。最后，还要提升教师的教育素质。包括良好的语言表达能力和沟通技能、设计以及协调组织活动的能力，还要有强烈的文化敏感性

等,助力实施有效的家校合作。

二、项目驱动,提升乡村教师家校合作能力

济源产城融合示范区 T 校关于务工子女的家校合作教育策略开展过省级课题研究并建立微信"家校合作互助组"。课题采用案例共享、亲子约定、亲子阅读、漂流日志、亲子活动等方法,实现教师对家长的家庭教育指导,并重视跟踪观察,详细描述学生和家长的点滴改变,便于教师及时调整指导方法,带动家长积极参与家校合作。

家校合作的研究范围特别广,可研究的内容也很丰富。乡村教师通过参与科研,在文献中丰富家校合作的相关知识,在计划中逐步建立系统研究家校合作的意识,在实践中不断探索更加符合乡村实际的家校合作方法和领域,同时积累许多鲜活的家校合作的成功案例,从而全面提升自身家校合作的能力,获得家校合作的信心。

三、放权教师,推动家校合作制度化

《家校合作指导手册》一书从"硬环境和软环境"两方面详细介绍了家长、教师参与学校"决策形成、决策执行、决策监督"的注意事项,[1]为乡村教师参与学校决策提供了借鉴。

乡村学校应放权教师,发挥教师在家校合作中的主体作用,让教师参与制定本校的家校合作全过程,从讨论制订计划,到家访详细方案,甚至具体到量表的制作和对实施的预测,包括活动后期的思考交流、总结提炼,都要集思广益,充分研讨,形成一项稳定而系统的家校合作具体制度,为教师和家长开展家校合作提供有效依据。

家校合作工作任重道远,尤其是中国经济飞速发展的今天,进城务工是发展大趋势,赚钱成为乡村家长的第一要务。乡村家庭教育缺失或不当成为孩子教育问题的显著体现,家校合作、家校共育成为教育的时代课题,乡村教师育人的内涵在不断加深,外延在不断扩大,需要乡村教师树立起家校合作育人的意识,学习和研究家校合作的方法,提升自身多方育人的手段和技能,永葆教育的初心和热忱,相信家校共育会发展成为人们心中的理想教育。

[1] 李家成,王培颖. 家校合作指导手册[M]. 北京:北京大学出版社,2016.

第二节　乡村家长的发展[1]

案例导入

"以前我只希望自己的女儿学习好。因此,我希望我的孩子把全部的精力都花在学习上,不舍得叫孩子干活,更不会让我的女儿参加寒暑假等假期活动。我觉得那就是浪费时间! 后来,在班主任的引领下,我开始学习新的理念、新的方法,我尝试着做出改变。寒暑假的时候,我和孩子们一起策划假期活动,我挤出时间参与孩子们发起的活动,我发现孩子更愿意和我交流,和我更亲密了……

各位家长,改变是痛苦的,但是想要自己的孩子有改变有进步,作为家长要先做出改变。孩子每天都在成长变化,我们家长也要与时俱进,不断学习的,这样才能跟上孩子成长的脚步……"

在武义县 Q 小学 2019 年春学期召开的新生家长会上,来自 W 班的家长 A 作为唯一的家长代表上台与全体新生家长分享了自己的成长经历。

当我们惊讶于一位普通的乡村家长有如此巨大的改变时,时间回到"2018 你好,寒假!"项目活动的策划阶段。为了变革乡村家长假期陪伴方式,更新家长的教育理念,同时也为了能够引领乡村家长提升教育能力,Q 小学 W 班的班主任特别提议增加了一项亲师共读活动。在班主任的建议下,W 班的 47 位学生,每人都制作了精美的邀请卡,隆重邀请父母们加入共读行列。

A 妈在女儿的再三邀请下加入了共读活动,重新拿起书籍开始阅读。两年多来,A 妈在班主任的影响下先后阅读了《好妈妈胜过好老师》《不吼不叫》《如何让孩子爱上学习》《正面管教》等书籍,和老师一起阅读了《家校合作指导手册》《你好,寒假! ——学生寒假生活与学期初生活重建》《要相信孩子》等书籍。通过阅读专业的书籍,A 妈不仅学到了很多科

---

[1] 本节作者为叶斐妃。叶斐妃,浙江省武义县壶山小学教育集团新城校区一级教师,班主任。

学的家庭教育方法,而且还把A爸也吸引到了共读活动之中。

2019年4月13日晚,在班主任的邀请下,A妈、A爸和孩子作为第一组分享的家庭通过班级微信群分享家庭读书故事。A妈和大家分享《和孩子一起成长,是最好的教养》这本书时,她总结道:

> 改变方法很重要,自己工作劳累的时候,总希望女儿不用大人操心,总感觉自己身边的一切都是因为她被打乱的。还总会将负面情绪发泄在孩子身上"你怎么这么没用?""你再这样就不要待在家里了"……这些语言在无形中给孩子带来了伤害。
>
> 作为班级里的一位参与共读的妈妈,我深刻反思了自己的教育方式。我意识到了自己身上的问题,于是开始主动做出改变。如今,我和女儿的关系更亲密了,女儿也变得越来越勤劳。不读书的早晨就会早起,和她爸爸一起去田里摘甜瓜、掰玉米,一起拿到集市上去卖。在劳动中,女儿越发能体会我们的辛苦,学习也更加自觉了。

A爸则表示,他非常赞同父母和孩子一起看书。这次分享会上的分角色朗读也是女儿提出来的,他是一百个愿意。他表示以后会更乐意更积极参加此类活动,也感谢班级组织了那么多丰富多彩的活动。

自从加入共读活动后,A妈每天坚持阅读,走上了自主成长的道路,还成了班级家校合作的得力助手。例如,A妈发现每次参加活动的家长中父亲都寥寥无几,于是在父亲节的时候,她联系了优秀的翁爸爸给全年级的父亲分享教育心得;在寒暑假期间,她主动报名参与孩子们的假期活动,给班级里的孩子提供劳动场地,邀请孩子们去他们家田里摘瓜、拔草等;在班级家长会上,她还与其他家长们分享自己的成长心得,呼吁家长们加入学习成长的行列。此外,A妈还学会使用美篇、简书等工具记录自己的阅读收获、育儿心得等,并通过微信群分享给班级里的其他家长,带动了更多家长积极参与到学校的教育中来。

尽管A妈是一个个案,但是她的故事充分彰显了乡村家长蕴藏的巨大潜力。我们有理由相信在乡村教师的积极引导之下,乡村家长同样也可以参与到家校合作之中,实现自身的成长蜕变。

原理解析

乡村教师的专业发展水平会直接影响乡村家校合作的开展,同样,乡村家长的发展也直接关系着乡村家校合作的顺利开展。高质量的乡村家校合作有利于促进家长的综合发展,助力全民终身学习的实现。

一、乡村家长终身学习的需要

有学者分析大量的家长调查问卷后得出结论:大部分家长眼中家校合作的最重要的目的就是提高孩子的成绩,然后就是管束孩子的行为、规范孩子的纪律,不但忽略了家校合作对孩子性格、心理发展的影响,也忽略了通过家校之间的合作为自身教育素质的提高带来的积极作用。① 这样的现象在乡村家长中尤为凸显。不仅如此,乡村家长在与学校教师的交往中往往缺乏自信,甚至逃避与教师会面,渐渐出现了家校合作中的"自我淘汰"现象。② 因此,家长的教育观念、亲师交往的意识与能力、教育参与的投入状态以及自我学习力都会直接影响家校合作的效果与质量。只有乡村家长发展起来了,重视教育了,重视亲师交往了,自我学习的意识唤醒了,才能够更好地开展家庭教育,参与到孩子的成长中,主动与学校合作,形成家校教育共同体,从而更好地开展乡村家校合作。

二、乡村学习型家庭建设的需要

倡导终身教育就是在不断提醒着家长要形成终身教育观念,不但要自身参与到学习中来,更要发动家庭成员养成主动探求、优化知识、自我更新、学以致用的良好习惯。家长践行终身教育,可以有效提升自身教养能力与教养水平,养成健康的人格特质和适合的教养态度和教养方式,提升家庭互动的有效性,建立积极的亲子关系;增进夫妻关系和谐,提升家庭成员的幸福感和满意度。③ 家长作为重要的家庭成员之一,其努力向上发展的状态会积极影响家庭其他成员的学习生活状态,如对子女的榜样示范引领,家长一方的发展更会带动另一方家长的发展,影响晚辈、祖辈对待学习的认识与状态。因此,乡村家长的发展,能够促进其他家庭成员参与到学习之中,是家庭全体成员直接参与学习的动力与表达。

三、乡村终身学习体系建设的需要

教育部曾发文,"十四五"时期将完善服务全民终身学习的教育体系,多渠道扩大终身教育资源,更好地满足不同群体多元化学习需求。④ 在乡村小学,更要发挥学校作为专业的教育机构,教师作为专业的教育人员的专业优势,在家校合作中给家长提供更加广泛的学习资源。家长通过学习,拓宽了教育视野,会逐步认识到自我学习与提升的重要作用。而

① 张瑜. 我国基础教育阶段家校合作的问题及对策研究[D]. 上海:华东师范大学,2008.
② 李家成,王培颖. 家校合作指导手册[M]. 北京:北京大学出版社,2016.
③ 韩琼. 终身教育背景下的家长学习:内涵与价值[J]. 中国成人教育,2021(6):12-15.
④ 教育部:完善服务全民终身学习教育体系 多渠道扩大终身教育资源[EB/OL]. (2021-03-31)[2021-08-10]. http://www.moe.gov.cn/jyb_xwfb/moe_2082/2021/2021_zl25/bd/202104/t20210401_523931.html.

"家庭教育是终身教育的重要构成之一，是终身学习的起点，也是家长学习的动力之源"。[①] 终身教育突破了学校教师为唯一教育主体的认识，而把社会生活中的每个人都理解为教育者和受教育者。乡村家长的发展，就是家校合作服务于全民终身学习的体现。

方法指导

人是有学习力的，也是有成长需求的。为了孩子获得更好的教育与发展，乡村家长的发展意愿是强烈的。加上学校家校合作的开展，乡村班主任的积极推进，乡村家长的发展有其必然性。但是，乡村家长的发展并不是突然发生的，而是在一个个真实的活动中实现的，是一个循序渐进的过程。本节内容主要以武义县 Q 小学 W 班（以下简称 W 班）的家校实践为主要案例，同时借鉴全国其他乡村小学的实践案例，向大家呈现乡村家长的发展是如何实现的。

一、前期调研，了解家长需求

日常体验中，很多教师会因为个别乡村家长的状态而忽略对更多家长的关注，会将特定事件、特定时间上的感受固化为对乡村家长群体教育参与的理解，这不利于乡村家校合作的开展。乡村家校合作过程中，读懂乡村家长，树立"家长立场"特别重要。

（一）观察研究，了解家长

教师作为专业从教人员，一定要承担起家校合作领导者的责任，成为推动、建设、发展、修复家校合作关系的关键人。不同地区的乡村家长群体，有其共性，又有其地域性、特殊性，每一位家长都是在各自不同环境下成长的。因此，根据学校背景、班级背景了解乡村家长特别重要。在日常的工作中，我们可以通过以下途径读懂家长，了解家长。

（1）日常交流。日常的交流与谈话是了解乡村家长最常用也是最直接的方法。交流的方式多种多样，可以面谈，也可以通过电话或借助微信、钉钉等工具。交流中，我们可以大致了解家长的教育观念、教养模式、生活状态、亲子关系等。

（2）问卷调查。随着信息时代的发展，智能手机在乡村也得到普及。教师可以借助问卷星、伙伴云等 App，通过发放问卷的方式深入、全面地了解乡村家长的现状、需求等。这样的调查方式覆盖面广，收集信息的速度快，尤其对一些不善言辞、涉及隐私的调查，要把调查的问题编进问卷里，通过问卷星发放，这样既安全又方便。

（3）观察记录。在平时的家校交往中，乡村家长的言行举止、举手投足直观展现在教师

---

① 韩琼. 终身教育背景下的家长学习：内涵与价值[J]. 中国成人教育，2021(6)：12 - 15.

眼前。尤其是学校活动,如在家长会、家访等真实的教育活动中,不同类型的家长会表现得各不相同。乡村教师可以通过记录的方式将这些观察所得保存下来,这些资料都是今后开展乡村家校合作的基础。

例如,W班的班主任设计了八道题目以了解班级家长的基本情况(见表6-2)。问卷从父母的受教育程度、职业、主要教养人、困扰家长的教育问题等方面进行了调查,加上匿名填写,对家长的信息进行了很好的保护。

表6-2　W班家长信息问卷调查

W班家长信息调查表(三年级)
1. 父亲的学历是? A. 小学未毕业　B. 小学程度　C. 初中程度　D. 高中　E. 中专　F. 大专
2. 母亲的学历是? A. 小学未毕业　B. 小学程度　C. 初中程度　D. 高中　E. 中专　F. 大专
3. 父亲的职业是?(填空题)
4. 母亲的职业是?(填空题)
5. 平时孩子跟谁一起生活?(填空题)
6. 您觉得自己的孩子最突出的优点是什么?(填空题)
7. 您有没有比较困扰的教育问题? 是什么? 请简要说明。(填空题)
8. 学校哪个老师对您的家庭教育影响较大? 有什么影响?(填空题)

通过调查发现,班级家长受教育水平普遍不高,48.78%都是初中毕业,少部分是高中毕业,而大学学历的家长非常少。通过对父母职业的调查,发现无论是父亲还是母亲,主要的职业都是务农以及工厂上班,还有少部分为个体户以及其他职业。这些基础信息的调查为后续挖掘家长资源,了解家长的教育困境,更有针对性地开展乡村家校合作奠定了基础。

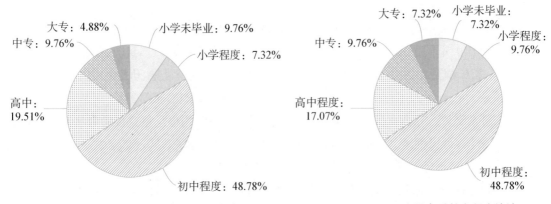

图6-10　W班父亲受教育程度统计　　　　图6-11　W班母亲受教育程度统计

(二) 全面分析,了解需求

无论是哪一种调查方法获得的资料都需要进行全面、细致的分析,这样才能更好地了解家长的需求。

图6-12 W班父亲职业词频图　　　　图6-13 W班母亲职业词频图

例如,W班的班主任通过细致分析第六、七、八题,发现乡村家长最关心的还是孩子的学习问题,因为说起孩子身上的优点时,出现频率最多的是作业自觉、爱看书。也有极个别家长表示优点没有,缺点一大堆。最困扰家长的问题也是学习问题,有48.9%的家长提到的问题都与学习有关,诸如孩子做作业不够自觉、作业拖拉、成绩上不去、学习注意力不集中、家长辅导不了等,也从侧面反映出家长们最关注的是孩子的学习表现。其次是沟通问题,有32.8%的家长表示找不到合适的教育方法,与孩子很难沟通,隔代教育观念不一致等问题。有12.2%的家长表示自己文化水平低,辅导不了孩子。

通过前期调查,查阅相关资料,我们不难发现:乡村家长普遍存在受教育程度较低、教育观念落后、教育方式方法单一、教育参与度不够以及自我学习意识不足等问题,且普遍有一种"教育无力感"。[1] 但是我们也要看到,乡村家长中不乏教育方法好,教育参与度高的优秀家长,这一部分家长就是可以发展成种子家长的人选。

另外,我们要相信每一位家长都是一本读不完的"教科书",更要相信乡村家长参与家校合作的意愿。因此,作为乡村教育者,就需要在读懂乡村家长需求的基础上开展家校合作,旨在更新乡村家长的教育观念,变革家长陪伴方式,提高家长的教育参与度。而更重要的是,要对家长有作为独立个体的人的尊重,唤醒其学习意识,实现乡村家长自觉主动发展。

二、多方驱动,引领乡村家长发展

乡村家校合作需要多方共同投入,我们尝试探索出一条学校、家庭、社区三位一体的乡村家校合作路径,依托各类教育活动,实现了"学校+家庭"教育共同体的形成,逐步实现了乡村家长的发展。

---

[1] 叶斐妃. 提升乡村家长教育能力的实践探索[J]. 江苏教育,2019(31):63-65.

（一）依托学校活动，提升家长合作力

就家长参与学校学生活动的类型而言，有"主题系列活动""传统节庆活动""社会实践活动"等；就活动组织层面而言，有"学校层级活动""年级层级活动"和"班级层级活动"等。[①] 因此，乡村学校、乡村班主任可以邀请家长们参与到各个层级的学校活动中来，努力形成家校教育共同体，在真实的活动中提升乡村家长的合作力。

1. 家长会

家长会是打开乡村家校合作的一扇门。家长会上，班主任可以和家长们面对面交流，分享一些好的教育理念，提出家校合作的希望，集中讨论学生普遍存在的问题。家长可以通过家长会了解学校的办学理念、办学特色、阶段性决策以及班级的学期计划和学生的发展情况等。

如 Q 小学 W 班班主任在前期调研的基础上，结合自身三级心理咨询师的知识储备，根据小学生的心理发展特点，安排了各个学期的主题家长会，与家长们分享学生心理成长特点，分享沟通技巧，诸如"倾听""共情""无条件接纳"等。另外，家长会的形式也可以多种多样，避免教师"一言堂"，除了邀请家长，还可以邀请学科老师、教育专家以及学生一起参与。四年级上学期，在家长们的提议下，W 班就召开了一次美食家长会（见图 6-14）。家长们制作了乡村小吃，学生带来了各种零食水果。家长会由学生担任主持人，邀请语文、数学、英语、科学等学科老师一起参加，全班同学以小队为单位上台表演节目，优秀家长上台分享育儿经验，班主任上台分享学生心理特点以及学校教育中的"心理抚养"重点，家长们现场讨论育儿困惑、难点等。几年来，W 班召开了十余次不同主题不同形式的家长会（见表 6-3），在家校共育中有效促进了家长的成长。家长会上，家长们可以学习并借鉴他人的教育方法，审视自身的教育行为，从而更新教育理念，提升亲师合作能力（见图 6-14）。

表 6-3　各个年级段的家长会安排

时间段	家长会主题	主讲人	形式
二年级上学期	宣布成立家委会，提出家校共育的心愿	班主任	讲座式
二年级上学期	"2018 你好，寒假"启动仪式	班主任	讲座式
二年级下学期	如何让孩子爱上学习	应泽美（外请）	讲座式
二年级下学期	育儿方法交流	优秀家长代表	圆桌式
二年级下学期	亲子沟通的有效方法	翁向华（外请）	讲座式
三年级上学期	和孩子一起迎接"三年级"	班主任及语文、数学、英语、科学等学科老师	论坛式

---

① 李家成，王培颖. 家校合作指导手册[M]. 北京：北京大学出版社，2016：87.

（续表）

时间段	家长会主题	主讲人	形式
三年级上学期	"2019 你好，寒假"活动策划交流	三(1)班学生	汇报式
三年级下学期	孩子在长大，我们能做什么？	班主任、全体家长	对话式
四年级上学期	美食家长会	全体学生和家长、班主任和任课老师	表演式
四年级下学期	疫情期间线上家长会	全体学生和家长、班主任	交流式
五年级上学期	亲子沟通的技巧	全体家长	对话式
五年级下学期	如何进行心理养育	王春丽老师 心理专家(外聘)	讲座式

图 6-14　W 班四年级上学期家长会剪影

一位乡村母亲在班级家长会后这样说道：每次开完家长会，我都觉得自己像个小学生，不知道的地方太多了。各科老师的用心用情让我感动，他们的教育理念让我佩服。作为家长，我要和这些优秀的老师一起走在学习的路上，促进孩子的全面发展。

另一位母亲这样分享：每次开完家长会，我都会明悟一些事情，老师和家长们的分享心得总是那么贴切实际，我也知道要怎么去做一个合格的家长，我觉得自己要努力去改变一些不好的行为，跟孩子融洽学习，共同进步！让我们和学校一起努力。[1]

针对留守儿童较多的乡村学校、乡村班级，则可以利用现代互联网技术，如企业微信、钉钉、QQ、腾讯视频等，召开网络家长会。来自浙江武义的吴静超老师就创新方式，召开了"互联网＋"亲子共读会，借助互联网远程连线在江苏、安徽等地的家长，跨越时空界限一起畅谈教育。实验研究表明，不仅是留在家乡的家长，即便是在外地的家长，通过互联网，也是可以并愿意参与到相关活动中的。[2]

① 叶老师. 太诱人，家长会上这么多好吃的[EB/OL]. (2019-09-22)[2021-09-20]. https://mp. weixin. qq. com/s/4qh1ji2nJ212gXGbWqbNtg.
② 许滢，吴静超. "互联网＋"亲子共读会——一次乡村家长会的变革实践[J]. 教育视界，2019(1)：41-44.

2. 家访

作为家校教育互动的重要手段,家访是实现学校与家庭之间教育信息沟通交流的一种有效形式,是一种重要的教育手段。家访是学校联系家庭,班主任联系家长的纽带和桥梁;家访是班主任协调家庭教育力量和学校教育力量的核心工作。[①] 有乡村教师采用普访、精准访找到了乡村家校合作的突破口,对于留守儿童家庭,会采用精准访,尝试通过多次的家访,推进与外出务工家长的沟通。[②]

农村小学的学生很多来自不同的乡村,居住地分散、偏僻、集中度不同,一个班五六十人,居住的地方往往分散成几十块,即使是邻村,开摩托车也要花十几二十分钟才能到达,这给家访工作带来很大的难度。面对这种困境,老师可以改变固有的模式,结合自己学校和学生的特点,采取多种家访形式,如进行电访、召开家长会、登门拜访、科任老师承担一部分家访任务等。[③]

3. 种子家长群

每一个家长都有着不同的成长经历、背景,有着不同的教育理念与方法,这种差异性是必然存在的。不同的家长对教育的重视程度、亲师交往能力、家校合作力都是不一样的。我们可以挑选一些重视教育,有开放的教育思想,主动接受新事物和积极学习的家长组成核心家长群,引领班级中的其他家长共同成长。如浙江海宁的费玲妹老师为了推动家校合作共同体的建立,根据家庭教育类型、家长的教育观念和教育方式,将家长分为"种子家长""合作家长"和"影子家长"三类。费老师成立以"种子家长"为主的家庭教育研究小组,通过种子家长分享资源的方式实现了从家长个体到群体的发展,提升了班级全体家长的家校合作能力。[④]

4. 主题教育系列活动

乡村学校远离城市的喧哗,远离嘈杂拥挤的环境,乡村有绿水青山,有清新的空气和优美的环境……所有这些乡土资源都是开展家校合作的好资源。如武义县 Q 小学以"走进美丽家乡"为主题,组织教师、学生、家长一起分线路对校园周边环境进行调查摸底,同时查阅有关资料和书籍进行考证,全面了解了泉溪镇的人文历史、自然景观、区域企业等资源,从而成立了 12 处实践基地,分年级分主题开展活动。同时,各班定期邀请"家长教师"来校开设乡土文化专题课程,上课内容包含介绍家乡的风光、风俗、风情、历史等知识;传授竹编、剪纸、糖画、扎染等手工技艺。通过邀请家长积极参与学校课程建设,家长对学校的发展有了更清晰的认识,增进了家校间的和谐,提升了家长的家校合作能力。[⑤]

又如武义县 Q 小学 W 班的班主任充分挖掘家长资源,当了解到班级有家庭是种生姜

① 左娟. 家访在小学班主任工作中的意义[J]. 知识文库,2016(18):131.
② 林冬梅. 寻找农村学校家校合作的突破口[J]. 新课程评论,2017(8):30 – 36.
③ 周春珠. 农村小学家访的现状分析和应对策略[J]. 课程教育研究,2013(12):216.
④ 费玲妹. 关注每一个孩子,联结每一个家庭——谈班级家校合作共同体的构建[J]. 新课程评论,2017(8):22 – 29.
⑤ 李家成,赵福江. 中国乡村班主任发展研究(第二辑)[M]. 上海:上海交通大学出版社,2019.

大户,有家庭是种茶叶大户,有家庭是种稻谷专业户,便充分利用这些资源,和家长们一起开展劳动体验活动。在与家长制订活动计划、开展劳动以及后期的评价中,家长们也充分意识到自身背后丰富的教育资源,提升了教育自信,增加了与老师、孩子、其他家长的合作,各方面能力得以提升。

5. "你好,寒暑假!"项目活动

在我们开展多年的"你好,寒假!"项目中,乡村教师鼓励家长与孩子一起策划和组织活动,一起倾听与表达,一起反思与评价。实践证明,这完全可以实现家长的教育行为改进、教育理解与期待的更新和家长社群建设。此项研究也证明了高质量的家校合作能够对家长的不断觉醒产生积极的效应。本节作者通过开展几年的寒暑假项目研究,也真实地感受到了乡村家长的发展。

又如浙江宁波的乡村教师在"你好,假期!"项目实践研究中,运用调动学生热情、组织假期活动、利用学校力量以及现场对话等四大方式点燃农村家长的教育热情,鼓励家长积极参与到孩子的假期生活中,引导农村学校的家长积极参与学校教育,从而进一步推动了家校合作。[1]

邀请家长参与的学校活动绝不仅仅局限于上述的活动,每个学校都不一样,每个班级都有自身的特色和资源,可以开展各种丰富多彩的活动促进家校合作。只要乡村教育者积极推进,真实深入地开展实践研究,乡村家长的教育积极性就会提高,教育热情就会被唤醒,就能够充分认识到家庭教育和学校教育的重要性,认识到彼此合作的意义,家长的家校合作能力也就能进一步提升了。

(二) 依托家庭活动,提升家长教养力

学生是从家庭走出来的,父母的言行举止会在潜移默化中对学生的成长产生深远影响。家庭生活质量以及父母的陪伴方式直接影响孩子的生命成长,开展有意义的家庭活动,可以实现乡村家长教养力的提升。

1. 亲子作业

亲子作业不同于以往的家庭作业,多以手工操作类、智力开发类、技能锻炼类活动形式开展,内容也突破了分科的局限。家长参与作业的完成能够为孩子带来不同的体验,而且能使家长在做亲子作业的过程中言传身教,发现平时在孩子身上易被忽视的闪光点,更加了解孩子,改变自己的家庭教育策略,增长教育智慧。[2]

如上海市闵行区 Y 小学某班级开展的亲子作业——教爸爸、妈妈学英语儿歌。大部分家长的英语都是零基础,因此,这样的亲子作业是有难度的。在做亲子作业的过程中,家长

---

① 李家成,赵福江. 中国乡村班主任发展研究(第二辑)[M]. 上海:上海交通大学出版社,2019:205-213.
② 李家成,王培颖. 家校合作指导手册[M]. 北京:北京大学出版社,2016:176.

和孩子的角色发生了互换,让孩子来教家长,让父母体验了孩子的耐心和学习英语的困难。在以后的作业辅导中,家长们更有耐心了。通过后期跟踪访谈,家长们在家庭教育观念和教育行为方面都有了可喜的变化。有家长认识到父母和孩子是需要不断的交流、探讨相互学习的,可以从中了解一些平时不知道的想法和思维,更多地和孩子相处、增进了感情。家长们教育子女的能力自然也提升了。①

2. 家庭共读

乡村家长们一旦投入家庭共读中,不仅可以增进对孩子的了解,改善亲子关系,也可以直接从书本中学习先进的教育理念,学到更加科学的教育方法,从而反思自己的教育行为,在阅读中提升教育子女的水平。

如 W 班一年级时只有一位家长有平时看书的习惯。当班主任发起亲子共读活动的时候,家长们蠢蠢欲动,但是真正能够坚持的家长只有 2 人。这是与乡村文化背景、家长学历与生活环境等因素息息相关的。在乡村班级开展亲子共读活动可谓困难重重,可是每一位家长都有一个共同的愿望,就是希望自己的孩子得到更好的成长。于是,班主任转变策略,由孩子们亲手制作邀请卡(见图 6 - 15),邀请父母加入共读的行列。在孩子们的邀请下,有34 位家长同意参与活动。从 2 到 34,这是量的飞跃,也让我们感受到为了孩子,乡村家长的发展意愿也是非常强烈的。

图 6 - 15　孩子们制作的邀请卡

就这样,更多的家长加入了亲子共读的行列(见图 6 - 16)。班主任又将一些优秀的育儿书籍推荐给家长,如今能够坚持每周共读 1 小时以上的家长有 25 人。家长们一边读一边做摘记(见图 6 - 17),从书中学习最新的育儿理念,反思教育行为,改进了教育方法。

又如江苏省新沂市新安小学依托"父母成绩单"的设计,引导父母阅读。该学校针对不同学段、不同年级的父母,有梯度地推荐了 24 本必读家校书目(见表 6 - 4),并专门设计了"父母读书笔记"。每读一本书都要召开读书交流会,让"先进"父母带动和教育"后进"父

---

① 李家成,王培颖.家校合作指导手册[M].北京:北京大学出版社,2016:174.

图6‑16　亲子共读剪影

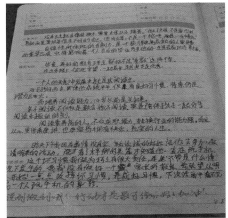

图6‑17　家长读书笔记

母,让他们在无形中受到熏陶,得到启发,获得能量,学到更多科学的教育子女的方法,提升了家长的教养力。[1]

表6‑4　新沂市新安小学父母阅读书单(部分)

适用年级	书名	作者/译者
一年级	《朗读手册》	[美]崔利斯著,沙永玲等译
	《好妈妈胜过好老师》	尹建莉
	《好好做父亲:男人最有价值的投资》	孙云晓,李文道
	《拯救男孩》	孙云晓,李文道,赵霞
	《培育女孩:滋养下一代女人》	[美]詹姆士·杜布森著,李晓燕译

[1] 孙先锋,王智慧.让孩子做父母的评委——家校合作中"父母成绩单"的设计与应用[J].新课程评论,2017(8):37‑43.

（续表）

适用年级	书名	作者/译者
二年级	《如何说孩子才会听,怎么听孩子才肯说》	[美]阿黛尔·法伯,伊莱恩·玛兹丽施著,安燕玲译
	《赏识你的孩子》	周弘
	《孩子,把你的手给我》	[美]吉诺特著,张雪兰译
	《谁拿走了孩子的幸福》	李跃儿
三年级	《长大不容易》	卢勤
	《这样跟孩子定规矩,孩子最不会抵触》	[美]乔治·卡帕卡著,叶小芳译
	《习惯决定孩子一生》	孙云晓
	《正面管教》	[美]简·尼尔森著,王冰译
四年级	《好成绩是帮出来的》	王东华
	《孩子自觉我省心》	吴甘霖,邓小波
五年级	《好父母教出好孩子》	赵雪峰,柯琦
	《特别狠心特别爱》	沙拉
	《和儿子一起成长:1》	杨文
	《妈妈说给青春期女儿的悄悄话》	沧浪
	《家有青春期男孩》	吴瑕萱
六年级	《为何家会伤人》	武志红
	《做最好的家长——李镇西老师教养女儿手记》	李镇西
	《不要用爱控制我》	[美]帕萃丝·埃文斯著,郑春蕾,梅子译
	《亲爱的安德烈:两代共读的36封家书》	龙应台,安德烈

3. 其他家庭活动

乡村教育者应该立足班级背景,倡议乡村家长挖掘乡土资源,开展丰富的家庭活动,如爬山、种菜、认识植物、进行体育锻炼等,不断提升乡村家长教育子女的能力。

（三）依托社区资源,提升家长终身学习力

除了学校和家庭层面的活动,我们还可以挖掘社区资源,利用好社区现有的教育资源,开展实践活动,唤醒乡村家长的终身学习力。"活到老,学到老。"人是需要不断学习的,为人父母更应该养成学习的习惯。学习除了发生在学校,除了来自课本,还来自生活中的方方面面,而最重要的是需要形成学习的意识,养成良好的学习习惯。

如浙江武义的赵欢欢老师利用社区资源——泰隆银行的阅览室来开展家校合作。赵老师与泰隆银行负责人沟通之后,和家长们一起将泰隆银行的阅览室打造成"暑期公益阅

览室"。根据实际情况安排,所有参与活动的学生家长实行轮值。轮值期间,轮值家长和孩子们一起阅读。有家长这样说道:"以前总要催着孩子读书,现在和他一起读,孩子比以前要认真了,我们当家长的也要不断学习才好啊!"

三、多元评价,注入家长终身学习力

《学会生存》一书中指出:"我们可以说,人永远不会变成一个成人,他的生存是一个无止境的完善过程和学习过程。""人和其他生物的不同点主要就是由于他的未完成性。事实上,他必须从他的环境中不断地学习那些自然和本能所没有赋予他的生存技术。为了求生存和求发展,他不得不继续学习。"[①]人是需要不断学习的。无论哪一种家校活动的开展,最终都是为了实现乡村家长的发展内驱力,唤醒终身学习的意识。因此,活动中的评价就显得特别重要。来自老师、学生、家长之间的评价会给家长们带来自信,注入终身学习力。

乡村家长普遍都尊重老师,信任老师。来自老师的积极正向的鼓励,同样是激励乡村家长发展的动力。来自班级家长间的评价,会形成良好的班级评价氛围,大家相互鼓励,形成抱团成长的良好态势。而来自孩子的评价,更能激发家长持续的学习动力。

如 W 班借助班级微信群开展的亲子共读网络分享活动,每一次轮到分享的家长都会精心准备,每一次分享的时候,班主任和其他家长会在班级群里点赞,这样的及时评价大大激发了家长们持续学习的动力。学期结束的时候,班主任又和学生一起,根据家长们参与共读的次数以及分享的过程评选出"勤学家长",休业式上邀请家长一起参加,由孩子们亲自给父母颁发"勤学家长"的奖状。收到奖状的家长,无不欣喜无比。有家长在朋友圈晒出奖状并发出这样的感叹:长这么大还是第一次收到奖状,感谢班主任和孩子,让我重新走上学习之路! 一起加油吧!

又如,江苏省新沂市 X 小学在全校范围开展了基于"父母成绩单"的家校合作共育探索,邀请孩子来当父母的评委。"父母成绩单"的第一块内容就是"父母自评和孩子评价表",由家庭氛围营造、学习环境创设、父母的学习成长、对待孩子学习、陪伴和沟通、体育锻炼、理财教育、劳动培养、身教言传、家校共育等 10 个父母层面的基本要求构成。"父母成绩单"让父母开始重视孩子的评价,聆听孩子的心声,正视孩子的需求,尊重孩子的感受,孩子成为父母成长的重要督促者,并让父母通过成绩单看到自己的不足,反思、调整自己的教育方法。让家长们养成了不断学习的习惯。[②]

① 联合国教科文组织国际教育发展委员会.学会生存——教育世界的今天和明天[M].北京:教育科学出版社,1996.
② 孙先锋,王智慧.让孩子做父母的评委——家校合作中"父母成绩单"的设计与应用[J].新课程评论,2017(8):37-43.

问题思考

在丰富多彩的家校合作活动中,乡村家长的教育观念得以更新,自我学习意识得到增强,教育水平有了提升,终身学习意识被唤醒。但是在参与家校合作的过程中,乡村家长仍然存在一些普遍性的问题,例如当合作活动结束后,乡村家长的学习也会随之停止。因此,在致力于实现乡村振兴的现实背景下,为了乡村家长持续而全面的发展,还需要深入思考如下三个问题。

一、立足乡村乡情,如何创新有利于乡村家长发展的家校合作形式?

乡村家长的发展一定是在大量真实的交往与实践中慢慢实现的。除了前文提到的诸如家长会、家访、亲子阅读、寒暑假活动外,一定还有更丰富的家校合作形式,诸如父母课堂,家长社群建设等。那么,合作的形式上,还有哪些创新的又适合乡村家长发展的有效途径呢?

本节作者在写作之前查阅有关乡村家校合作形式的资料时,可参考借鉴的信息非常有限。可见,乡村家校合作是一座"富矿",值得我们认真开发。尤其是乡村家校合作的形式开发,有着很大的挖掘空间。

二、立足家长实际,如何开展有针对性的家校合作活动?

每个家庭都有不一样的背景和生活环境,家长之间也是千差万别。在实践中,我们会发现,有些家长能够积极主动配合学校的各项工作,有些家长则比较被动。当然,并不是所有的家长都能够积极配合学校工作,也并不是所有的家长都能实现主动发展的。

家长之间存在较大差异,面对不同类型的家长,班主任的合作方式是需要作出相应调整的。乡村学校、乡村教育者在与不同的家长合作时,应该如何根据家长们不同的特点调整合作方式,有针对性地开展交流,从而促进更多乡村家长的发展,缩小彼此之间的差距,从而实现乡村家长群体发展呢?

三、立足主体发展,如何通过家校合作推动家长终身学习?

党的十九届四中全会关于"构建服务全民终身学习的教育体系"等要求积极倡导全民终身学习理念、广泛开展全民终身学习活动,这是贯彻落实习近平总书记关于教育的重要论述和全国教育大会精神的重要举措,也是建设"人人皆学、处处能学、时时可学"的学习型社会的一项重要制度设计。自 2005 年首届全民终身学习活动周举办以来,已连续举办 15 届,产生了积极广泛的社会影响,已成为我国学习型社会建设的重要载体和特色品牌。①

通过实践,我们可喜地发现乡村家长主动向上发展的可能性。"家长不应该只是监督、管理、支持孩子学习的人,更应是一名终身学习者。善于学习的家长,是孩子的福气,是教师的幸运,更是其自身生命价值实现的需要。"②但是,我们也不难发现,当一个活动结束后,有部分家长也会随之停止前进的脚步。乡村教育者如何帮助乡村家长成为终身学习者,为学习型社会建设助力呢?

未来发展

开展有效的家校合作,促进了乡村家长教育行为的发展。展望未来,我们可以从以下几个方面深入探究,使乡村家长获得更好的发展。

一、依托家长课堂、社区学校,为乡村家长提供有力的学习保障

教育部、全国妇联等部委早在 2011 年就指出:"中小学校家长学校师资队伍可由学校教师、志愿者、优秀家长等组成,有条件的学校可聘请专家或社会工作者开展相关工作。家长学校每学期至少组织 1 次家长指导,如家庭教育讲座、家庭教育咨询等,1 次家庭教育实践活动。"③

一个人提升自己最有效的途径就是学习,为人父母者更需要学习。乡村没有城市那么便利的交通,不像城市里有那么多的书店、图书馆。那么,乡村家长可以通过哪些途径学习、可以去哪里学习、可以向谁学习呢?乡村班主任一个人的力量终究是有限的。因此,我们可以借助学校、社区,甚至是政府部门的力量,成立家长课堂、社区学校,聘请专业的老师,给乡村家长提供有力的学习保障。

二、依托班级活动、学校活动,推进乡村家庭学习社群的建设

家长社群即广义的家长社会群体,包括特殊孩子的家长自发组织的家长俱乐部、家长

---

① 中华人民共和国教育部. 2020 年全民终身学习活动周总开幕式举行[EB/OL]. (2020 - 11 - 01)[2021 - 11 - 10]. http://www. moe. gov. cn/jyb_xwfb/gzdt_gzdt/s5987/202011/t20201101_497670. html.

② 李家成. 关注终身学习视角下的家长学习[J]. 教育视界,2019(1):33 - 34.

③ 中华人民共和国教育部. 全国妇联、教育部、中央文明办关于进一步加强家长学校工作的指导意见[EB/OL](2011 - 01 - 27)[2021 - 10 - 20]. http://www. moe. edu. cn/publicfiles/business/htmlfiles/moe/s5618/201105/119729. html.

互助会等。① 乡村班级、乡村学校有其独具乡村背景的文化特色,乡村家长也和城市家长一样,希望自己的孩子得到更好的成长和发展。乡村班主任同样可以依托班级活动和学校活动,实现乡村家庭学习社群的建设,实现乡村家长的群体发展。例如,浙江省武义县的蓝美琴老师通过日常家庭互学、家庭读书会、班级论坛、与社区合作等多主体共学的形式,实现了城区家庭群体共同成长。② 武义县的程露老师在"2019 你好,寒假!"活动中,基于"互联网+"成立了家长学习微社群,实现了家长假期专业的阅读与学习。③

乡村学校、乡村班级有其独特的文化特色,乡村家长也和城市家长一样,希望自己的孩子得到更好的成长和发展。乡村班主任同样可以依托班级活动和学校活动,实现乡村家庭学习社群的建设,实现乡村家长的群体发展。

三、依托政府机构、社会力量,努力实现学习型乡村建设

早在 2003 年,《中共中央、国务院关于进一步加强人才工作的决定》就提出:"加快构建终身教育体系,促进学习型社会的形成。在全社会进一步树立全民学习、终身学习理念,鼓励人们通过多种形式和渠道参与终身学习,积极推动学习型组织建设和学习型社区建设。加强终身教育的规划和协调,优化整合各种教育培训资源,综合运用社会的学习资源、文化资源和教育资源,完善广覆盖、多层次的教育培训网络,构建中国特色的终身教育体系。"④乡村作为中国社会重要的构成,乡村家长的学习实现有助于学习型乡村建设的有力实现。

而在乡村,并没有完善的终身教育体系,乡村家长整体学习意识薄弱。建设学习型乡村,可谓困难重重。因此,整合、优化乡村学习资源除了乡村学校的积极推进,更需要政府机构的介入,需要社会力量的保障。

① 李家成,王培颖. 家校合作指导手册[M].北京:北京大学出版社,2016:215-216.
② 李家成,林进材.学习型社会建设背景下的寒假学习共生体研究[M].上海:上海交通大学出版社,2019:111-112.
③ 李家成,林进材.学习型社会建设背景下的寒假学习共生体研究[M].上海:上海交通大学出版社,2019:228.
④ 中华人民共和国教育部. 中共中央、国务院关于进一步加强人才工作的决定[EB/OL](2003-12-26)[2022-04-20].http://www.moe.gov.cn/s78/A07/zcs_left/zcywlm_crjypx/201207/t20120717_139459.html.

第三节　乡村学生的发展[①]

案例导入

"哇,内有巨款! 我有钱啦!"2021 年 3 月 1 日,浙江武义 S 小学一(12)班的教室里传来一阵欢呼声。孩子们正在仔细地看着自己的积分兑换券,与身边的小伙伴细数着自己的积分,算着可以换取多少人民币。

晚上七点开始,程老师陆续收到了爸爸妈妈们的反馈……其中可迪妈妈分享了与孩子的对话。

可迪:妈妈,今天程老师给我们发了个大红包,程老师还说了可以回家和爸爸妈妈商量怎么换这个积分。

妈妈:哇真的,程老师好有仪式感啊! 那你想怎么换呢?

可迪:妈妈,你知道红包里有多少积分吗? 我告诉你啊,是 494 分。

妈妈:好棒啊! 那你想好了没,你想怎么换?

可迪:494 分也有你的功劳的,因为你每天都陪我看书、做作业、跳绳等。所以我决定给你留一半,然后你给我买个可以存款的那种储蓄罐,我先把钱存起来,到教师节的时候我再买一朵花送我们程老师,可以吗?

妈妈:(惊讶)可以,当然可以,妈妈现在就给你下单,等妈妈回来就把你的那一半换成钱存起来。那你拿到这个积分以后有什么想法?

可迪:以后我要把作业完成得更好,更加努力地去学习、去实践,那样我就可以拿到更多的积分。

妈妈:嗯,真棒! 加油宝贝。

---

① 本节作者为程露。程露,浙江省武义县实验小学一级教师,德育处主任,班主任。

这笔"巨款"的来源要从 2021 年的寒假说起……

2021 年寒假前夕,小诚妈妈发来信息,表达了自己的焦虑:

程老师,关于孩子们的假期,不知道该如何合理安排,学校学习的"紧锣密鼓"和家庭生活的"自由散漫",让孩子们的学习状态和生活规律有些混乱。比如,一年级孩子的阅读,识字量不够,往往喜欢看图多过于文字,看一会儿就坚持不下去了,这又该如何引导? 一个假期,我们家长该如何做到有效陪伴,恰到好处地去参与孩子的成长呢?

小诚妈妈的焦虑是一种普遍存在的现象。尽管乡村家长的家庭教育参与意识不断提升,但是在参与过程中仍然呈现出"不知所措、无从下手"的状态。

考虑到班级家长在亲子阅读中的普遍困惑,2020 年 1 月 20 日,程老师就"我们该如何进行阅读"召开了主题班会,邀请学生们来说说自己平时是如何开展阅读的,有什么阅读的好妙招可以分享,以及关于阅读,你遇到了什么麻烦。

班级阅读小硕士可可说:我喜欢阅读,我会抓紧时间先完成作业,再用所有的时间来阅读。可是妈妈总会让我不要用所有的时间来阅读,她告诉我囫囵吞枣的阅读是无效的。我倒是觉得读过就好了。

柠檬说:我每天的阅读时间不多,因为参加的兴趣班太多了。为此,我也非常苦恼。

而卓城则悄悄地告诉我:我不喜欢看书,觉得没意思,没有动画片和手机里的短视频好看。

……

通过与学生的交流,程老师发现:班级中孩子对于阅读喜爱的程度不同,产生的问题也不同,大体可以分为三种类型:沉迷阅读,不能合理分配时间;会阅读,但没有足够的阅读时间;不喜欢阅读,感受不到阅读的乐趣。

2021 年 2 月 1 日晚,程老师和孩子、家长们在微信群针对"一年级阅读引领"问题,一同制订了"一 12 班家庭式阅读分享规则"。2 月 3 日开始,为期 21 天的家校合作式阅读分享拉开帷幕。从阅读故事的分享到整合课程的童诗童谣分享,还有柠檬和妈妈合作对童谣作品的点评……真的是既精彩又有趣。

2021 年 2 月 23—26 日,参与家庭纷纷对一个假期做的分享进行了总结:

原来阅读这么有趣,还可以通过表演、讲述的形式表现出来,可以一个人完成,还可以和小伙伴一起呈现。

——恩恩

自从老师开始阅读分享,我可以从小伙伴们分享的视频和音频里进行别样的阅读,我坐在妈妈车上就可以听故事、看故事，太好了！

——柠檬

看到同学们的亲子故事分享，我们决定第二次童谣分享选择亲子。北哥打算选一两则有趣的歇后语，无奈发现篇幅太短。爸爸提出 2021 年是中国共产党建党一百周年，可以选择与之相关的题材。恰逢中印边境冲突引起国人的关注，激发了爱国情怀，我们定稿《我爱你，中国》并找到了相关的朗诵视频和北哥一起学习。北哥最终的表现是让我意外的，虽然拍摄的时候有看着稿子，但是发布班级群的那天他已经完全会背了。走在路上时不时会朗诵一句，甚至家里三周岁的弟弟也会朗诵一小段。

——小北妈妈

陶诚非常认真地阅读了《小巴掌童话》，每天坚持阅读，拼音认读的速度快了很多。选出自己喜欢的故事后，他每天坚持读一读，背一背，晚上睡觉前再和我复述下故事，第一次的分享因为有故事情节，还带上了我们全家一起来表演，全家参与其中，也乐在其中。第一次的分享收到了班里好多小评委的点赞，得到大家的肯定后，陶诚似乎自信了很多，慢慢地最开始的担心不见了，这体现在第二次的分享准备上。第二次的分享主题是童谣和儿歌，我们准备的是一组新童谣《好儿童》，他每天非常积极地背诵、练习，让我拍视频然后回看，从最开始的磕磕巴巴，到昨天视频中那个声音响亮、自信的孩子，作为母亲感到非常欣慰。

——小诚妈妈

2021 年 4 月 27 日，武义县阅读教学研讨活动上，作为唯一展示的一年级班级，学生和家长们在假期中的阅读分享，成为整个培训活动中最亮的一道风景。

原理解析

在乡村的背景下，家校合作之于乡村学生的独特价值何在？有教师基于自己在乡村学校的研究实践总结道："由于学校地处市的边界农村地区，经济发展势头迅猛，绝大多数家长忙于工作，极少有时间和精力去关心子女，且多数家长自身的文化素养不高，教育观念相对落后，呈现出'家庭教育缺失、家校合作方式单向性、家校互动模式随意性'三大特点"。[1] 由此看出，现阶段的乡村家校合作主要存在以下几个问题。

一是家校合作被动多于主动。以家长配合学校为主要合作方式，家长主要是处于被动接受的合作方，甚至是依附方。同时也表现在无事双方都不沟通，有信息需要发布、有事需要解决时，双方才会进行互动。

---

[1] 汤燕萍. 优化家校合作　共筑育人摇篮[C]//上海终身教育研究院. "乡村社区治理背景下的家庭、社区、学校合作"研讨会暨第三届全国乡村班主任发展研究论坛论文集, 2019: 122.

二是家校合作多关注于学业成绩或在校表现。家长与学校的合作大多集中在孩子的学习成绩提升,偶有行为习惯上的交流,这样的合作内容显得片面而短暂。与此同时,学生会隐形于家校的互动中,似乎学生是双方进行交流沟通的工具人,互动过程中对学生的关注过少。

三是家校合作的形式比较单一。相对于城市家长,乡村家长与学校的合作更多的是电话、微信等线上形式居多,每学期一次的家访成为主要的合作交流形式。同时,乡村家长由于工作原因,家访也成了一件"难事"。

教育作为一项系统工程,需要社会、学校和家庭的协同合作,其中家庭与学校的合作尤为关键。密切的家校合作有助于发挥双方的教育优势,营造优良的育人环境,促进孩子的全面发展、健康成长。[①] 在乡村尤甚。

一、乡村学生精神与人格发展的需要

一个学生优秀的品德和进取心主要体现在积极的心理上,它能够发挥学生的心理潜能,用积极乐观的态度面对生活或学习中的困难和挫折。家校合作能够让学生在实践中培养积极的心理品质。[②] 对于乡村学生而言,他们所具有的质朴与勤劳的优良品质,早已成为他们身上难能可贵的标签。然而,市场经济的大潮带来了城镇化的飞速发展,农村的发展却无法与时俱进,由此带来了乡村文化精神的衰落,使得乡村学生中许多人变得看不起乡土,看不起劳动,却又无所适从。乡村文化的荒漠化对于处于经济弱势地位的乡村社会而言,确然有其必然性和毋庸置疑的合理性,这对于乡村儿童精神与人格发展而言,却可能是无法挽回的伤害。[③] 因此,乡村学生精神与人格的健康发展需要家庭与学校的共同合作。

二、乡村学生行为习惯养成的需要

在乡村背景下,很多家庭的父母都选择了外出打工,隔代抚养现象普遍。由于缺乏科学的教养知识,祖辈的关注点往往只在于孙辈是否吃饱,是否穿暖,过分溺爱的方式导致学生难以养成良好的行为习惯,甚至于在学校里教师教会的行为规范,一回到家里又恢复原样。对于这种现象,需要学校有针对性地强调隔代教育在家校合作中的重要性,并且相信祖辈们可以参与合作,且具有独特的合作价值。乡村学校与家庭的合作有利于促成学生良好行为习惯的养成。

---

① 徐志锡. 家校合作为学生良好习惯养成撑起一片晴空[J]. 当代家庭教育,2021(18):15-16.
② 谢郁. 家校合作对小学生积极心理品质培养的内涵与途径探索[J]. 新课程,2020(35):236.
③ 刘铁芳. 乡村的终结与乡村教育的文化缺失[J]. 书屋,2006(10):45-49.

三、乡村学生终身发展的需要

在城乡二元对立的现实背景下，人们普遍持有城市教育优于乡村教育的固有思维，因而城镇学校的规模日益庞大，而乡村学校的规模却不断缩小，出现了"城挤乡弱"的现象。在乡村地区，升学率成为衡量学校质量和评价学生的唯一标准，乡村家长只关注学生的学业成绩，却忽视了学生综合能力的培养。乡村家庭与学校的联系也仅仅是学生成绩的"通知"，因此只是一种"假合作"。然而，相对于个人完整生命而言，学校教育所能提供的文化滋养与价值教化总是简单的，不足以慰藉个人生命需要的多样性，人的健全发展需要个人周遭的生存空间的整体孕育。[①] 因此，不仅仅乡村教师需要改变育人观念，乡村的家长更需要更新家庭教育的理念。此时，家校的有效合作才是促进乡村学生全面发展的有效途径。

方法指导

在家校合作中，教师、家长、学生是核心主体，且每位主体都蕴藏着巨大的能量。案例作者将通过一个假期开展的班级共读活动的个案，呈现出学生是如何在高质量的家校合作中实现自我发展的。在 2021 年的寒假期间，案例作者以武义县 S 小学一年级 12 班的 46 个学生家庭为研究对象，借助阅读攒积分的评价方法，开展了一系列家校合作式共读的实践研究。结果发现，学生在高质量的家校合作中始终保持着积极的学习状态，促进了自身能力的发展更新。那么在这个案例中，学生又是如何参与家校合作活动，进而实现自我发展的呢？案例作者具体从以下三个方面开展了实践探索。

一、调查分析：乡村家庭对亲子共读的需求和期待

为了更好地了解班级学生家庭在寒假开展阅读活动的意愿与需求，案例作者在 2021 年学期末开展了以"2021 年寒假乡村小学一年级家校合作式共读"为主题的问卷调研。此次问卷将研究对象确定为 S 小学一年级 12 班的 46 个学生家庭。发放问卷 46 份，回收 46 份，回收率为 100%。有三个家庭存在重复填写的情况，研究者将这三份问卷进行了整合。问卷主要从"阅读内容""阅读状态""阅读困境""亲子阅读参与度"四个方面进行了调研。同时，选取了父母有效陪伴的 C 家庭、父母为务农的 H 家庭以及全职妈妈陪伴的 G 家庭为个案展开调研。

---

① 刘铁芳. 乡村的终结与乡村教育的文化缺失[J]. 书屋，2006(10)：45－49.

（一）乡村家庭对于阅读书目的选择比较单一

从问卷上来看，孩子们80％以上的阅读书目来自老师的推荐，孩子的意愿仅占8.16％。刚入学一学期的孩子才刚学会拼音，因此乡村的家长们对于课外书籍的选择显得无所适从，总是在问"孩子目前阅读什么样的书籍比较合适？"C妈妈表示自己是乡村小学教师，对于孩子的阅读一直以来都比较重视，对于书目的选择会结合学校老师给出的书单进行选择；而G妈妈则将老师推荐的书目全部购买回家，她表示不会选书，买老师推荐的准没错；H家庭则先选择了家中原有的书籍进行阅读。

（二）乡村家庭的阅读氛围还不够浓厚

关于阅读的状态，44.90％的家长表示孩子爱阅读，但大多是孩子独自阅读；34.69％的孩子需要提醒了才愿意阅读；仅20.41％的家长表示家庭有阅读氛围，父母也能主动参与阅读（见图6-18）。从数据上来看，约65％的孩子比较喜爱阅读，独立阅读的能力也不错，但家庭式阅读的氛围还不够，家长对于阅读的参与度不够。在线下交流的过程中，H家庭中的父母一开始认为，孩子已经学会拼音了，完全可以独立进行阅读，根本不需要家长陪同，共读一本书没有意义。而C家庭中的妈妈却表示亲子共读可以改善亲子关系，能更快速地激起孩子对阅读的兴趣，阅读后亲子间的交流也会比较顺畅。可见，家校合作式共读推进还需要更多理论层面的引导。

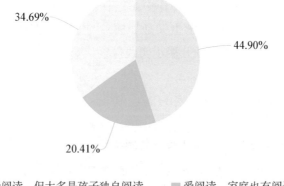

图6-18　孩子在假期的阅读状态

（三）乡村家校合作式共读推动的实践基础不错

在询问"寒假中，您是否每天都有时间与孩子一同阅读"的问题中，有73.47％的家长表示基本每天都有时间参与亲子共读，有26.53％的家长则表示偶尔有时间参与亲子共读。在谈到"关于阅读，您的家庭能做到哪些阅读方面的尝试"的问题时，有91.84％的家长表示可以亲子共看一本书,有 69.39% 的家长表示可以亲子共读一本书,24.49% 的家长表示可以亲子共画一本书,10.2% 的家长表示可以亲子共创作一本书。C 爸爸表示孩子的阅读时间比较多,也比较自觉,当孩子阅读时,我们都会一同阅读,每天交流阅读收获,思考阅读展示。H 家庭也表示之前对于亲子阅读投入不够,但有这样的机会非常愿意尝试。

可见家校合作式共读在班级中有充分的实施基础,家长们对于亲子阅读的重要性有一定的认识,对共读的尝试充满期待。

二、实践落实:乡村家校合作式共读活动的开展

基于前期的问卷调查,案例作者决定将班级钉钉群和微信群作为班级的网络阅读社区,定期开展线上阅读分享会。

在放假的第一天,案例作者就基于问卷结果发布了家校合作式共读活动的规则,具体包括了分享规则和操作步骤。

家庭阅读分享规则

(1)每天坚持不少于 30 分钟的阅读(亲子阅读不少于 15 分钟)。

(2)分享自己的阅读体会或好故事。(具体分享步骤附后,按学号顺序进行分享)

(3)每周在班级微信群里选择一位同学的分享进行评论。(至少认真评论一次)

鼓励有能力的家庭尝试亲子阅读分享,分享形式可以是:亲子朗读,亲子课本剧表演,亲子绘本创作等。推荐 App:喜马拉雅、剪映等。分享时直接分享视频或音频,不要分享链接。

家校合作式共读分享步骤

(1)选择一个阅读过程中最喜欢的片段或故事讲给同学听,同学间内容尽可能不重复。(有困难的小朋友可以读,但尽量不读)

(2)讲的过程中必须咬字清晰,普通话标准。

(3)分享的形式是录视频,视频时长不超过 5 分钟,尽量不剪辑。

(4)每天四人按学号轮流,不管是否是当天录制,请在轮到的当天 18 时上传到班级群里,也请其他家长将视频打开让孩子观看,并让孩子们给出评价。(评价发布在班级微信群里,请不要用语音直接发,而是要转化为文字再发,最后要署上孩子的名字,每周至少一次)

结合一年级统编版小学语文教材,案例作者对假期中的阅读分享内容作了规定:第一轮是故事分享,第二轮是童谣和儿歌分享。第一轮的分享要求清晰,到了第二轮,爸妈们开始有些犯难了。"什么是儿歌?""什么是童谣?"一连串的问题,让大家不得不停下脚步去寻找答案。虽然老师已在公众号、微信平台中给出了解释,然而如何选择正确合适的内容成了阅读分享的一大难点。于是,许多家庭开始翻看手中的一年级上下册的语文书,发现里

面有许多有用的素材。如玥涵家庭分享的《谁和谁好》就是一年级下册园地　里的内容,再如思源同学分享的《孙悟空打妖怪》是"和大人一起读"中的内容,城瑞同学分享的《动物儿歌》是识字第五课等。

在寻找的过程中,他们发现,其实童谣和儿歌就在身边,不仅仅学习的书本中有,生活中也有许多。例如方言童谣就激发了孩子们的学习兴趣,孩子们拉着爸爸妈妈、爷爷奶奶、外公外婆学方言童谣,与普通话对照学习,和家人一起做动作识记,成了孩子最喜欢的事儿。镇宇从奶奶那里学了一首方言童谣,还主动教给了老师;柠檬从博物馆的唐爷爷那儿学习了乡土童谣,和爸爸、妹妹一起念着玩;五月向外婆学习了武义方言,并用武义方言设计了自我介绍;可可为了寻找合适的分享内容,到偏远乡村的外公家,与外公一同了解村文化礼堂……这样的互动让家庭里充满了学习氛围,更促进了学生的全面发展。

在活动中,孩子们不仅需要完成自己的阅读任务,还需要通过阅读去寻找自己最愿意、最值得分享的内容。根据"家庭阅读分享规则",每天四个小朋友轮流分享,其他小朋友需要一一观看每个小伙伴分享的视频,寻找每个小伙伴的优点,并及时地给出评价。通过线上的调研,家长们表示:孩子在观看小伙伴们的视频时,大多呈现出想与人分享的兴奋状态,他们会边听边说"他的普通话真标准!""他说的故事太好听了!""她的服装准备得好棒呀!"例如,五月同学就在一次阅读分享活动后记下了自己的感受:

"柠檬真是我学习的榜样,跟着她,我学到了很多原本不知道的知识,原来童谣也分这么多种,方言童谣里我也有好几首会念的,我要继续努力,向柠檬学习!王妈妈和北北哥哥朗诵的真好啊,我听着听着都感动了,我骄傲我是中国娃!张馨艺的朗诵我也很喜欢,很有创意!吐字清楚,表情也很生动!陈芷钰的《不倒翁》真有趣,让我知道了就算摔倒了,只要爬起来,坚持下去就一定可以成功!顾城瑞的这首童谣我也会,他念得很好,还加上了自己的动作,表演的时候也很大方!张雨薇的数鸭子刚好是在桥上表演的,这种表演形式真好,就好像她真的在数鸭子一样!棒!"

任务驱动式的阅读方式激发了学生的参与热情。正是在这样的分享中,乡村的孩子们发现身边的小伙伴,身边的环境,身边的家人都有着丰富的学习资源,每天都保持着积极的学习状态,并对阅读的呈现形式有了新的认识。

三、活动深化:家校共商阅读评价机制

任务驱动能促使每个家庭都行动起来,可活动的推动,必须要有有效的评价奖励制度。为此,我和孩子、家长们通过在线上商议,制订了"2021,你好,寒假!"家校合作式共读积分奖励评价制度。

"2021，你好，寒假！"家校合作式共读积分奖励评价制度

（1）按时按要求分享一次奖励星梦币 5 分。当天延迟扣一分，延迟一天只得 2 分。

（2）老师会根据大家分享的视频对普通话和仪态打分，两项各 50 分，最终得分即为星梦币值。

（3）伙伴们的评价应该多鼓励、多夸奖，多寻找每个小伙伴的优点，评价一次积 2 分星梦币。

这样的奖励评价制度，旨在促进每个孩子对于分享的重视及参与度，提高互动率，同时引导孩子们学会发现并学习他人的优点。这样也是对分享小伙伴劳动成果的一种肯定与鼓励。

评价的一个内容就是家庭的阅读成果分享。如果这些成果仅在群里分享，那就显现不出他们的价值，也无法真正激起孩子们对于分享的重视。研究者便利用班级微信公众平台每日对阅读分享进行更新、发布，并鼓励所有的家庭进行转发、评论、点赞。发布的内容包括故事分享视频、老师的评价和小伙伴的评价（见图 6 - 19）。

图 6 - 19 分享微信公众号截图

成果的展现形式是基于学生的意愿，由父母和学生共同完成。例如，慕凡和妈妈合作的拍手歌，菁扬和爸妈合作的情景剧，五月和妈妈合作的方言童谣，馨艺和妈妈合作的童话剧，小北和妈妈的诗朗诵……加上视频的拍摄、朗诵的指导、后期的制作……整个过程中，父母与孩子之间就阅读分享不断进行协商、沟通并呈现，他们互相学习着，共同进步着。与此同时，教师在共读的过程中也在不断地激励、引领并给出相应的评价。又如，柠檬家庭在第二轮分享时，分类总结了全班小朋友分享的童谣，就像给我们上了一节童谣微课。柠檬妈妈说："这是孩子自己的想法和意愿，而我就是帮着梳理，拍摄仅用了一个小时就完成了，孩子在准备过程中的坚持，在阅读过程中的自觉，让我很受感动。"而柠檬则表示正因为有妈妈的指导，才能把自己的想法表现出来，爸爸、妈妈还有妹妹都一起参与了准备和分享工作。柠檬妈妈在微课后的分享中还提到:利用班级分享童谣这个"小舞台"陪孩子盘点童谣知识,是一件有趣又有意义的事!我们一起学习,共同成长:陪乐器——爸爸学会了吹葫芦丝;陪娃跳绳——爸爸学会了跳双飞;陪长笛——妈妈重拾了五线谱;陪阅读——妈妈和娃又重新梳理了童谣世界,阅读了五本有质量的书;陪实践——妈妈学会了新的视频剪辑……从某种意义上来说,不是我们陪伴孩子成长,是孩子用他们的天真可爱,陪伴了我们原本枯燥和被电子产品占领的假期时光……愿温暖的陪伴,一路同行。

一直以来,大家总会持有乡村家长、乡村家庭可以合作的资源少之又少的固有偏见,而忽视了乡村家长比城市家长更渴望孩子在教师的引领下成长起来,他们希望孩子们能走出大山,走出小县城。当他们看到孩子在参与中自信成长起来,其投入的状态真的让人敬佩。

问题思考

在寒假这一特殊的亲子可以长时间共处的时间段,乡村学生在家校合作共读活动中呈现出了丰富的育人价值,但同时也凸显了一系列问题:

一、如何根据家庭特点开展有效合作,促进乡村学生个性化发展?

在参与的家庭中,主动意识差异较大。三分之一的家长能在积极主动参与的同时不断思考,生发出更多的合作主题。还有三分之一的家长扮演着跟从角色,能完成但需要更多的指引。剩下的三分之一的家长则是催着在做,对于合作的目的不明确且呈现出不理解的状态,甚至认为教育本就是学校老师的事儿,家长只需要关注学生的生活,忽视了生活中的学习也至关重要。这样的认知差异,使得学生呈现出不同的发展状态,家庭间、学生间的差距愈发明显。

二、如何拓展家校合作内容,实现乡村学生的多元化发展?

这样的共读实践仅是一个个例,不足以代表合作的所有形态。如浙江武义的蓝美琴老师与家长合作带着城市孩子走入乡村的实践体验;又如浙江海宁的夏柳萍老师以家长为引领者的劳动教育实践等,都成为乡村家校合作促进学生发展的新样态。然而,乡村的家校合作不能仅局限于此,需要挖掘更多的乡村文化等资源,以实现学生的多元发展。

三、如何依托家校合作活动的开展,培养"种子学生"的领导力?

乡村班主任带领一班学生前行,其难度远大于城市,学生学习生活的环境所形成的思维定势需要突破,学生的参与自信要树立,更重要的是教师自身的学习要跟上。此时,教师、家长、学生必须形成教育共同体,三者相互影响、相互学习、共同促进,而"种子学生"便成为至关重要的一部分,他们又该如何去影响、引领其他学生呢?

未来发展

研究者利用假期契机,通过"家校合作式共读"活动的实践探索,证明了乡村学生完全有可能在高质量的家校合作中实现自我更新与发展。事实上我们也看到了,乡村家校合作式共读呈现出了学生丰富且多元的发展状态:主动参与时的积极乐观;受同伴影响后的勇于尝试;更有家长共学过程中的陪伴成长。当然家校共读只是家校合作的一个方面,无论是河南洛阳的李瑜清老师对乡村中学男生自信力的培养,还是浙江海盐的黄燚虹老师用童诗点亮乡村儿童的成长之路,还有各地老师假期的各种实践研究,都在用不同的合作方式促进乡村学生的发展。面向未来,我们的乡村家校合作还能从哪些方面助力学生的发展呢?

一、改善乡村家校沟通方式,提升家校合作质量

要想实现与家校的和谐沟通,教师要积极、主动地向家长展现自己、班级、学校的想法、面貌,消除家长的"心理防御墙"。如教师可以通过家长会或者家校联系卡等方式,比较全面地表达教师对学生的关心与期待、对家长辛劳奔波的理解、对学生现状的接纳,还可以袒露自己带孩子或求学时父母的不易,坦言自己的性格脾气等,让家长说说他们持家和教育孩子的难处,并真诚地表达自己希望给予方便和帮助的意愿,让家长感觉到教师的真诚。[1]

与此同时,教师必须设身处地地为家长在教育过程中进行答疑解惑。乡村的家长在某种程度上对教育的期待远超于城市,但由于时间与精力的不足,无法合理安排自己的工作与生活,在孩子的教育问题上大多表现出的是无奈。而此时,教师更需要的是对每个家庭给出自己的教育建议,并通过学校、家庭、社区的共同努力,促进学生的可持续发展。

二、开发乡村资源,丰富家校合作形式

时下,城市家长总是想尽一切办法带孩子体验乡村生活,例如寒暑假带孩子到乡间小住,体验田间奔跑、溪涧捉鱼的乐趣。条件允许的,甚至在城郊买下或租种一小片田地,周末一家人驱车几十公里,带着孩子到菜地"耕作",或邀上三五好友到市郊农庄品尝农家菜、

① 王怀玉.乡村家校合作的再审视及其发展可能[J].福建教育,2017(Z4):41-43.

感受农家乐。于是,许多城市现在悄然兴起各种户外、乡村生活体验营,大家趋之若鹜。而这些,在乡村就是生活常态,就是学生日常生活的一部分。如何让这些宝贵的生活教育资源得以发掘?如何让家长本身具备的各种乡土知识和技能成为协同教师对学生进行生活教育的财富?这些问题都迫切需要乡村教师进行思考、智慧引导。

首先,以项目学习、实践的方式带学生体验农事(如种菜、耕种、收割),学会基本生活技能(如做饭、使用电器)等,建议学生主动向家长请教,建议家长在家引导孩子参与家务和农事劳动,或者由班主任组织全班进行劳动实践,邀请家长现场指导,再辅以对应的学校评估回馈,让乡村家校合作指向学生的生活技能培育,这具有非常重要的现实意义。

其次,携手部分乡村家长开发当地自然与人文资源。越是在乡村,越具有一些地域特色的乡土文化资源,如传统乡土礼仪、当地民俗或各类民间传说、某些自然景观或建筑的由来、民间技艺的传承……这些文化资源,乡村的老人往往铭刻着深厚悠远、鲜活生动的历史记忆。教师应具备强烈的自然开发意识,和学生一起调研、统计、筛选,选中对应主题,聘请家长作为课外辅导员,进行深入探究。类似这种当地资源的深度开发,教师一个人是难以完成的,但也不需要全部家长参与,只要有几个家长牵头协助即可。同时教师可以建议几户家庭为一学习小组或者邻近家庭为一学习小组,进行轮流式的户外生活体验。更可以开展学生间有效的学习互助活动,以一带多,感受中国式乡村家庭独特的教育魅力。

三、扩大社区参与,拓宽乡村家校合作内容

随着城镇化建设的推进,乡村居民住进城镇的现代小区,人际关系反而越来越疏离。而散落在乡村周边的农户家庭,多是留守老人或妇女、儿童。其实,每个家庭都有邻里相互帮忙的需要,在乡村,友好温情的邻里互助方式,正是淳朴民风的体现。

首先,教师可以从引导学生绘制亲友邻里关系图谱入手,了解各自的亲缘关系和邻里状态。根据关系图谱,有针对性地引导学生,基于自然亲缘、邻里关系的基础,以乡土资源开发为抓手,自由结社,成立亲友、邻里校园互助小组,增进彼此之间的日常互动。

其次,以家长和学校、学生和教师、学生与学生共同策划假期生活为突破口,让彼此的日常互动成为乡村学生的一种自然生活状态,增强彼此的互动交流,创造更多共同生活的经历。

最后,乡村教师可以有意识地在班级层面调控和推广这种温情结社模式的规模效应。在自由结社的基础上,成立"村组联盟",在春耕和秋收等农忙季节,进行联盟式家庭互助;关注特殊"弱势"群体,引导全班学生重点帮扶那些居住偏僻、有实际困难的家庭,给予力所能及的关爱,教育学生从小树立"老吾老以及人之老,幼吾幼以及人之幼"的博爱思想。[①]

这样,从学生之间的联系扩展到家庭之间的联系,再通过教师有意识的引导,让这种温

---

① 王怀玉. 乡村家校合作的再审视及其发展可能[J]. 福建教育,2017(Z4):41-43.

情模式发展成为家校合作的新常态,发展"人人为我,我为人人"的互助意识,让学生在丰富的人际互动中学会交往、学会礼仪、学会理解和包容。

在学习型社会的大背景下,让家长和孩子一同投入学习的过程是营造终身学习环境的有效途径。无论是孩子、家长还是教师,都在家校合作中不断地互动着、学习着、收获着、成长着……

第七章　未来展望：家校合作，持续创新

《教育部 2022 年工作要点》明确要求"统筹推进乡村教育振兴和教育振兴乡村工作",提出开展"把乡村教育融入乡村建设行动,更好发挥农村中小学的教育中心、文化中心作用"。[①] 乡村振兴依赖于乡村教育的振兴,而乡村教育的振兴则必须通过高质量的家校协同合作才能实现。为此,乡村家校合作必须从散点走向系统,从自发走向制度。本章从评价体系和教师队伍两个方面提出了针对性的对策建议。我们也相信,在教育工作者的共同努力下,学习型乡村建设的美好愿景必将成为现实!

伴随着我国乡村振兴战略的展开,伴随着统筹做好乡村教育振兴和教育振兴乡村工作的进行,[②]乡村家校合作的重要意义将会被越来越多的人所理解,创造性的实践也一定会越来越丰富,乡村教师、家长、学生和社区工作者的终身学习、全面发展也将不断变为现实。

---

① 教育部 2022 年工作要点[EB/OL]. (2022 - 02 - 08)[2022 - 02 - 11]. http://www. moe. gov. cn/jyb_sjzl/moe_164/202202/t20220208_597666. html.
② 教育部召开乡村振兴工作领导小组会议暨巩固拓展教育脱贫攻坚成果同乡村振兴有效衔接工作推进会[EB/OL]. (2021 - 12 - 24)[2022 - 02 - 10]. http://www. gov. cn/xinwen/2021-12/24/content_5664354. htm.

第一节 乡村家校合作评价体系的建立[①]

本节重点讨论的问题是:在乡村家校合作事业发展中,我们要评什么? 谁来评? 怎么评?

一、构建我国乡村家校合作评价体系的必要性

近年,在宏观政策的高位引领下,家庭与学校合作已经成为教育实践与教育改革中最为热门的话题之一。《中共中央关于制定国民经济和社会发展第十四个五年规划和二〇三五年远景目标的建议》(下文简称《建议》)明确提出"健全学校家庭社会协同育人机制"[②],以立德树人为核心目标,推动高质量教育体系的建设。

在这一新时代教育背景下,家庭与学校合作的价值已远远超出主体发展或学校建设的范畴,关乎着新时代教育发展观与人才成长观的落地与实现,以及整个新时代教育体系的更新、升级与迭代。

与城市学校轰轰烈烈的家校合作改革热潮相比,乡村家校合作在乡村教育实践中的地位,还没能受到应有的重视。根据本节作者多年来与乡村教师交往、从事乡村家校合作实践改革研究的经验来看,乡村处于家校合作改革洼地的原因主要包括以下三个方面。其一,乡村家校合作未被纳入学校教育质量评价体系或处于其中的边缘位置,缺乏针对学校与教师的激励性奖评机制,使其家校合作动力不足;其二,乡村家校合作没有统一的评价标准,使得家校合作过程随意、组织性弱;其三,理想的家校合作范本又往往以城市学校为基础,忽视了乡村家校合作的独特性与复杂性,使其在实践过程中定位不清、目标模糊。

2020年10月,中共中央、国务院印发《深化新时代教育评价改革总体方案》(以下简称

① 本节作者为吕珂漪、李家成。吕珂漪,杭州师范大学经亨颐教育学院教师,教育学博士;李家成,上海终身教育研究院执行副院长,教授。
② 中共中央关于制定国民经济和社会发展第十四个五年规划和二〇三五年远景目标的建议[EB/OL].(2020-11-03)[2021-09-05]. http://www.gov.cn/zhengce/2020-11/03/content_5556991.htm.

《教育评价改革总体方案》)明确指出"教育评价事关教育的发展方向"①,教育评价有助于进一步挖掘教育改革的深层动力。其以高屋建瓴式的话语指明了教育评价是我国构建高质量教育体系的发展基础与核心动力。作为教育改革中的薄弱环节与难点问题,建构科学的乡村家校合作评价体系有助于其自我革新、自我超越,实现其深层次的发展。一方面,乡村家校合作评价体系为实践设立标准、提供范本、指明发展方向,能够解决实践中无目的性、无组织性、无序性等问题,使其有章可循、有规可依。另一方面,乡村家校合作评价体系与各行动主体的发展需要与实际利益息息相关,实践者将在结果性倒逼与内在需求的双向驱动之下投入乡村家校合作的事业之中。

然而,无论是在政策文件还是学术研究中,鲜见对乡村家校合作评价体系的深度探讨,少数几篇涉及家校合作评价的文章也仅限于国际经验介绍②与教师家校合作能力评估③。

下文将立足于我国高质量教育体系建设的时代背景,结合乡土社会的文化传统、社会结构与人口特征,基于长期以来扎根乡村家校合作现场积累的经验,对乡村家校合作评价中的三个基本问题"评什么""谁来评""怎么评"进行初步探讨,以走好这教育改革的"最后一里路"④。

二、"育人体系"视域下乡村家校合作评价内容的基本框架

"评什么"对应的是评价对象的具体内容,即要对乡村家校合作这一"事物"的内容进行解构与结构化重组。作为一个教育实践范畴,一方面可以从目的、内容、手段或方法明晰家校合作的内涵;另一方面,乡村家校合作与特定历史时期的社会与教育发展阶段相关,被具体的教育政策所规范,同时会在理论研究与教育实践中被不断地赋予新意,因此还需在"政策话语""理论研究"与"实践创生"等多重逻辑下对其进行结构化重组。

我国当前已经入建设高质量教育体系的全新阶段,家校合作在新时代教育背景下从"育人活动"转换升级为"育人体系"。在既往的学术研究与教育实践中,家校合作通常被理解为家庭与学校两类教育主体为了促进学生发展这一共同目标,而相互配合、相互支持、相互协调的一种双向活动,以具体的如家访、家长会、综合实践类活动为载体。这一定义也符合大部分一线教育工作者的经验:

家校合作就是家庭和学校,你配合我,我配合你,为了孩子的发展共同努力吧。(河南省某乡村教师访谈,2021 - 09 - 03)

---

① 中共中央、国务院印发《深化新时代教育评价改革总体方案》[EB/OL]. (2020 - 10 - 13)[2021 - 09 - 05]. http://www. moe. cn/jyb_xxgk/moe_1777/moe_1778/202010/t20201013_494381. html.

② 元英,刘文利. 澳大利亚家校合作评估及其启示[J]. 教学与管理,2019(28):79 - 82.

③ 袁柯曼,周欣然,叶攀琴. 中小学教师家校合作胜任力模型研究[J]. 中国电化教育,2021(6):98 - 104.

④ 李政涛. 把新时代教育评价改革深化到"评价能力"的提升那里去[J]. 中国教育学刊,2020(12):8.

我觉得家校合作就是学校开展的一系列大大小小的活动,家访、家长志愿者、家长参观日,诸如此类的吧,然后让家长来参加。(广东省某乡村教师访谈,2021-09-03)

站在"活动"或者"互动"的立场下理解家校合作,意味着将其视作由个体或机构发出的一种行动。

在2018年全国教育大会上,习近平总书记强调要"培养德智体美劳全面发展的社会主义建设者和接班人,努力构建德智体美劳全面培养的教育体系"。紧接着《国家教育事业发展"十三五"规划》首次从"全面落实立德树人"的角度提出"全员育人、全过程育人、全方位育人"[①],其直接指向于国家层面教育体系的完善。《建议》指出"十四五"时期"健全学校家庭社会协同育人机制"是建设高质量教育体系、形成广泛共识和协调行动的基础环节与实现方式。也即,在"建设高质量教育体系"的宏观背景与战略导向下,家校合作已经转换升级为以立德树人为价值导向,突破了传统学校教育、家庭教育、社会教育间藩篱的一项现代化育人体系。

根据《国语辞典》解释,"体系"指的是"由许多要素构成,具有一定条理组合成的整体"。[②] 一般而言,体系由制度、活动、人三个基本要素组成。立足"育人体系"这一本质,本节提出乡村家校合作评价的三个维度,分别为制度评价、活动评价与主体评价。

(一) 乡村家校合作的制度评价

对一项制度的评价一般可以从如下三个方面进行。

第一,目标的合理性。《建议》明确指出要"贯彻落实党的教育方针,坚持立德树人,培养德智体美劳全面发展的社会主义建设者和接班人"。因而,在制定乡村家校合作制度时要明确它必须符合立德树人的价值定位。与此同时,在保持总体目标不变的前提之下,还要根据当地乡村教育的特性、家校合作水平设立具有针对性的子目标,根据不同的发展阶段,设立短期的、长期的、具有延续性与发展性的目标。

第二,章程的完整性。一方面是横向内容的完整性,即乡村家校合作制度是否已经覆盖家校合作工作的所有内容(如团队建设、教师培训、家长培训等),是否已经明确不同主体的职责与权力。另一方面是纵向层级的完整性,乡村家校合作是上下联动的一项育人工作,从教育行政部门,到学校、班级、社区,每一层级均应制定相应的章程与规划,才能保证工作的顺利进行。

第三,方案的可操作性。乡村家校合作制度需要具有操作性,不能脱离当地经济、社会、人口、文化等基本情况,应建立在已有教育改革与发展的基础上,符合当地的教育现实,满足当地教育的发展需求;不能凌驾于其他教育工作制度之上,不额外增加教师、家长、村

---

① 国务院关于印发国家教育事业发展"十三五"规划的通知[EB/OL]. (2017-01-19)[2021-09-05]. http://www.gov.cn/zhengce/content/2017-01/19/content_5161341.htm.
② 中国大辞典编纂处. 国语辞典[M]. 北京:商务印书馆,2011:886.

委会的工作负担,而是探索与其他教育工作的融合之道,提升工作的综合效益,让教师、家长、学生、社区工作者都从中获益。

(二) 乡村家校合作的活动评价

根据教育体系对人的发展所提出的全面性要求,以及人的发展规律,对乡村家校合作活动评价可以从活动内容全面性、形式适切性、时间连续性与空间多元性四个方面进行。

第一,评价乡村家校合作活动的"内容全面性"。中共中央办公厅、国务院办公厅印发的《关于深化新时代学校思想政治理论课改革创新的若干意见》明确指出:新时代的教育目标是培养"德智体美劳全面发展的社会主义建设者和接班人",新时代教育体系要坚持"突出德育实效、提升智育水平、强化体育锻炼、增强美育熏陶、加强劳动教育"的五育并举策略。[①] 乡村家校合作内容应以此为参照,坚决纠正既往的"唯分数""唯升学"取向,积极探索德育、智育、体育、美育、劳动教育相结合、相综合的活动内容,成为"五育融合"的典型,成为乡村振兴背景下全民终身学习的新支撑力量。

第二,评价乡村家校合作活动的"形式适切性"。根据不同学生、家庭的发展需求,充分利用乡村场域特有的文化资源与自然资源,设计适合乡村学生发展的乡村家校合作活动形式。我国幅员广阔,乡村特征多样,也拥有着各地独特而丰富的发展资源。高质量的乡村家校合作活动应善于利用当地资源,能够在当地情境下顺利开展并取得成效,服务于当地乡村发展。

第三,评价乡村家校合作活动"时间连续性"。人的经验具有连续性特征,并在生长过程中不断的改组与改造。乡村家校合作活动前后应具备内在的逻辑性关联,不可只是"一次性活动"或"断点式活动"。而且,育人的长期性和乡村家校合作事业的长期性,都要求相关主体重视活动、项目的连续性,并在连续性中受益。

最后,评价乡村家校合作活动的"空间多元性"。立足于我国"构建服务全民终身学习的教育体系"的新时代教育体系的蓝图[②],乡村家校合作活动应体现空间的多元性,充分挖掘并激活村活动中心、文化礼堂、自然等各个场域的教育资源,致力于打造"人人皆学、处处能学、时时可学"学习型乡村,发挥最大的育人效益。

(三) 乡村家校合作的主体评价

首先,评价乡村家校合作参与主体的多元性。构建家庭学校社区协同育人要求学校教育、家庭教育、社会教育之间相互协调和紧密合作,形成全员参与育人的现代化教育格局。乡村家校合作是否充分考虑到教师、家长、学生、村委会、村民等相关主体的参与,应作为评

---

① 中共中央办公厅 国务院办公厅印发《关于深化新时代学校思想政治理论课改革创新的若干意见》[EB/OL]. (2019 - 08 - 14)[2021 - 09 - 05]. http://www.gov.cn/zhengce/2019-08/14/content_5421252.htm.

② 中共中央关于坚持和完善中国特色社会主义制度 推进国家治理体系和治理能力现代化若干重大问题的决定[EB/OL]. (2019 - 11 - 05)[2021 - 09 - 05]. http://www.gov.cn/zhengce/2019-11/05/content_5449023.htm.

价指标之一。在当前背景下,尤其要高度关注乡村学生、乡村家长的参与问题,重视本领域的多主体参与、合作、互动,培育出更多品牌项目,实质性地促成乡村家长、教师、学生、社区工作者的终身学习、全面发展。

其次,评价乡村家校合作参与主体的功能性,即各主体扮演了何种角色、承担了哪些职能、发挥了何种效用。家庭教育、学校教育与社会教育在乡村家校合作育人制度中各有其功能与长处。比如,学校教育立足于其专业性、公共性等特质,可以在学业发展、综合素养、公共精神等方面发挥其功能。家庭教育在生命教育、道德教育、人格养成等方面具有基础性的作用。社会教育在探索、创新多样化、非正式的教育模式,传承乡村文化精神上的优势不可替代。由此,应根据家长、教师、村委会、村民所承担的特定的教育功能对其进行评价,且突出对乡村家校合作评价的综合性。

再次,评价乡村家校合作参与主体的主体之间的关系。乡村家校合作实践中,主体之间的关系经常处在失衡状态,不利于育人合力的发挥。比如,由于教师与家长之间文化水平悬殊,常常出现"老师怎么说,家长做什么"的附庸式家校合作关系,家长成为学校教育的"衍生品""代言人",未发挥家庭教育的独特价值;或者,由于教师与家长对于家校合作的立场并不一致,出现教师站在学校教育立场过度干涉家长的干预式家校合作关系,使家长对家校合作产生抵触心理。因此,有必要对乡村家校合作的主体之间的关系进行评估,以确保各主体在发挥其独特价值的前提下,形成叠加效应,取得最佳的整体育人效果。

最后,还需要评价乡村家校合作参与主体的发展性,即参与主体实现了哪些方面、何种程度的发展。这里的参与主体不只是学生,还包括如上所述的政府工作人员、家长、教师、村民等相关人士。事实上,在长期的社会发展与教育实践中,"一切为了孩子"的"儿童中心发展观"与"上所施下所效"的"代际知识传递观"已基本成为人们心中的教育准则。终身教育与终身学习的思想启发我们人人都应成为教育与发展的主体。设定多主体发展的评价指标,意味着将乡村家校合作的目的拓展至所有参与主体的共同发展、互惠共生,体现了终身教育的"价值取向"与"思想方法"[1],彰显了新时代理解、研究与评价乡村家校合作的新立场与新视角。

以上,从制度、活动与主体三个维度构建了乡村家校合作评价内容的基本框架,并设立了11个评价指标(见表7-1),初步回答了"乡村家校合作评什么"这一基本问题。

表7-1 乡村家校合作评价内容的框架

1. 制度评价	2. 活动评价	3. 主体评价
1.1 目标的合理性 1.2 章程的完整性 1.3 方案的可操作性	2.1 内容的全面性 2.2 形式的适切性 2.3 时间的连续性 2.4 空间的多元性	3.1 参与主体的多元性 3.2 参与主体的功能性 3.3 参与主体的主体间关系 3.4 参与主体的发展性

---

[1] 李家成,程豪.思想观念·价值取向·思想方法·发展战略——对"终身教育"内涵的认识[J].终身教育研究,2020(3):19-23,69.

三、走向科学：乡村家校合作评价主体的选取标准

《教育评价改革总体方案》明确指出"坚持科学有效""提高教育评价的科学性、专业性、客观性"，意味着教育评价将走向规范、专业的科学化之路。这也决定了教育评价在主体选择上应具有多元性与专业性。

（一）评价主体的多元性

以往的乡村家校合作的评价主体往往是教育行政部门，而学校、教师则是评价的对象。单一的评价主体不利于乡村家校合作的良性发展。首先，由于历史与制度的惯性，不少教育行政部门的工作人员具有"权力至上""官本位"的思想倾向，在评价时容易出现越位、错位。其次，教育行政部门的核心职责在于对教育系统进行规范化管理，在评价时容易出现以统一的标准对复杂的教育实践进行"一刀切"的现象，而学校、教师、家长等教育亲历者却缺乏传递自身观点的渠道。由此可见，评价主体的单一性不仅有损于参与主体的积极性，而且不利于多元教育治理格局的形成。

《教育评价改革总体方案》明确提出建立"政府、学校、社会等多元参与的评价体系"，评价主体多元化是提升乡村家校合作评价体系整体效能的必然要求。首先，评价主体多元化有利于破除原评价体系中的官本位滥觞，赋予其他政府部门（如妇联、村委会等）、学校、家庭等各类利益相关主体评价的权力与职责，有利于全面提升评价的客观性、公平性，打造多元参与、多元共治的现代化评价体系新格局。与此同时，评价主体多元化意味着评价立场、评价重点的多元与丰富。具体来说，政府与学校的评价，指的是学校层面的家校合作工作及对整体学校教育质量的影响；家庭评价的家校合作，指的是家长对家校合作活动的满意度；社会公众的评价，通常是家校合作活动所产生的社会效果。充分考虑不同评价主体的个性化需求与价值取向，对优化评价的内容与具体指标、提升评价的整体效能具有重要价值。

（二）评价主体的专业性

在乡村家校合作领域，评价主体专业性低容易造成结果诊断偏误、资源浪费、调控失败等严重的实践后果，还会给学校、教师造成大量的额外负担，阻碍乡村家校合作的发展。例如：

你说评价标准么也是有的，但我总觉得不那么科学，有时候自己看这个评价表都觉得发虚，难道家访得多家校合作就好了吗？难道有家委会、有家校联系本、有一些亮点的活动家校合作就好了吗？其实我们自己科室都不清楚，实地去看，这个也好，那个也好，各有各的好，其实评不出来。（浙江省某市教育科主任访谈，2021－08－26）

其实我们工作真的很忙的。这两年家校合作不是这么受重视了吗,这下好了,事情没做什么,局里一次次的评价、督导、检查都把我们搞烦了,就前两天还给我们下任务说今年家访覆盖率要达到50%,越多越好。说要有针对性的评价都是虚的,就是让我们相互比较谁做得多、谁做得花哨,就是评个形式。你说的[专业性],没有的。(浙江省某乡村教师访谈 2021-08-26)

如果说,连评价主体自身对评价功能、评价程序、评价结果的使用、评价指标都存在困惑的话,那又如何保证乡村家校合作评价的有效性、提升乡村家校合作的整体质量呢? 如果被评价者都对评价结果、评价标准不甚认同,甚至存在抵触心理,他们又如何满怀热情地投入一线乡村家校合作实践之中呢?

由此可见,乡村家校合作评价是一项专业化的实践活动[①],要求评价主体以专业化的姿态对实践进行导向、鉴定、诊断、调控和改进。《教育评价改革总体方案》明确指出要"加强专业化建设"。本节认为可以从如下几个方面提升乡村家校合作评价主体的专业性。

第一,加强对家校合作、教育评价的理论学习,政府与学校要带头学习,并面向家庭与社会定期组织相关的学习活动、搭建学习平台、输送学习资源,提高各评价主体的理论水平。

第二,提升乡村家校合作评价主体对评价工具与评价程序的理解与应用能力。充分发挥专业机构和社会组织的作用,加强与第三方评价部门的合作,在专业化评价团队的指导下,系统地学习评价内容、评价指标、评价程序、评价结果的使用等,确保每一类评价主体能正确认识评价目的,不会乱用、误用评价工具。

第三,在整体专业素养提升的基础上,培养、任用、选聘高水平的评价人员,打造高质量的专业化乡村家校合作"评价主力军",引领全员评价的专业化发展。自然,这也是一个过程,也可以融入乡村家校合作的事业之中,并成就参与主体的学习和发展。

四、怎么评:乡村家校合作评价方式的改进建议

(一) 弱化乡村家校合作评价的"评比功能",探索过程评价、增值评价等多元的评价方式,激活教育评价的正向价值

正如上文所述,在既有的乡村家校合作评价中,"排名""比较"取向凸显,严重损耗了一线教育工作者的工作热情,未能形成"以评促改"的实践闭环。《教育评价改革总体方案》明确指出要"改进结果评价,强化过程评价,探索增值评价,健全综合评价",凸显"进步即质量"的教育质量观和价值理想。这一思想观念对乡村家校合作评价具有启示意义。

---

① 程天君,张铭凯,秦玉友,等.深化新时代教育评价改革的思考与方向[J].中国电化教育,2021(7):1-12,21.

新时代乡村家校合作评价要紧紧围绕"立德树人"的根本任务与"以评价促进发展"的核心思想，弱化单一时间截面的"评比功能"取向，在特定时间段内进行过程跟踪与前后比较。多元乡村家校合作评价功能的实现，一方面要求创新评价工具，利用人工智能、大数据等现代信息技术，做好评价过程的技术保障；另一方面，相关政府部门和乡村中小学要加强与第三方专业评价机构的合作，加强对本领域的专业指导，提升评价的效度与指导力。最终实现乡村家校合作评价全面诊断、决策咨询、客观监督、促进提升和舆论引导等多方面功能的发挥[①]，真正促成乡村家校合作的高质量发展。

（二）立足乡村家校合作的教育生态，因地制宜调整评价指标，彰显教育评价的科学导向

在我国，乡村不只是一个地理空间的概念，还是一个看待问题的视角与眼光[②]；以乡村作为方法，可以挖掘乡村之于家校合作独特的文化与教育价值。

与城市相比，乡村缺少充足的公共教育场所（如图书馆、博物馆、社区教育活动中心等）及其匹配的公共教育资源，但是乡村却拥有丰富的自然资源与文化资源。家校合作活动可以发生在蕴含传统民俗、古代建筑文化的古村落之中，也可以发生在广袤的自然与田野之中，具有其天然的德育、体育、劳动教育、美育等优势。此外，乡村家校合作更多地涉及与老年人、进城务工者等社会发展进程中的弱势群体的合作。这虽意味着乡村家校合作工作开展相对难度更大，却也使乡村家校合作实然地具有公益性与服务特征，能够内在地激发乡村教育与乡村社会的活力。

因此，在开展乡村家校合作评价工作时，需要根据这些具体特性进一步细化评价指标，彰显新时代教育评价的科学导向。

（三）促进乡村家校合作评价与整体教育评价的有机融合，探索系统性、整体性、协同性的教育评价方式

实践领域已愈加关注乡村家校合作的评价与发展问题，但囿于割裂的工作思维方式与落后的技术手段，评价时往往将乡村家校合作当作一个独立的教育实践领域或一项单独的学校事务性工作，乡村家校合作的评价过程、评价结果均未能很好地融入并服务于整体乡村教育质量的提升之中。由此，导致乡村家校合作评价成为政府的一项额外负担、成为学校教育工作者不得不应付的工作、成了家长或其他社会人士心中"与我无关"的存在。

乡村家校合作是乡村教育的重要构成与发展动力，应积极探索乡村家校合作评价嵌入整体乡村教育质量评价系统的路径与机制，倡导有机结合、综合融通、共生共长的评价工作方式，有效减少"多头评价"与"重复评价"，减轻基层和学校负担，提升整体乡村教育评价工

---

① 李鹏，石伟平，朱德全.理想、利益与行动：职业教育学习评价的多重制度逻辑[J].高校教育管理，2019（2）：57-64.
② 徐志伟.发现另一个"乡土中国"：勾连中国现代文学史与思想史的一种考察[M].北京：人民教育出版社，2019.

作的效率。

而且,乡村家校合作本身就融入在乡村学校发展、乡村家庭及社区建设的全部领域和全程之中,而不是一项单独的工作。如此这样认识乡村家校合作工作,就更能以综合融通的方式开展评价工作。

总之,构建乡村家校合作评价体系能够"由内而外"激发乡村教育的整体活力,对实现乡村振兴战略具有重要意义。《中共中央、国务院关于全面推进乡村振兴加快农业农村现代化的意见》指出,民族要复兴,乡村必振兴;而乡村教育振兴是乡村振兴的重要构成。站在教育与社会相互关联、相互嵌入的立场上,乡村家校合作评价不是一项教育的"内部事务",而是联结着乡村政府工作人员、教师、家长、学生、村民等每一个具体的人的发展,并与整体乡村教育生态的改进与发展密切相关,是实现我国乡村振兴战略的重要抓手。

本节回应了《教育评价改革总体方案》对教育评价提出的科学性、专业性、客观性要求,初步讨论了乡村家校合作评价体系构建中的评什么、谁来评、怎么评三个基本问题,对于形成"以评促改"的乡村家校合作实践闭环、建设高质量教育体系具有基础性意义。本节所构建的乡村家校合作评价体系虽具有一定的普适性,但是我国幅员辽阔,不同地区的乡村教育发展生态有所差异,需要因地制宜对评价体系作出调整。比如,我国东部发达地区城市化进程相对较快,不少乡村出现了"人口倒挂"即非本地外来务工人口数量超过拥有本市户籍人口数量的现象,来自全国五湖四海的流动儿童成为乡村教育的主体。而中西部乡村的情况则恰恰相反,由于青壮年劳动力流失,老年人与留守儿童组成的留守家庭是乡村教育的主体。这两种乡村场域对应的家校合作参与主体、活动内容、评价主体必然有所差异。因此,需要根据不同类型乡村的教育生态、人口结构等特性,对乡村家校合作评价体系作出在地化的调整。

第二节 乡村教师作为家校合作研究者[①]

　　教育研究可以发现、诊断教育实践中存在的问题，对改进教育实践具有重要价值。近年来，我国也越来越强调基于研究与证据开展教育实践，提高教育实践的有效性（即循证教育，Evidence-based education）。我国《教育法》《教师法》及《国家中长期教育改革和发展规划纲要（2010—2020）》都对教育工作者的教育科研权进行了明确表述；《教师专业标准》（2012）也把教育科研能力列入中小幼教师的专业能力范畴。然而，由于面临行政绩效管理与外部评价的压力，教师的工作都特别繁忙、琐碎，对于班主任而言尤为如此。大部分教师不曾受过专业的研究训练，加之对教育研究价值的认同度不高，研究往往成为教师的又一额外工作负担。在这种情况下，为了应付而研究、为了研究而研究的现象屡见不鲜。针对乡村教师而言，这类问题更为突出。

　　事实上，教师与学术界的研究者不同，是一群扎根实践的教育研究者。教师的研究从实践中来、在实践中进行，其最终目的并不在于理论创造，而在于解决教育工作中的真实困惑，改进与完善教育实践。研究与实践之间是相辅相成、相互促进的一种关系。正因其具有如此强烈的实践特性与改进实践取向，"做研究"本质上是一项既错综复杂、又变幻莫测，具有挑战性的事务。

　　有乡村教师将"投身项目研究，提升科研能力"总结为提升乡村新任班主任职业自信的重要构成。巩淑青老师在论文中明确地写道："乡村新任班主任能否进行教育科学研究，答案是肯定且必要的。'教师成为研究者'是国家基础教育改革对中小学教师提出的新要求，也是提高中小学教师素质的重要举措，实现教师由教书匠成为教育工作者的必要途径。许多乡村新任班主任认为自己作为'新教师''新任班主任'，尚不具备教科研能力，缺乏投入教科研的勇气，从而忽视了'教育科研'这一重要发展路径，错失了许多发展的机会。"[②]

　　本节聚焦"乡村教师如何在家校合作实践中做研究"这一核心主题，提出如下几方面的

---

① 本节作者为吕珂滴、李家成。吕珂滴，杭州师范大学经亨颐教育学院教师，教育学博士；李家成，上海终身教育研究院执行副院长，教授。
② 巩淑青.乡村新任班主任职业自信发展路径选择[J].新课程评论，2022（1）：21-27.

操作性建议。

一、保持敏感性,在乡村家校合作实践中发现问题

乡村教师常常会在实际工作中遇到各种各样的问题和困惑,而"问题往往是研究的起点,从问题出发,努力回答问题,就是研究的一种方式。"[①]比如,本书案例中提到的李老师,由于她年纪较轻、没有班级管理经验,在家校交往中屡屡碰壁,正是出于对这种情形的困惑与不甘,她发现自身的家校合作专业技能缺失是主要原因之一,进而开启了自己家校合作理论与实践的学习生涯;又如,武义熟溪小学蓝老师,其班级的家长参与积极性不高,通过简单的访谈,她发现这与家长的成长经历与教育观念相关。基于此,她开始在班级推广家校合作、家庭教育等主题书籍的阅读活动,有效提升了家长参与的积极性。

也有学者意识到乡村教师面对困境、自我突破、化困境为资源的具体路径,这就包含着宝贵的科研敏感性:[②]

"学生人数的减少,让我一度陷入迷茫,三个孩子的课堂怎么教? 五个孩子怎样开展活动? 面对这些父母不在身边的孩子怎样让他们感到温暖? 缺少玩伴的班级生活如何提升孩子们的幸福感? 我突然感到自己的工作变得困难起来,无力感涌入心头,每天面对空旷的教室,上课总是提不起兴致,更不想开展任何活动。"

幸运的是,这位老师并未就此一直沉沦,并未受到"农村就是资源贫乏,文化落后"类似观念的束缚,而是尽可能地挖掘乡村资源:深挖学生资源,树立乡村儿童自信;利用家长资源,突破乡村家校合作困境;挖掘自然资源,充盈乡村儿童的生命成长过程。后续,该名教师还在专家的引领下将自然资源融入班级日常生活,开展了自然课程创新的教育实践。

由此可见,当一名教师对"乡村家校合作为什么没效果?""乡村家长为什么不参与?""乡村家校合作哪个环节出了问题?"感到困惑时,家校合作研究事实上就已经处在启动状态了。

乡村教师应在教育实践中保持这样的敏感性,不要"放过"每一个迷茫、困惑、不解,甚至愤怒的时刻;每一个不同平常的非连续节点,都蕴含着新的发展空间与变革可能。而且,除了寻求解决问题的方案之外,教师还可以进一步反思方案的合理性、适切性、推广性与应用性,促成研究与实践的双向循环,或进一步追问"家校合作的目的是什么?""学生、家长、教师分别可以在其中获得怎么样的发展?"等价值性问题,提高自己在研究与实践中的反思与批判意识。

值得注意的是,问题并不必然是研究问题,有的研究问题也许只是教师"自己的问题"或"特殊的问题"。而且,倘若仅仅停留在问题或困惑的表面,并在其牵引下着手解决具体

---

① 引自 2021 年 9 月 11 日,微信群讨论中李家成教授的发言。
② 戚务念. 教师专业发展的自我赋能[J]. 新课程评论,2022(1):36 - 41.

的事务,那么这种行为就只是做事的逻辑、经验的逻辑,尚不能称之为"做研究"的逻辑。研究问题不仅要有"私己的面向"(即是自己所关心、所迫切想要解决的问题),还需要有"联他"或"公共"的属性(即这个问题不只是我一个人遇到的特殊问题,可能也是其他人会关心的、具有典型与普遍性的问题)[①]。这就需要教师回到问题与困惑发生的情境之中,在更广泛的意义上思考问题与个人、他人、社会之间的关系。

二、锻炼研究能力,提升乡村家校合作的研究效度

由于大部分乡村教师都没有受过系统的科研训练,教研活动也仅仅涉及课堂内容,因此经常会出现"有了问题,却不知道怎么做"的情况。

就自己琢磨呗,也说不上来什么方法,我们对问卷法、访谈法其实理解得都很浅的,感觉也没啥科学性。(广东省某乡村教师访谈,2021 - 09 - 10)

有时候知道这个问题很重要、很迫切想解决,但就是不知道如何对这个问题进行研究,就是"盲人摸象"!到最后研究不了了之,又是靠经验解决。(浙江省某乡村教师访谈,2021 - 09 - 09)

又如,这位乡村班主任就如此开展了真实的教育科研工作,详见《乡村新任班主任职业自信发展路径选择》。[②]

乡村新任班主任所面临的教育问题是不同于其他群体的,因而,要有研究的自信心,要准确清晰个人教育科研的定位,只有定位明确了、准确了,才会使自己的自信心有所提升。乡村新任班主任的研究问题来源于乡村教育实践活动,研究的开展存在于乡村教育教学的过程中。这是专家学者无法代替的,是城市班主任无法代替的,是中青年乡村班主任无法代替的。要善于观察和发现,将"问题"转化为"课题",而后投入真实的项目研究之中。通过阅读相关书籍文件,夯实理论基础;通过问卷调查,了解家长、学生、教师的发展刚需;通过家校社合作,设计出可实施的路径,包括活动的主题从哪里来,怎样开展活动,怎样进行评价。在项目研究后期形成研究报告,同时注意搜集项目研究中形成的新思考、新理解、新问题、新资源等,最终整理出教科研成果库。

如在"乡村小学生领导力培养"实践初期,我们发现以往的活动是为了活动而活动,是被老师包办的、零散的、无序的、断裂的,缺乏主体性、延续性、整体性和系统性。此后,我们明确"只要你想组织活动,你就是队长"原则,凸显学生活动的"主体性"。从策划到组织,再到总结和反思,均由学生自主合作完成,家长和老师作为活动顾问和安全监督员参与其中。

---

① 吴康宁. 教育研究应研究什么样的"问题"——兼谈"真"问题的判断标准[J]. 教育研究,2002(11):8 - 11.
② 巩淑青. 乡村新任班主任职业自信发展路径选择[J]. 新课程评论,2022(1):21 - 27.

在项目研究中思考如何用综合、整体、具有生命力的学生立场,发现问题、聚焦问题、解决问题,使之成为新的研究点、生长点,去看看教育发生了吗,学生成长了吗,家长改变了吗,教师有收获了吗。我所开展的"乡村小学生领导力培养"项目,就让班级学生的寒暑假生活状态发生了真实的改变,切实提升了学生组织、策划、沟通等领导力,转变了家长的教育行为,促成了家校社更好的融通。在 2017 年 11 月 21 日首届全国乡村班主任论坛现场,我们承办了分会场活动,充分展示了寒暑假生活成果。家长代表、学生代表的精彩发言获国内外专家学者的一致好评。

乡村教师可以参考如下四个方面的建议,以保障乡村家校合作的研究效度。

首先,选择适切的研究方法。很多时候,方法比知识更重要,"只有掌握了方法,才能创生出知识"[1]。研究方法与研究问题之间有紧密的内在联系。比如,当乡村教师想要了解家长对家校合作的评价与满意度时,可以设计问卷,进而收集与分析数据。如果乡村教师想要进一步了解背后的深层次原因,那就得采用访谈把问题"聊"出来了。通常来说,问卷法更适合大范围地收集客观信息,而访谈法则更适合小范围地挖掘主观理解。常用的研究方法还有行动研究法、案例研究法等,教师应根据研究问题"匹配"合适的研究方法。除此之外,教师还要考虑个人的研究风格与可行性,毕竟"研究问题、研究方法、研究者"是三位一体的。

其次,制订科学的研究计划,明确研究目的、研究内容、研究流程、阶段性安排等。对于乡村教师而言,从事某项研究之初,可以查阅一些有关研究方法的书籍,掌握某研究方法的基本特征、程序,尝试撰写研究计划。这么做一方面是为了使研究过程有所参照,另一方面也可以时刻提醒自己研究的进展情况,以便及时做出相应的调整。不过,解决任何问题皆不可"单打独斗",还需要研读他人的研究范例,向他人请教。

最后,在研究过程中,应采用多种方式尽可能地收集相关资料。以"如何提升乡村家长参与家校合作积极性?"这一研究问题为例,研究初始阶段教师可以采用问卷、小组访谈、一对一访谈等方式,收集家长参与家校合作积极性低的具体原因,以及家长对家校合作的建议。根据家长的需求和建议,结合班级家校合作的实际情况,制订相应的干预计划。研究过程中可以通过各种非正式(如日常聊天)与正式(定期的访谈、问卷调查)的方式,从家长本人或学生那收集相关信息,及时发现研究中存在的问题并作出调整。在此基础上,教师再对整个计划进行结果评估,得出科学、严谨的研究结论。

三、进行成果转换,发挥乡村家校合作研究的学术与社会价值

在做完研究之后,乡村教师也要养成总结、写作的习惯,将成果进行转换。具体而言,有如下四种转换路径。

---

[1] 李润洲. 论教师的研究意识[J]. 教育科学研究,2021(3):5-10.

成果转换的路径之一为日常记录，表现为工作总结、学习心得、案例汇编等。记录指的就是把说的话、做的事、体验和感悟写下来，它通常没有固定的格式与结构要求。日常记录可以锻炼教师的写作能力，帮助教师形成反思习惯。

成果转换的路径之二为学术性写作，表现为调研报告或研究论文。目前学术界针对乡村家校合作的研究相对匮乏，理论与实践相结合的研究更是少之又少。由此，乡村教师根据自身的研究与实践经历写成的文章实然地具有学术价值。作为一种创造性的实践活动，学术性写作并不是一件容易的事。学术性写作意味着重新思考与建构，它要求教师有结构、有逻辑地将研究成果表达清楚，在这个意义上，教师也在写作中不断拓展自身的成长空间、建构自我发展的可能。不少本书章节贡献者都有学术性写作的经历，而且这个过程也真实地促成了教师的再表达、再提升以及再发展。

成果转换的路径之三为向政府部门递交政策咨询报告。乡村家校合作发展是教育现代化的必经之路，亦是改革的重点与难点。乡村教师是最了解乡村家校合作实际情况的群体之一，有着宝贵的一手经验。在这个意义上，乡村教师不必妄自菲薄，而应当发出声音、传递观点。相比于学术性写作，政策咨询报告的目的在于让决策者快速、高效地了解实践中存在的问题，并向其提供有针对性、实用性、时效性的建议。目前，党和政府提供了多类型的民意表达通道，乡村教师完全可以利用好这类途径，让自己的观点、愿望被"听"到、"读"到。

除了形成文本之外，教师还可以积极参与学术会议、教师工作坊、研讨会等活动，将自己的成果与他人分享、交流与讨论，进行成果的多次传播，最大程度地发挥其学术与社会效益。

四、寻找研究伙伴，实现乡村家校合作研究的可持续发展

如果乡村教师能与其他教师、研究人员组成研究团队，共同对家校合作所面临的问题进行讨论和分析，则不仅能提升研究能力与反思能力，产生更强的职业归属感、群体认同和情感能量[①]，还将进一步实现乡村家校合作研究的可持续发展。

首先，与研究伙伴进行知识分享与交流，可以形成对自身研究的批判性认识。所谓"旁观者清、当局者迷"，乡村教师的研究往往受限于具体的对象、范围与情境，无法准确地捕捉到研究过程中出现的问题，有可能得出不准确，甚至错误的研究结论。过程中保持交流与对话，有助于教师向"先锋者"们学习有益的研究经验，进一步明确研究的价值取向与目的，避免出现一些不必要的错误。另一方面，也促使教师不断地"反思"和"再形成"，在与他人的相互映照之中挖掘自己研究独特价值的同时，也了解自己研究的边界、局限。研究伙伴不仅包括与自己一样处在乡村教育场域的教师，还可以是有着共同旨趣的大学研究人员、

---

① 陈向明.中小学教师为什么要做研究[J].教育发展研究,2019(8):67-72.

跨越城乡与省市边界的其他教师。例如武义县泉溪小学的涂淑莉老师在进行案例写作时，就曾与大学的研究人员、深圳南山区的王怀玉老师进行了广泛而热烈的讨论。

泉溪小学涂淑莉：

第一，城乡建立联系（①学习群里相互吸引　②建立联系，有合作愿望　③相互开始策划活动）

第二，报名组建学习群（①相互分享活动　②调查了解家长学习意愿　③组建学习群）

第三，现场活动（①生生结对　②师师结对　③家长与学生间的互动学习　④家、校、社协同发展）

第四，搭建继续学习平台（①师师间的继续互动联系　②生生间的继续互动联系　③家庭间的后续联系—设想　④学校间的后续联系—设想）

第五，其他学习途径列举（农村的孩子到城市学校、家庭、社区，跟结对学校一起学习等）

董老师、李教授，老师们，大家好！这是我方法指导那部分的延续思考，恳请大家继续帮忙讨论。

上海终身教育研究院李家成：

请涂老师和董老师多商量讨论，确认提纲后就可以开始写作。另外，一定要注意跳出自己个人的案例，回到整体。例如，建立联系的方式还有哪些？

深圳南山区第二实验学校王怀玉：

我的八月也是修订书稿和论文写作主旋律，正在烧脑中，一起加油。晚些细细学习品味大家的智慧。

就我个人体验，城乡建立联系可以有：学校或教师（两地，任意一方）主动邀约式；个别有善举的家长（个人或单位、某些公益组织等）与某地既有的个别对接转化为一个班或一所学校；再因某些项目机缘的联谊（比如城市教师的故乡情结、阅读推广者的活动推广、某个学习机缘中的相识）；高校（专家）有意的牵线和搭桥（如我们工作室曾与兴宁海霞之间的互动……）等。

还有政府层面的"结对帮扶"，比如深圳对接河源、汕头和汕尾，这是当地政府明确规定的。两地的老师都可以主动了解这些信息，善加利用，资源一下子就扩大了。

上海终身教育研究院李家成：

谢谢王老师！请涂老师、董老师、程老师一定学习一下王老师的回答，感受一下如何回应问题、跳出具体的个案而形成整体、多样的思路、结构等。在原理讨论、方法指导等几个部分的写作中，千万不要仅仅写自己熟悉的个案，而要回应大大小小标题所提出的问题，面向全国读者，保持整体性、开放性，实现与读者之间的对话。

深圳南山区第二实验学校王怀玉：

还是和大家分享李教授给我们的启发：我当前在写一篇关于学生劳动素养的文章。写作前,我会"清空"自己,广泛阅读知网上的不同维度的文章,国家层面的对应性政策性文件,还有相关专著的对应主题等,做出读书笔记,之后把这些阅读过的资料全部丢开,再回想自己的所做和所思,写作不仅仅是写自己做了什么,更主要的是完善和提升自己对该主题的认识。

此外,交流与合作还有助于促成新的研究。例如,在常州市新北区龙虎塘实验小学隔代互学系列研究的启发下,[1]浙江省武义县的涂淑莉老师自 2019 年开始在农村地区开展相关研究。随着研究的不断深入与研究效果的显现,泉溪小学开始在全校范围内推广此研究,并于 2020 年 3 月 10 日获得浙江省教育科学规划领导小组办公室 2020 年全省教育科学规划"疫情与教育"专项课题(第二批)立项。[2] 2021 年 6—9 月,华东师范大学的研究人员再次与涂淑莉老师合作,共同探索"农村隔代教育促进老年人跨越数字鸿沟"的实践路径,团队还受邀在 2021 年亚太经合组织教育分会上进行了研究成果的初步汇报。基于这样的合作研究,聚焦乡村隔代互学主题的研究成果,也不断呈现在国际学术世界中。

总之,在乡村家校合作实践中做研究是充满挑战的。乡村教师乃至家长、社区工作者,也完全可以保持实践中的敏感性,提升自己的研究能力与成果转换能力,寻找志同道合的研究伙伴,共同致力于乡村家校合作领域的知识生产、传播转化与再创造,促进乡村家校合作实践的更新与发展。

① 程豪,丁小明,等."跨域"学习可以促进小学生怎样的发展?——基于龙虎塘实验小学和河海老年学校的个案研究[C]//上海终身教育研究院.中国终身教育研究(第一辑).上海:上海交通大学出版社,2020.
② 浙江教育科学研究院.浙江省教育科学规划领导小组办公室关于公布 2020 年全省教育科学规划"疫情与教育"专项课题(第二批)立项名单的通知[EB/OL].(2020 - 03 - 06)[2021 - 11 - 12].http://www.zjedusri.com.cn/art/2020/3/6/art_174_38433.html.

参考文献

［1］埃德加·莫兰.复杂性理论与教育问题［M］.陈一壮,译.北京:北京大学出版社,2004.

［2］白芸,李家成.扎根乡村大地的教育研究:乡村班主任研究者的自述［M］.上海:上海交通大学出版社,2020.

［3］保尔·朗格朗.终身教育引论［M］.周南照,陈树清,译.北京:中国对外翻译出版公司,1985.

［4］波伊尔.基础学校:一个学习化的社区大家庭［M］.王晓平,等译.北京:人民教育出版社,1998.

［5］博尔诺夫.教育人类学［M］.李其龙,等译.上海:华东师范大学出版社,1999.

［6］布兰思福特,等.人是如何学习的——大脑、心理、经验及学校［M］.程可拉,孙亚玲,王旭卿,译.上海:华东师范大学出版社,2002.

［7］陈向明.中小学教师为什么要做研究［J］.教育发展研究,2019(8):67-72.

［8］程豪,李家成.家校社协同推进劳动教育:交叠影响域的立场［J］.中国电化教育,2021(10):33-42.

［9］程豪,吕珂漪,李家成,等.我国家庭教育的内涵反思与时代重构——基于“构建服务全民终身学习的教育体系”的视域［J］.现代远距离教育,2021(6):3-12.

［10］程天君,张铭凯,秦玉友,等.深化新时代教育评价改革的思考与方向［J］.中国电化教育,2021(7):1-12,21.

［11］杜威.民主主义与教育［M］.王承绪,译.北京:人民教育出版社,2016.

［12］费孝通.乡土中国［M］.北京:北京大学出版社,2012.

［13］巩淑青.乡村新任班主任职业自信发展路径选择［J］.新课程评论,2022(1):21-27.

［14］顾明远,石中英.学无止境——构建学习型社会研究［M］.北京:北京师范大学出版社,2010.

［15］国务院办公厅关于印发“十四五”城乡社区服务体系建设规划的通知［EB/OL］.(2022-01-21)［2022-01-30］.http://www.gov.cn/zhengce/content/2022-01/21/content_5669663.htm.

［16］郝文武.建立以校为主的农村家校合作教育共同体［J］.当代教育与文化,2020(4):11-15.

［17］赫钦斯.学习型社会［M］.林曾,李德雄,蒋亚丽,等译.北京:社会科学文献出版社,2017.

［18］侯怀银.社区教育［M］.北京:北京师范大学出版社,2015.

［19］黄彪.“融”教育,带着泥土的芬芳——家校合作乡村路径的探索与实践［J］.教育家,2019(6):20-21.

［20］黄河清.家校合作导论［M］.上海:华东师范大学出版社,2008.

［21］教育部2022年工作要点［EB/OL］.(2022-02-08)［2022-02-11］.http://www.moe.gov.cn/jyb_sjzl/moe_164/202202/t20220208_597666.html.

［22］教育部召开乡村振兴工作领导小组会议暨巩固拓展教育脱贫攻坚成果同乡村振兴有效衔接工作推进会［EB/OL］.(2021-12-24)［2022-02-10］.http://www.gov.cn/xinwen/2021-12/24/content_5664354.htm.

[23] 拉鲁. 不平等的童年:阶层、种族与家庭生活[M]. 宋爽,张旭,译. 北京:北京大学出版社,2010.

[24] 李伟. 乡村校社合作[M]. 上海:华东师范大学出版社,2022.

[25] 李艳. 传承与突破——当代中国农村幼儿教育中家长参与的代际研究[D]. 上海:华东师范大学,2020.

[26] 李艳. 家校合作对教师发展的价值研究[D]. 上海:华东师范大学,2016.

[27] 李冬梅. 让乡村学生拥有自己的家庭小书房——基于乡村学习型家庭建设的背景[J]. 江苏教育,2019(31):59 - 62.

[28] 李家成. 班级日常生活重建中的学生发展[M]. 福州:福建教育出版社,2015.

[29] 李家成. 关注终身学习视角下的家长学习[J]. 教育视界,2019(1):33 - 34.

[30] 李家成,郭锦萍. 你好,寒假! ——学生寒假生活与学期初生活重建[M]. 北京:北京大学出版社,2018.

[31] 李家成. 家长教育参与:实现学校治理的品质提升[J]. 教育家,2020(4):36 - 37.

[32] 李家成. 看见乡村家校合作的可能性[N]. 中国教育报,2019 - 05 - 23(09).

[33] 李家成,林进材. 学习型社会建设背景下的寒假学习共生体研究[M]. 上海:上海交通大学出版社,2019.

[34] 李家成. 实现乡村学生、家长、教师间的互联互通、互学互鉴——基于对乡村家校合作复杂性的理解[J]. 教育视界,2019(19):4 - 7.

[35] 李家成,王培颖. 家校合作指导手册[M]. 北京:北京大学出版社,2016.

[36] 李家成. 乡村班级建设[M]. 上海:华东师范大学出版社,2020.

[37] 李家成. 乡村治理:教育与社区的互利共生[N]. 教育导报,2019 - 11 - 2(01).

[38] 李家成. 学校与社区合作的挑战与应对[J]. 中国德育,2021(13):10 - 11.

[39] 李家成,张天. 借力"双减"更新家庭学习格局[N]. 中国教育报,2021 - 10 - 17(04).

[40] 李家成,赵福江. 中国乡村班主任发展研究(第二辑)[M]. 上海:上海交通大学出版社,2019.

[41] 李家成,赵福江. 中国乡村班主任发展研究(第一辑)[M]. 上海:上海交通大学出版社,2018.

[42] 李家成. 中国教育现代化视野下的乡村班主任:困局与破局[J]. 新课程评论,2019(6):21 - 26.

[43] 李润洲. 论教师的研究意识[J]. 教育科学研究,2021(3):5 - 10.

[44] 李文淑. 互惠·增能·创生——学校与社区合作发展研究[D]. 上海:华东师范大学,2021.

[45] 李彦荣. 家校社合作治理能力建设:问题与对策——基于上海市浦东新区初中强校工程实验校的调查分析[J],现代教学,2020(10B):49 - 53.

[46] 李玉梅. 扎根乡土社区,推进生态环境教育——阜阳市绿色实验中学生态文明教育纪实[J]. 环境教育,2021(5):66.

[47] 李政涛. 建立学校教育与社区教育的联动机制[J]. 中小学管理,2005(3):4.

[48] 联合国教科文组织国际教育发展委员会. 学会生存——教育世界的今天和明天[M]. 华东师范大学比较教育研究所,译. 北京:教育科学出版社,1996.

[49] 联合国教科文组织教育的未来国际委员会. 一起重新构想我们的未来:为教育打造新的社会契约(执行摘要中文版)[EB/OL]. [2022 - 01 - 20]. https://unesdoc. unesco. org/ark:/48223/pf0000379381_chi.

[50] 联合国教科文组织终身学习研究所. 成人学习与教育全球报告(四)[M]. 上海终身教育研究院,译. 上海:华东师范大学出版社,2021.

[51] 林冬梅. 寻找农村学校家校合作的突破口[J]. 新课程评论,2017(8):30 - 36.

[52] 刘铁芳. 探寻乡村教育的基本精神[J]. 探索与争鸣,2021(4):15 - 18.

[53] 刘铁芳. 乡村的终结与乡村教育的文化缺失[J]. 书屋,2006(10):45 - 49.

[54] 吕超颖. 乡村振兴战略下乡村阅读推广研究[D]. 长沙:湖南师范大学,2020.

[55] 吕聪. 来自挪威与新西兰的家校合作经验——根据挪威、新西兰教育学者报告内容整理[J]. 中国德育,2018(17):39 - 42.

[56] 吕珂澌. 乡村班主任发展的机制、内涵及"学习型乡村"建设的可能[J]. 教育视界,2018(23):73 - 76.

[57] 马雷特,等. 人是如何学习的Ⅱ:学习者、境脉与文化[M]. 裴新宁,王美,郑太年,译. 上海:华东师范大学出版社,2021.

[58] 马忠虎. 家校合作[M]. 北京:教育科学出版社,1999.

[59] 米德. 文化与承诺——一项有关代沟问题的研究[M]. 周晓虹,周怡,译. 石家庄:河北人民出版社,1987.

[60] 倪闽景. 家校社协同育人需要进行顶层设计[J]. 人民教育,2021(8):19-22.

[61] 庞庆举. 社会治理视野中的社区教育力及其提升研究[J]. 教育发展研究,2016(7):23-30.

[62] 戚务念. 教师专业发展的自我赋能[J]. 新课程评论,2022(1):36-41.

[63] 上海终身教育研究院. 中国终身教育研究(第一辑)[M]. 上海:上海交通大学出版社,2020.

[64] 施建珍. 山不过来,我就过去——乡村教师在学生发展与家长合作中的角色[J]. 新课程评论,2017(3):53-58.

[65] 史基宏. 大联访:乡村家校合作新机制[J]. 教育视界,2020(7):36-38.

[66] 苏霍姆林斯基. 给教师的建议[M]. 杜殿坤,编译. 北京:教育科学出版社,2011.

[67] 涂淑莉,吴洋. 基于互联网学习平台的隔代互学研究[J]. 江苏教育,2020(31):45-48,52.

[68] 王怀玉. 城乡教师成长共同体何以成为可能——从一次非官方城乡结对经历说起.[J]. 江苏教育,2018(12):49-51.

[69] 王怀玉. 乡村家校合作的再审视及其发展可能[J]. 福建教育,2017(Z4):41-43.

[70] 王怀玉. 携手创生城乡班级联谊新生态[J]. 新课程评论,2018(7-8):68-74.

[71] 魏峰. 百年中国农村家校关系变迁的历史考察[J]. 华中师范大学学报(人文社会科学版),2022(2):173-180.

[72] 习近平. 坚持中国特色社会主义教育发展道路 培养德智体美劳全面发展的社会主义建设者和接班人[EB/OL]. (2018-09-10)[2021-08-06]. http://www.xinhuanet.com/politics/2018-09/10/c_1123408400.htm.

[73] 徐志伟. 发现另一个"乡土中国":勾连中国现代文学史与思想史的一种考察[M]. 北京:人民教育出版社,2019.

[74] 许滢,吴静超. "互联网+"亲子共读会——一次乡村家长会的变革实践[J]. 教育视界,2019(1):41-43.

[75] 许滢. 乡村小规模学校与家庭的互动研究——基于Z省Y小学的个案[D]. 上海:华东师范大学,2021.

[76] 叶斐妃. 提升乡村家长教育能力的实践探索[N]. 江苏教育,2019(4):63-65.

[77] 叶澜. 教育概论[M]. 北京:人民教育出版社.1991.

[78] 叶澜. 教育研究方法论初探[M]. 上海:上海教育出版社,1999.

[79] 叶澜. 社会教育力:概念、现状与未来指向[J]. 课程·教材·教法,2016(10):3-10,57.

[80] 叶澜. "生命·实践"教育的信条[N]. 光明日报.2017-02-21(13).

[81] 叶澜. 溯源开来:寻回现代教育丢失的自然之维——《回归突破:"生命·实践"教育学论纲》续研究之二(上编·其二)[J]. 教育发展研究,2018(3):26-37.

[82] 叶澜. 溯源开来:寻回现代教育丢失的自然之维——《回归突破:"生命·实践"教育学论纲》续研究之二(上编·其一)[J]. 教育发展研究,2018(2):1-13.

[83] 叶澜. 溯源开来:寻回现代教育丢失的自然之维——《回归突破:"生命·实践"教育学论纲》续研究之二(下编)[J]. 中国教育科学,2020(2):3-29.

[84] 叶澜. 溯源开来:寻回现代教育丢失的自然之维——《回归突破:"生命·实践"教育学论纲》续研究之二(中编)[J]. 中国教育科学,2020(1):3-17.

[85] 叶澜. "新基础教育"论——关于当代中国学校变革的探究与认识[M]. 北京:教育科学出版社,2006.

[86] 叶澜. 中国哲学传统中的教育精神与智慧[J]. 教育研究,2018(6):4-7,23.

[87] 叶澜. 终身教育视界:当代中国社会教育力的聚通与提升[J]. 中国教育科学,2016(3):41-67,

40,199.

［88］叶澜.转化融通在合作研究中生成——四论教育理论与教育实践的关系［J］.教育研究,2021(1)：31-58.

［89］俞可平.治理与善治［M］.北京：社会科学文献出版社,2000.

［90］郁琴芳.家校合作50例——区域设计与学校智慧［M］.上海：华东师范大学出版社,2018.

［91］袁利平.国外家委会如何参与学校教育？［J］.人民教育,2019(11)：75-78.

［92］张永.美国家校社合作的两种层次理论及启示［J］.全球教育展望,2021(3)：106-117.

［93］张永.社区教育内涵发展论［M］.上海：上海教育出版社,2018.

［94］张永,张艳琼.家校社合作的反思与重构：基于实践共同体的视角［J］终身教育研究.2020(3)：41-46.

［95］章振乐."新劳动教育"促乡村振兴［N］.中国教师报,2020-11-11(14).

［96］郑雪.基于虚拟社区的乡村班主任专业发展研究［D］.上海：华东师范大学,2019.

［97］中共中央关于坚持和完善中国特色社会主义制度　推进国家治理体系和治理能力现代化若干重大问题的决定［EB/OL］.(2019-11-05)［2021-09-05］http://www. gov. cn/zhengce/2019-11/05/content_5449023. htm.

［98］中共中央、国务院关于加强和完善城乡社区治理的意见［EB/OL］.(2017-06-12)［2021-08-06］. http://www. gov. cn/xinwen/2017-06/12/content_5201910. htm.

［99］中共中央、国务院印发《深化新时代教育评价改革总体方案》［EB/OL］.(2020-10-13)［2021-09-05］. http://www. moe. gov. cn/jyb_xxgk/moe_1777/moe_1778/202010/t20201013_494381. html.

［100］中共中央、国务院印发《中国教育现代化2035》［EB/OL］.(2019-02-23)［2020-01-09］. http://www. gov. cn/xinwen/2019-02/23/content_5367987. htm.

［101］中华人民共和国乡村振兴促进法［EB/OL］.(2021-04-29)［2021-08-06］. http://www. yyx. gov. cn/37584/38154/38157/38160/38177/38202/40117/content_1822331. html.

［102］中华人民共和国中央人民政府. 中华人民共和国国民经济和社会发展第十四个五年规划和2035年远景目标纲要［EB/OL］.(2021-03-13)［2021-05-27］. http://www. gov. cn/xinwen/2021-03/13/content_5592681. htm.

［103］朱永新.我们为什么需要一个国家阅读节［N］.人民政协报,2015-04-23(03).

［104］Bronfenbrenner, U. The Ecology of Human Development：Experiments by Nature and Design［M］. Cambridge, MA：Harvard University Press, 1979.

［105］Cheng, H., Lyu, K., Li, J. & Shiu, H. Bridging the Digital Divide for Rural Older Adults by Family Intergenerational Learning：A Classroom Case in a Rural Primary School in China［J］. Int. J. Environ. Res. Public Health,2022.

［106］Gu, H., Yin, L., & Li, J. Making Homework a Catalyst of Teacher-Parents-Children's Collaboration：A Teacher Research Study from an Elementary School in China［J］. International Journal about Parents in Education, 2015,1(9)：47-65.

［107］Li, J., Li, Y., & Yin, T. Does Parents' Involvement Contribute to Student's Development? The Parent-Child Homework Experiment at a Shanghai Migrant School［J］. International Journal about Parents in Education, 2015,1(9)：1-9.

［108］Li, Y., Morgan, L., Li, Y. & Li, J. Calling for Children Friendly Community Life：Voices of Children and Parents from China［M］//Crosby, C. & Brockmeier, F. Community Engagement Program Implementation and Teacher Preparation for 21st Century Education. Hershey, PA：IGI Global,2016：209-236.

［109］Lyu, K., Xu, Y., Cheng, H. & Li, J. The implementation and effectiveness of intergenerational learning during the COVID-19 pandemic：Evidence from China［J］. Int Rev Educ, 2020,66：833-855.

［110］ OECD. Trends Shaping Education 2022［M］. Paris：OECD Publishing，2022.

［111］ OECD. Trends Shaping Education 2019［M］. Paris：OECD Publishing，2019.

［112］ UIL. Engaging families in literacy and learning：UIL Policy Brief 9. ［EB/OL］. 2017［2020 - 06 - 17］. https：//unesdoc. unesco. org/ark：/48223/pf0000249463_eng.

［113］ UNESCO Education Sector. UNESCO COVID - 19 education response：Unlocking the potential of family and intergenerational learning［EB/OL］. （2020 - 06 - 17）［2022 - 10 - 20］. https：//en. unesco. org/covid19/educationresponse.

［114］ UNESCO. Reimagining our futures together：a new social contract for education［R/OL］. 2021 ［2022 - 10 - 20］. https：//unesdoc. unesco. org/ark：/48223/pf0000379707.

［115］ UNESCO. Rethinking Education：towards a global common good?［M］. Paris：UNESCO Publishing 2015.

［116］ Wu，C.，Lyu，C. & Li，J. Experiences and Challenges of the Chinese Rural Education Development：in the Context of the Rapid Urbanization［M］// Handbook of Research on Rural Sociology and Community Mobilization for Sustainable Growth. PA：IGI Global，2019：271 - 295.

［117］ Zheng，X.，Liu，H.，Lin，D. & Li，J. Achieving Rural Teachers' Development by a Web-based Professional Community：Two Cases from Guangdong Province［M］// Spires，H. A. Digital Transformation and Innovation in Chinese Education. Hershey，PA：IGI Global，2017：307 - 318.

后　记

　　本书是集体合作的成果，是实践创新与理论探索相结合的产物，更是乡村教师与乡村教育研究者主动承担责任、努力做出贡献的体现。

　　很值得自豪的是来自乡村学校的教师们，就是本书作者群的主体！他们基于自己的实践，结合本书撰写的要求，通过整理、提炼与对话，勇敢而坚定地完成了自己所负责章节的写作；也通过合作而相互支持，呈现出鲜明的合作精神与共生体的意识。有这样的乡村教师，就会有充满生机与活力的乡村教育！本书也是献给乡村教师、家长和广大社区工作者的，相信来自乡村教师的写作，天然具有融通和再创生的力量。

　　就理论与实践的关系而言，本书从主题确定和结构设计，都高度强调理论的保障，而不同于普通的文集；而且，在富有创意的实践中，也在不断提炼、形成着相关理论成果，甚至于已经在国际期刊和国际论坛上不断推出了这样的研究成果。在本书写作过程中，我们确保理论与实践之间的互动性，而且在作者团队建设方面也着力于此，反映着我们这一研究团队持续的追求。

　　就使命担当而言，本书的作者们不仅认同国家和地区对于乡村教育发展的政策引导，认同乡村家校合作的重要意义，而且，都有着源自内心深处的价值认同，有着扎根中国乡村大地而感悟乡村家校合作工作更新的深切体验。身处乡村振兴的背景，在统筹推进乡村教育振兴和教育振兴乡村工作的情境中，作者们以自己的实践、写作和终身学习，贡献出这一本书，并以持续的学术对话和实践交流，呈现着新时代乡村教师的新自我。

　　完成本书的过程，持续近两年。从初期的设计，到过程中的合作互动，再到汇总稿件后的精心修改完善，每位作者都倾心倾力地投入。如果再与前期的努力联系起来，则每位作者多年的研究积淀，和我们这一群体自2016年以来的密切合作，都融在其中。

　　对于本书而言，尤其需要特别感谢的，是来自浙江省武义县教育局领导和各乡村学校校长、教师、家长和社区工作者的全力支持！没有武义县持续多年在班集体建设领域的实践探索和成果积淀，没有这一优良的县域生态，本书也许还要推迟若干年才能完成。而我们是幸运的，也更相信，在中国乡村大地上，还有着更多这样的好生态，有着更多优秀的乡村校长、教师、家长和社区工作者,有着不断成长起来的学生们。

感谢上海交通大学出版社和编辑糜玲老师!上海交通大学出版社曾为我们团队出版过《中国乡村班主任发展研究》第一辑和第二辑,《学习型社会建设背景下的寒假学习共生体研究》《扎根乡村教育大地的教育研究》《中国终身教育研究》第一辑、第二辑,是诸多乡村校长和教师的贵人,也是我们持续投入乡村教育研究的支持力量。

愿本书的出版,能融入乡村家校合作的创新实践中,能为学习型乡村建设尽一分力;进而能找寻到更多志愿投入乡村教育研究的同行,继续投入这一光荣而富有挑战的事业之中。

李家成,程露,巩淑青,陶健美,许滢

2022 年 6 月 1 日